신자유주의의 쇠퇴와 그 이후:
자본주의 4.0과 베이징 컨센서스를 넘어

신자유주의의 쇠퇴와 그 이후:
자본주의 4.0과 베이징 컨센서스를 넘어

김진영 지음

한국문화사

머리말

신자유주의가 시대의 주류가 된 지 40년 가까운 시간이 흘렀다. 그동안 부와 소득의 양극화가 심화되고 사회는 많이 황폐해졌다. 이런 경향은 전 세계적인 현상이며 한국도 예외가 아니다. 시장원칙과 경쟁의 논리가 사회를 지배하면서 공동체가 붕괴되고, 맹목적인 부의 추구가 지배적 가치관이 되었다. 지금 한국사회의 양극화는 미국을 제외한 OECD 어느 국가보다 높은 편이다. 공동체가 무너지고, 공교육이 무너지고, 부의 대물림으로 신계급사회가 등장하게 되었다. 자본주의 시장경제가 언제까지 이런 모양으로 가야 할까. 이제 새로운 발전모델이 필요하다.

발전이란 무엇일까.

이것은 나의 오랜 화두였다. 모든 시민에게 공정하게 성장의 과실이 분배되고 시민이 덕성을 함양하고 행복을 추구할 물질적 기반을 제공하는 것. 그것이 발전의 목표가 아닐까. 아리스토텔레스적인 이런 생각을 막연히 하고 있었다. 그리고 그 생각을 학문적 토대 위해 세우기까지 오랜 시간이 걸렸다.

80년대 후반 필자가 미국 유학을 갔을 때 필자의 지도교수는 한국의 눈부신 경제성장을 경이로워 하고 있었다. 한국의 군사권위주의와 재벌

중심 경제를 비판하는 필자의 이야기를 흥미롭게 들으며 국제정치경제 공부를 권유하였다. 군사권위주의 정부 하에서 고속 경제성장을 이룩한 내 나라 한국의 이야기를 국제정치경제의 학문적 틀 속에서 분석하고 설명해내기 위해 많은 이론과 책들을 섭렵하며 단물처럼 빨아들였던 것 같다. 내 전공인 정치학과 뿐 아니라 경제학, 경제지리학 등의 학문분야를 기웃거리며 자본주의 시장경제가 국제정치체제에서 어떻게 다양한 모습으로 생성되고 발전하고 변모하여 왔는가를 공부하였다. 그때 내가 배운 여러 미국인 뿐 아니라 영국인 교수들께도 감사한 마음이다.

이렇게 해서 내 나라 경제발전의 이야기를 국제정치경제의 학문적 틀 속에서 이야기 할 수 있게 되었고 다른 나라의 발전에 대해서도 말할 수 있게 되었다.

정치학자가 경제발전에 대해 이야기 하는 것이 매우 흔한 일은 아니다. 그러나 정치의 영역은 매우 넓고 정치와 경제는 뗄 수 없는 관계이다. 정치학은 국가의 경영에 관한 학문이고 좋은 나라를 만드는데 있어 경제발전은 빠질 수 없다. 어떤 형태의 발전을 이루는가 하는 것이 국민들의 실존적 삶의 환경과 직결된다. 따라서 정치학자가 경제발전을 이야기 하는 것은 필요하고 자연스런 일이란 생각에 변함이 없다.

이 책은 신자유주의 정치경제에 대한 비판과 신자유주의 쇠퇴 이후의 발전모델에 대해 이야기 한다. 신자유주의 질서는 다른 작은 개발도상국들이 한국처럼 되기를 꿈꾸는 것을 더욱 어렵게 만드는 환경이다. 중국은 중국이므로 놀라운 성장을 이룰 수 있었다. 자본주의 세계경제는 개방한 중국에서 새로운 기회와 무한한 가능성을 보았으므로 많은 자본들이 쏟아져 들어갔다. 그리고 중국정부는 경제발전에 대해 매우 의욕적이었고 시장경제를 운영하는데 상당히 유능하였다. 중앙집권적 국가주의와 관료제는 한국과 중국에게 공통된 제도적 유산이며 이는 세계 시장경제에서 이 나라들을 우뚝 세우는데 중요한 토양이 되었다.

자본주의 4.0은 세계 금융위기 이후 위기를 극복하고 변모한 자본주의 발전모델을 말한다. 경제평론가 아나톨 칼레츠키가 제안한 것이다. 베이징 컨센서스는 중국식 발전모델을 일컫는다. 자본주의 4.0과 베이징 컨센서스는 신자유주의가 쇠퇴하면서 등장한 발전모델로서 대안적 가능성을 가지고 있다. 서구의 신자유주의 발전모델인 워싱턴 컨센서스에 실망한 많은 개발도상국들에게 베이징 컨센서스가 더욱 매력적으로 다가갈 수도 있다. 최근 시진핑 정부가 야심차게 추진하는 신실크로드 전략, '일대일로'구상에 의해 더욱 확산될 가능성도 있다. 자유주의 발전모델인 자본주의 4.0은 권위주의 모델인 베이징 컨센서스의 도전을 받고 있다.

칼레츠키가 제시한 자본주의 4.0은 아직 신자유주의의 모순을 다 치유한 모델이 아니다. 칼레츠키의 자본주의 4.0은 양극화 해소의 문제에 대해 언급하지 않고 있다. 이 책은 신자유주의 이후 세계적으로 확산된 소득의 양극화 현상이 심각함을 지적하며 이를 해소하지 않고는 자본주의 4.0 이후 시대가 안정적인 발전을 이룰 수 없다고 주장한다. 그리고 양극화를 해소할 개혁의 정치가 필요하다고 주장한다. 신자유주의를 선도하고 가장 열심히 실천한 미국과 영국 등이 서유럽의 다른 나라들에 비해 양극화가 심하다. 미국식을 열심히 추수하는 한국에도 양극화가 심하다. 양극화를 방치하면 국가공동체 유지와 장기적 경제발전마저도 담보할 수 없다.

세계질서의 주도국인 미국에서 정치개혁을 주장하는 진보적 자유주의 학자들의 주장에 깊이 공감한다. 자국중심주의와 보호주의로 돌아서 자유주의 국제질서의 리더십을 방치하고, 이민 노동자들에 대한 혐오를 부추기며 이들을 희생양으로 삼는 것은 미국이 안고 있는 문제에 대한 근본적 해결책이 아니다. 배타적 민족주의와 외국인 혐오를 무기로 세를 얻어가고 있는 유럽의 극우파들의 현상이 자유주의와 민주주의의 기반을 흔들고 있다. 자유주의를 쇄신하고 민주주의를 회복할 새로운 발전모델이 필요하다.

책을 구상한 후 가능한 조속히 완성하여 출간하려 했으나 대학교수의 일상적인 많은 업무들과 개인적인 여러 사정이 겹치면서 계획보다 시간이 많이 늦어졌다. 이 책의 이야기를 좀 더 일찍 발표했으면 좋았을걸 하는 아쉬움도 있다. 시사적인 내용들의 변화가 있어 여러 군데 부분적으로 수정하거나 새로운 것을 더하거나 하였지만 아직도 진행 중인 상황들은 출간 후에도 다소 변화가 있을 수 있다.

이 책은 한국연구재단의 지원으로 만들어졌다. 당초 계획했던 것보다 늦어진 필자에게 마감시간을 지키도록 출간날짜를 독촉해 준 것에 감사드린다.

필자의 오랜 숙제였던 발전 문제를 담은 첫 번째 책을 출간하며, 대학교수이며 정치학자로서의 나의 삶에 근본적 토대가 되어주신 두 분을 언급하지 않을 수 없다.

지금은 이 세상에 안 계신 시라큐스 대학 정치학과의 내 지도교수였던 고 John Nagle 교수께 감사드린다. 그는 여러 나라의 발전에 대한 필자의 문제의식이 싹트고 자라 큰 나무가 될 수 있도록 일찍부터 관심과 지적 격려를 아끼지 않았다. 이 책을 보면 기뻐하실 것이다.

그리고 내 어머니는 이 책의 교정 작업 중에 하늘나라로 가셨다. 어머니는 어려운 가계 형편에도 불구하고, 유년시절부터 필자가 부요한 지적 환경을 누릴 수 있게 키워주시고, 늘 믿고 응원해주셨다. 어머니의 영전에 깊은 그리움과 함께 이 책을 드린다.

목차

머리말   5

서론

무엇이 문제인가   15
  01 위기의 징후   17
  02 신자유주의 질서의 쇠퇴   22
  03 새로운 발전모델의 필요성   26
  04 자본주의 4.0인가, 베이징 컨센서스인가?   31

I. 현재와 과거

1장 신자유주의의 모순   35
  01 위기의 징후   37
  02 세계적인 소득불평등   46
  03 '위대한 미국'과 '값싼 헤게모니'   53
  04 신자유주의의 파장 무렵   59

2장 애덤 스미스와 신자유주의　　　　　　　　　　65
　01 애덤 스미스와 시장　　　　　　　　　　　　67
　02 애덤 스미스와 미국 금융위기　　　　　　　　74
　03 램프를 나온 지니: 금융자유화　　　　　　　81
　04 위기, 위기들　　　　　　　　　　　　　　　86
　05 새로운 금융거버넌스: 미션 임파서블?　　　92

II. 경쟁적 모델들

3장 자본주의 4.0　　　　　　　　　　　　　　　95
　01 자본주의의 변천과 생명력　　　　　　　　　99
　02 자본주의 4.0 이전　　　　　　　　　　　　105
　03 자본주의 4.0　　　　　　　　　　　　　　110
　04 동아시아에의 함의　　　　　　　　　　　125
　05 맺는 말　　　　　　　　　　　　　　　　133

4장 베이징 컨센서스　　　　　　　　　　　135
01 왜 베이징인가　　　　　　　　　　137
02 라모의 베이징 컨센서스　　　　　　145
03 베이징 컨센서스는 지속가능한가?　　152

Ⅲ. 비판과 전망

5장 베이징 컨센서스와 신실크로드　　　　167
01 신실크로드 구상의 목적　　　　　　169
02 험난한 실크로드　　　　　　　　　186
03 신실크로드와 베이징 컨센서스　　　191

6장 자본주의 4.0의 과제: 불평등 극복의 정치　　197
01 무엇이 문제인가　　　　　　　　　199
02 시장근본주의 신화의 극복　　　　　207
03 국가는 무엇을 할 것인가　　　　　214

7장 자본주의 4.0과 베이징 컨센서스를 넘어: 진보적 자유주의 국제질서　　231
01 베이징 컨센서스의 도전과 국제질서　　235
02 정의로운 자유주의 국제질서를 위해　　245

8장 자본주의 4.0과 베이징 컨센서스를 넘어:
　　　민주주의의 회복　　　　　　　　　　　　　　257
　01 진보적 자유주의　　　　　　　　　　　　259
　02 민주주의의 회복　　　　　　　　　　　　264
　03 새로운 한국모델을 위하여　　　　　　　270

　참고문헌　　　　　　　　　　　　　　　　　280
　미주　　　　　　　　　　　　　　　　　　　296

서론

무엇이 문제인가

1. 위기의 징후들
2. 신자유주의 질서의 쇠퇴
3. 새로운 발전모델의 필요성
4. 자본주의 4.0인가, 베이징 컨센서스인가?

01
위기의 징후

    미국의 트럼프 대통령 당선, 영국의 브렉시트(Brexit) 결정, 프랑스의 노란 조끼 시위대의 등장, 그리고 이탈리아, 오스트리아, 독일 등 유럽 여러 나라에서 나타난 극우 정당들의 득세 ... 일견 무관해 보이는 이 현상들의 공통점은 무엇일까? 우연히 비슷한 시기에 일어난 일시적 소요에 불과할까?

    그렇게 간주할 수 없는 심상찮은 구조적 연관성이 있다. 이들은 지난 40년 가까이 세계질서를 지배해온 신자유주의 질서와 세계화에 대한 반작용으로 발생했다는 공통점이 있다. 여러 학자들이 지적하듯 글로벌 신자유주의 질서가 쇠퇴하며 이에 동반하여 나타난 징후들이란 것이다.[1] 왜 그렇게 주장할 수 있을까?

    우선 미국 트럼프의 대통령의 당선을 보자. 워싱턴의 기성 정치권에서 이단아 취급을 받던 그가 공화당 후보로 지명된 것 자체가 미국 정치의 이변이었다. 그가 후보로 지명되기까지 공화당은 부시 이후 적당히 내세울 만한 사람을 찾기 힘든 인물난을 겪었다. 그를 대통령으로 지지한 다양한 사람들이 있지만 주력 집단은 대체로 서로 이질적인 두 계층으로 구성된다. 하나는 부유하고 힘 있는 상층 백인들과 보수 공화당원들이다. 다른 하나는 러스트 벨트지역의 블루컬러 백인 노동자들이다. 러스트 벨트의 블루컬러 노동자들은 트럼프의 기성정치 비판과 미국 제일주의에 전폭적 지지를 보냈다. 트럼프는 미국 우선주의를 주창하고 반이민 정서를 부채질하여 경제적으로 어려워진 그들을 대변하는 듯하였고 기성정치의 무능함을 질타하며 그들을 유인하였다. 일자리를 잃고 불만에 찬 이들에게 트럼프는 중국이 불공정 무역으로 미국의 무역적자를 누적시키고, 멕시코에서 이민 노동자들이 대거 들어와 미국인들의 일자리를 빼앗아갔다고 하였다. 그리고 이런 이민들이 각종 범죄와 사회문제를 일으킨다고 주장하였다. 미국사회가 안고 있는 경제 쇠퇴와 불평등, 실업, 범죄 등 여러 문제들에 대해 이처럼 단순명쾌한 해석과 답을 제시하는 트럼프에게 대중들은 열광하였다.

영국의 브렉시트 투표를 보자. 브렉시트 투표의 결과는 찬성 51.9%, 반대 48.1%로 영국이 두 국민으로 나누어진 현상을 보여주었다. EU 가입으로 시장통합과 세계화의 이익을 본 집단과 이와 반대로 통합된 시장에서 경쟁력을 잃은 나머지 집단을 말한다. 지역적으로 볼 때, 세계화된 시장의 덕을 톡톡히 본 수혜집단들이 모여 있는 런던 같은 대도시는 브렉시트에 반대하였다. 이에 비해 찬성표를 던진 사람들은 유럽 대륙에서 들어온 이민 노동자들로 인해 자기들이 일자리를 잃었다고 생각하는 하층 노동자 계급들과 세계화의 그늘로 밀려난 시골지방 주민들이었다.[2] 세계화의 그늘로 밀려난 집단들은 영국이 EU의 통제를 받지 않고 세계무역을 주도하던 과거 그레이트 브리튼(Great Britain)의 향수를 가진 보수 정치인들의 호소에 공감하였다. 브렉시트 연착륙의 책임을 지고 새 총리로 부임한 테레사 메이(Theresa May)는 2년 10개월에 걸친 수차의 노력에도 불구하고 브렉시트 조건에 대한 국내의 합의를 도출하지 못하고 마침내 그 자리를 물러났다. 브렉시트의 조건에 대한 합의조차 끌어낼 수 없는 영국의 의회정치는 국민이 두쪽으로 나누어진 영국의 정치현실을 반영한다.

프랑스 파리를 마비시킨 노란 조끼 시위대는 왜 나타났나? 그들은 처음 유류세 인상을 반대하며 나타났지만 마크롱 대통령이 이를 철회한 후에도 임금인상, 생필품에 대한 감세 등을 주장하며 거친 시위를 계속하였다. 에마뉴엘 마크롱은 기성 정당에 신뢰를 잃은 프랑스 유권자들에게 나타난 젊은 신성과 같았다. 그는 2016년 새 정당 앙 마르슈(En Marche!)를 창당하여 다음 해 대통령으로 당선되었다. 그의 당선은 유권자들이 그의 개혁 성향에 대해 지지하기도 했지만 극우세력의 집권 가능성에 위기의식을 느끼고 그것을 막고자 했기 때문이기도 했다. 2017년 프랑스 정치에는 집권 사회당의 인기가 바닥이었고, 반이민, 인종차별을 대표하는 극우 국민전선의 마린 르펜의 지지율이 치솟아 그녀가 대통령이 될 가능성을 무시할 수 없었다. 극우 대표 대통령 후보의 인기가 그토록 상승한 것은 다른 기성 정당과 현실 정치가 프랑스의 정치, 사회, 경제적 문제에 제대로 답할 수 없었기 때문이다. 젊은 나폴레옹을 연상시키던 마크롱의 개혁정치는 그러나 불행히도 대중의 전폭적 지지를 받지 못했다. 노란 조끼 시위대는 마크롱의 친기업적 개혁이 대도시와 중산층 이상을 위한 것이며 자기들의 삶의 질을 개선하지 못한다고 주장하며 시위를 계속하였다.

미국, 영국, 프랑스에서 일어난 이런 현상의 주역들은 실업과 고용불안, 삶의 질 하락으로 고통을 느낀 노동자와 하층계급들, 중산층에서 밀려난 이들이 다수이다. 이들은 기존의 정치와 경제를 비판하며 반이민,

배타적 민족주의를 주장하는 세력들의 소리에 귀가 솔깃해진 사람들이다. 반이민과 배타적 민족주의가 그들의 분노를 쏟아낼 탈출구를 제공했으며 문제의 해결책으로 보였기 때문이다. 영국의 브렉시트를 주장하는 세력들도 유럽의 이민 노동자들을 받지 말아야 한다고 강력히 주장한다. 최근 유럽의 선거에서 극우파들이 세력을 얻어가고 있는 것도 같은 맥락이다. 극우 포퓰리즘으로 볼 수 있는 세력들이 독일, 네덜란드, 오스트리아, 이탈리아, 헝가리 심지어 스웨덴 등에서 연정을 형성하거나, 제2당, 제3당 등으로 약진하고 있다.

극우세력이 주장하는 반이민과 외국인 혐오, 배타적 민족주의 정서는 신자유주의 세계화가 진행된 후 누적되어온 사회적 문제에서 배태된 것이다. 유럽의 경우 유럽연합 내의 가난한 나라에서 부자나라로 들어온 이민노동자들이 저임금 일자리를 채우는 한편, 신자유주의가 영향을 미친 이래 정부의 복지축소와 부자우대 정책으로 중산층과 하층 노동자들의 삶은 쪼그라들었다. 시장 개방이 확대되면서 공장의 해외이전, 이민 노동자 유입 등으로 자기 자리를 잃은 사람들이 늘어났지만 이에 대한 정부의 보호는 더욱 줄었다. 정부의 재정지출 축소와 그에 따른 복지예산 감축, 노동시장의 유연화 등을 골자로 하는 신자유주의 경제정책은 지난 40년 가까운 시간 어느 나라에서나 정도의 차이는 있지만 정부정책을 주도하는 지침이었다. 그 결과로 소득의 양극화 심화와 중산층의 위축, 하층계급의 빈곤 증가가 나타났다.

신자유주의 정책이 시행되는 동안 미국과 서구 여러 나라 정부들은 시장개방에는 열심이었으나 그에 따른 정치경제적 문제들을 해결할 정치사회적 제도를 강구하는 데는 무심하였다. 대자본과 기업들은 세계화된 시장에서 더욱 많은 이윤을 획득할 기회를 얻었지만, 그렇지 못한 개인들은 시장에서 살아남기 위한 경쟁이 더욱 힘들어졌다. 그런 가운데 소외된 대중들의 분노가 마침내 우파의 득세, 노란조끼의 시위, EU와의 결별요구 등으로 나타난 것이다.

  이런 상황에서 미국, 영국, 프랑스 할 것 없이 기존 정치는 문제에 해결책을 찾지 못하고 부심하고 있다. 미국 트럼프 대통령은 멕시코와의 사이에 장벽을 세우겠다고 고집하여 민주당과의 충돌로 정치의 마비 사태를 불러왔다. 영국 총리는 브렉시트 협상을 놓고 EU와 영국국민들 사이에서 샌드위치가 될 지경으로 몰렸다가 마침내 사임했으며, 노란조끼들은 마크롱의 퇴진을 외치지만 프랑스 정치는 뾰족한 대안이 없다. 요컨대, 현재의 정치는 답을 주지 못한다.

02
신자유주의 질서의 쇠퇴

　세계적으로 신자유주의 질서가 쇠퇴하고 있다는 진단은 여러 정치학자들로부터도 나왔다. 예컨대 마우로 길런(Mauro Guillen), 헬렌 밀너(Hellen Milner), 마이클 리(Michael Lee) 등은 세계적으로 자유주의 질서가 막을 내리고 있다고 최근 발간한 저널에서 진단하였다.[3] 그들은 자유주의의 쇠퇴로 민주주의 국가가 후퇴했으며 건강한 시민사회는 위축되어 포퓰리즘과 금권정치(plutocracy)가 득세하고 있다고 진단한다. 민주주의는 건강한 시민사회와 그의 주축인 광범위한 중간계급이 기초가 되어야 한다. 그러나 신자유주의 시대가 지속되면서 중간층이 점점 사라지고 중간계급과 노조 등을 구성원으로 하던 서구의 시민사회는 점차 위축되었다. 시장개방과 경쟁, 효율 등과 같은 신자유주의의 모토가 경제 영역만 지배한 것이 아니라 정치, 사회의 모든 영역을 지배하면서 시민사회에서 공공의 문제를 논의하던 공적 담론도 사라졌다. 중간층이 붕괴하고 공적담론이 사라지면서 시민사회는 위축되고 자유민주주의의 기반이 극도로 취약해졌다. 시장개방, 경쟁, 효율 등과 같은 신자유주의의 논리는 국가와 사회공동체의 연대와 공동의 가치를 위한 결속의 기초를 흔들어

버리고 원자화된 개인과 개인의 경쟁관계로 그를 대치하였다. 이런 틈새에서 포퓰리즘과 금권정치가 자라나게 되었다는 것이다. 포퓰리즘과 금권정치는 자유민주주의의 실천이 취약한 곳에서 자라난다.

이 시대의 포퓰리즘은 기성정치에 대한 비판, 외국인 혐오와 국수주의를 재료로 대중을 선동하는 형태로 나타났다. 이것을 잘 이용한 대표적 정치가로 미국의 트럼프 대통령과 헝가리의 오르반 빅토르 총리를 예로 들 수 있다. 트럼프 대통령은 이슬람 문화권의 이민을 차단하고 멕시코 이민을 차단하기 위해 장벽을 쌓기 시작했다. 트럼프 대통령은 미국의 많은 언론들을 '가짜뉴스'생산자라고 비판하며 그의 내부자들로 내각을 조직하고 기존의 정치제도와 채널을 무시하며 sns로 직접 입장을 표현하는 독특한 정치 스타일을 보인다. 헝가리의 오르반 총리는 유럽에 쏟아져 들어온 시리아 난민위기를 통해 민족주의적 공포심을 조장함으로써 그의 지지율을 높였다. 그는 난민을 차단하기 위해 장벽을 쌓고 EU의 난민할당제를 강력히 거부하였다. 오르반은 파편화된 개인을 중심으로 하는 서구의 자유주의를 비판하고 '비자유적 민주주의'(illberal democracy)'가 민주주의의 대안일 것이라고 한다. 그는 또한 자기 정부에 친화적인 내부자 기업들을 집중 지원하여 '애국적 기업가 그룹'을 육성한다.[4]

트럼프와 오르반은 정치적 배경과 정도의 차이는 있지만, 자유 민주주의적 절차를 불신하고 국수주의와 포퓰리즘에 의지한다는데 공통점이 있다.

이 시대의 금권정치는 신자유주의 세계화로 더욱 날개를 달게 된 최상의 소수 자본가들이 그들의 목적을 위해 거액의 정치적 후원과 개입을 하는 것을 통해 나타난다. 이들은 최고의 내밀한 정치적 정보에 접할 수 있으며 위기를 피해 국경 밖으로 유치하고 투자할 수 있는 거대한 금융자산을 가지고 있다. 영국의 브렉시트 투표 캠페인을 재정적으로 후원한 것은 100명의 거액 기부자들이었다고 한다. 이들은 자기들 재산은 영국 밖으로 옮겨놓고 EU를 탈퇴하자는 강성입장을 주장하였다.[5] 브렉시트로 국가경제는 손해를 보게 되더라도 자신들은 개인적으로 더 큰 돈을 벌게 되는 거부들이 강성 브렉시트를 후원하였다는 것이다.

트럼프 대통령도 집권하자 바로 그의 내각을 거대기업 출신 재산가들로 채웠다. 그의 초대 국무장관 렉스 틸러슨은 액손모빌(ExxonMobil)의 전 CEO였고, 재무장관 스티븐 므누신은 투자은행 골드만 삭스 출신이며, 상무장관 윌버 로스는 억만장자 투자자이며, 교육장관 벳시 드보스는 남편이 다국적기업 암웨이의 CEO였다. 그리고 트럼프 대통령 자신도 거대한 부동산 재벌이다. 트럼프 행정부는 대기업과 부자들에게 혜택을 주게 될 법인세와 소득세 인하를 시행하고, 2008년의 금융위기 수습 후 오바마 정부 시절 만들어진 금융규제법인 닷-프랭크법의 일부 규제조항들을 약화시켰다.[6] 그의 정책들이 대기업과 부자들에게 혜택을 주는 것임에도 불구하고, 경제적 약자인 대중들의 지지를 얻을 수 있는 것은 보호무역주의와 국수주의적 수사학 때문이다. 이처럼 트럼프 시대의 미국 자유민주주의는 점차 금권정치와 포퓰리즘에 자리를 내주게 되었다.

미국과 헝가리뿐 아니라 서유럽과 동유럽, 남미의 브라질, 콜롬비아, 칠레 등 세계의 곳곳에서 민족주의와 보호주의를 주장하며 정치적 지지를 모으는 우파 정당들이 세를 얻어가고 있다. 이는 자유주의 질서가 쇠퇴하고 있다는 증거이다.[7]

자유주의 질서의 쇠퇴는 이번이 처음이 아니다. 칼 폴라니가 '거대한 전환'에서 분석하였듯이, 유럽에서 세계 1차대전 이후 자유방임시대의 고전적 자유주의 질서가 붕괴하면서 1920-30년대에 독일, 이탈리아 등을 필두로 우파 전체주의(totalitarianism)가 득세하게 되었다. 2차 세계

대전은 독일의 전체주의와 미국과 서유럽 연합이 주도하는 자유민주주의 진영의 대결 구도로 보아도 무방하다. 자유주의 진영은 독일과 일본의 전체주의를 패퇴시키고 새로운 모습으로 거듭났다. 2차대전 후 자유주의는 자유방임적 구질서를 버리고 새로운 '내재적 자유주의'(embedded liberalism)를 탄생시켰다. 국가가 경제의 유효수요 창출과 개인의 복지에 대한 책임을 나누어지는 새로운 자유주의 질서를 수립한 것이다. '내재적 자유주의' 체제에서 서구에서는 복지국가가 탄생하고 대의 민주주의가 안착하였다. 내재적 자유주의의 뒤를 이어 다시 한 번 자유주의를 변모시킨 것이 80년대 이후의 신자유주의이다. 신자유주의는 고전적 자유주의와 유사하게 국가가 개인의 복지를 책임지던 부분을 축소시켜 버리고 시장의 경쟁에 개인을 내어주게 되었다. 지금 나타나고 있는 극우정당과 우파 포퓰리즘의 득세는 신자유주의 질서가 쇠퇴하며 나타나는 현상이다. 이는 마치 고전적 자유주의 시대의 말기에 자유와 민주의 가치를 부정하는 전체주의가 등장한 것과 흡사하다. 자유주의는 다시 한 번 위기에 봉착하였다. 이 위기를 돌파하고 새로운 모습으로 거듭날 수 있을까? 그러려면 무엇이 필요할까? 신자유주의의 모순을 치유하고 자유와 복지가 선순환하고 개인과 공동체가 함께 공존하는 새로운 발전모델을 수립해야 할 것이다.

03
새로운 발전모델의 필요성

　신자유주의가 지배하던 40년 가까운 시간동안 사회는 많이 피폐해졌다. 상위 1퍼센트, 상위 10퍼센트의 삶은 더욱 부유하고 화려해진 반면, 나머지 90퍼센트의 몫은 점점 줄어들고 그들의 삶은 더욱 불안해졌다. 공동체의 가치와 연대감은 사라지고 시장에서의 효율과 경쟁이 그 자리를 대신하여, 경쟁에서 이긴 자만이 살아남고 나머지는 모두 루저(loser)가 되는 현실이 지배하게 되었다.

　신자유주의에 대한 비판은 새삼스러운 것이 아니다. 이미 90년대부터 신자유주와 그를 대변하는 정책적 패키지로서 워싱턴 컨센서스, 그리고 워싱턴 컨센서스를 만병통치약으로 처방하는 IMF에 대한 신랄한 비판이 부단히 일어났다. IMF의 처방을 따른 많은 개발도상국에서 워싱턴 컨센서스가 실패한 정책이라는 것은 노벨 경제학자이며 세계은행 부총재 출신인 조지프 스티글리츠도 지적하였다.[8] 그럼에도 불구하고 신자유주의와 시장만능주의의 지배는 흔들리지 않았고, 세계화와 시장개방이 발전의 지름길이란 믿음이 지속되었다. 그러다 마침내 터진 2008년의 미국발 세계금융위기는 신자유주의의 마지막을 알리는 조종(弔鐘)이었다.

경제위기에 대응하여 미국정부는 대대적으로 시장에 개입하여 천문학적인 규모의 공적자금을 투입하였다. 국가의 개입으로 시장의 위기를 수습한 것은 스스로의 정책에 대한 모순이었다. 규제를 풀고 모든 것을 시장에 맡기는 것이 최선임을 주장하던 신자유주의의 정당성이 퇴색될 수밖에 없었다.

금융위기의 와중에는 신자유주의와 시장 만능주의에 대한 비판이 이어졌으나 신자유주의를 대신하여 어떻게 새로운 방향을 잡아야 할지에 대해서 근본적 논의가 이루어지지 않았다. 세계금융위기가 수습국면에 접어들고, 세계에는 자본주의 4.0, 4차 산업혁명 등의 화두가 떠올랐다. 새로운 화두가 떠올랐지만 신자유주의가 발생시킨 문제에 대한 해답을 주는 것은 아니었다. 오히려 저성장과 실업, 불평등의 심화와 정치적 갈등이 일상화되고 심화되었다. 그런 가운데 트럼프 당선, 브렉시트와 노란조끼의 시위, 극우파의 약진과 같은 현상들이 일어난 것이다.

신자유주의와 신자유주의식 세계화가 가져온 문제를 치유하고 새로운 발전을 도모하기 위해 무엇을 해야 할까. 혹자는 위의 현상들은 세계화가 문제이지 신자유주의는 직접적인 관련이 없다고 생각할 수도 있다. 이민 노동자들이 대거 유입되고 값싼 중국산 물건이 들어와 공장이 문 닫게 된 서구 부자국가들에서 일어난 이야기이고 이들 나라에서 일자리를 잃은 노동자들이 들고 일어난 것이지, 신자유주의가 무슨 상관일까 하고 말이다.

신자유주의와 현재의 세계화는 뗄 수 없는 일심동체이다. 1980년대 미국의 레이건 대통령과 영국의 대처 수상이 선두에 서서 세계정치경제의 주류를 신자유주의로 전환하는 물꼬를 텄다. 케인지언 경제학을 기초로 한 '내재적 자유주의'(embedded liberalism)에서 신자유주의(neoliberalism)

로 바뀌게 된 것이다. 신자유주의는 시장의 자유를 극대화하고 시장을 견제하고 보완할 정부의 역할은 축소시키는 것이 그 핵심이다. 정부는 재정지출과 공공서비스 예산을 감축하고, 시장의 자유를 확대하기 위해 각종 규제 철폐와 법인세 감세의 정책을 실행하였다. 국경을 넘어 세계 시장을 모두 자유화하고 한 시장으로 통합하는 것이 신자유주의의 특징이다. 따라서 세계의 자유무역체제를 규율하던 GATT 체제는 관세와 각종 비관세 장벽 철폐를 더욱 엄격하게 요구하는 WTO 체제로 바뀌었고, 개발도상국들을 포함한 모든 국가들이 예외 없이 모든 분야를 개방해야 하는 강한 압력을 받게 되었다. 신자유주의는 자유무역 체제 게임의 규칙을 바꾸어 개발도상국이 자기 보호를 위해 자국 시장의 빗장을 적절히 조절해서 열고 닫고 할 수 있는 권한을 모두 반칙으로 규정해버렸다.

　세계시장에서 경쟁력이 약한 개발도상국들에게도 예외 없는 시장개방과 완전한 자유무역을 요구하는 IMF같은 국제기구와 부자나라의 경제학자들을 장하준 교수는 '나쁜 사마리아인'이라 규정했다. 그리고 가난한 개발도상국들에게 경제발전을 위해 시장개방과 완전한 자유무역을 요구하는 나쁜 사마리아인들이 가난한 나라가 타고 올라갈 '사다리'를 걷어차 버렸다고 주장했다.[9] '내재적 자유주의' 시대에는 개발도상국이 자유무역 체제에 참여하면서도 자국 시장 보호정책을 할 수 있었지만 신자유주의 시대에는 이를 불가능하게 만들었기 때문에 강자의 약자에 대한 사다리 걷어차기로 규정하였던 것이다.

　세계를 한 시장으로 통합하는데 가장 앞장 선 것은 거대 금융자본과 초국적 기업들, 그리고 그와 연대한 정치가와 지식인들이다.[10] 세계의 시장을 자국 시장같이 누빌 수 있으면 가장 이익을 보는 집단은 바로 초국적 기업들과 거대 금융자본들이다. 금융자본들은 기술의 발달로 가장 쉽고 빠르게 세계 여러 나라 시장을 돌아다니며 이윤을 추구할 수 있다. 이들은 금융 시장을 개방하는 것이 외국의 자본들을 끌어들여 투자를 증대하고 경제 번영을 가져올 것이라 주장하며 금융자유화를 세계적 주류로 만들었다. 이들은 전 세계 주식시장과 외환시장을 누비며 단시간에 초고이윤을 낼 수 있게 되어 돈을 가진 자가 더욱 돈을 버는 현상이 증가하였다.

초국적 기업들은 전 세계적으로 생산과정과 원료 및 부품조달의 네트워크를 수립하여 이윤의 최대화를 도모하였다. 부자 나라의 공장이 이전하여 가난한 나라의 노동자들이 일자리를 얻고 그 나라의 부가 증진되는데 기여하기도 하였다. 그러나, 세계적으로는 부자와 빈자의 구별이 뚜렷해지고 차이가 더 심화되는 결과가 되었다. 기업들은 노동의 저항이 있는 곳을 피하여 노동력이 싼 곳으로 언제나 이전할 수 있으므로 노동자들의 조직화된 교섭력은 무력화되었다. 노동시장은 부분고용, 하청 등으로 '유연화' 되고 보통의 노동자들의 삶은 힘들어졌다. 부자는 더욱 부자가 되고 가난한 자는 더욱 가난해지는 현상이 자리 잡게 되었다.

이것은 서구 국가들만의 이야기가 아니다. 신자유주의 시대 누적된 문제는 한국에도 해당된다. 한국은 현재 소득의 양극화가 OECD 국가 중 미국 다음으로 심해졌고, 부의 대물림 현상이 OECD 어느 국가보다도 심하다.[11) 12)]청년들은 소위 '수저계급론'으로 세상을 보게 되어, 금수저를 입에 물고 태어나지 못함을 한탄하며 '헬조선', 'N포세대' 등과 같은 자조적인 말이 일상적으로 쓰이게 되었다. 다수의 청년들이 부모 세대보다 나아질 것이란 희망을 가질 수 없고 소수의 승자와 다수의 루저로 양분되는 국가에서 발전이란 무엇을 위한 것인가. 튼튼한 중산층이 복구되고 청년세대가 희망을 가질 수 있어야 국가공동체의 미래가 있다.

신자유주의를 극복할 새로운 발전모델의 탐색이 시급하다.

04
자본주의 4.0인가, 베이징 컨센서스인가?

신자유주의가 몰락하고 자유주의는 다시 새로운 모습으로 변화하여 회생할 수 있을 것인가? 자유방임시대의 고전적 자유주의, 케인즈 경제학을 받아들인 '내재적 자유주의', 그리고 신자유주의의 단계를 거쳐 자유주의는 진화하였다. 신자유주의 모델이 침몰하고 있는 상황에서 자유주의는 어떻게 새로운 모델로 회생할 수 있을까? 신자유주의가 2008년의 금융위기에 빠져 휘청거리고 있을 때 '자본주의 4.0'이 등장하였다. 경제평론가인 아나톨 칼레츠키의 2010년 저서 『자본주의 4.0: 새로운 경제의 탄생』에서 제시된 것이다. 그는 신자유주의를 근본적으로 비판하기보다 그중 미국 금융시장의 지나친 시장 근본주의가 문제였다고 지적하며 이를 수정하여 새로운 버전의 자유주의 시장경제 모델을 제시하려 하였다.

칼레츠키는 금융시장이 지나치게 방만한 관행을 답습하지 않도록 국가는 금융시장에 적절한 규제를 가해야 한다고 하였다. 그리고 금융위기가 수습된 후 자유주의 시장경제는 '자본주의 4.0' 버전으로 진화할 것이라 주장하였다. 세계 금융위기 와중에서 자본주의 시장경제에 대한 암울한 분석이 지배적일 때 이런 전망은 많은 위안이 되기도 하였다. 그러나 금융위기가 표면적으로 수습되고 나서도 서구 자유주의 시장경제는 순탄한 발전단계에 들지 못했다. 경제적 침체와 우파의 득세와 같은 정치적 불안이 가중되고 있는 상황이다. '자본주의 4.0'은 실현되었는가, 그리고 자본주의 4.0은 대안적 가치가 있는가? 이런 질문을 하지 않을 수 없다.

칼레츠키의 자본주의 4.0 전망을 따르면 자유주의는 신자유주의의 문제를 극복하고 다시 회생할 것이라 볼 수 있다. 위에서 언급하였지만 자유주의는 고전적 자유방임 시대로부터 지금까지 여러 도전과 부침을 겪으며 진화하여 왔으니 앞으로도 그럴 것이라 주장할 수 있다. 그러나 그렇게 낙관적이기에는 현실이 만만치 않다.

냉전이 끝난 후 프란시스 후쿠야마는 '역사의 종말'을 주장하였다. 세계질서는 자유민주주의와 시장경제가 보편적 모델로 존재할 것이며 더 이상 다른 대안 체제의 도전이 없을 것으로 보았다. 그러나 후쿠야마의 전망은 성급하고 지나치게 낙관적이었다. 아이러니하게도 서구의 자유주의는 권위주의 모델이 성장할 수 있는 토양을 제공하였다. 신자유주의 시대 세계화와 시장개방을 가속화함으로써 권위주의 국가들도 참여하여 경제적으로 번영할 수 있는 무대를 열어주었다.[13] 중국은 매우 성공적인 권위주의 발전모델로서 현재 세계의 많은 개발도상국들에게 영향력을 확장하고 있다. 중국식 권위주의 발전모델은 '베이징 컨센서스'라 불리며 워싱턴 컨센서스를 대체할 새로운 발전모델로 개발도상국들에게 다가가고 있다. 최근 시진핑 정부는 야심찬 '일대일로'(一帶一路) 구상(신실크로드 구상)으로 중국 경제의 영향력을 세계적으로 확장해가고 있다. 요컨대, 자유주의 진영은 베이징 컨센서스로 대표되는 권위주의 모델의 만만찮은 도전에 직면해 있다.

중국식 발전모델 베이징 컨센서스는 워싱턴 컨센서스의 대척점에 있다는 이유로 '컨센서스'라는 명칭을 획득하였다. 중국의 놀라운 경제성장은 미국발 경제위기로 세계가 난관에 봉착하고 신자유주의 모델이 침몰했을 때 더욱 돋보였다. '베이징 컨센서스'에 대한 많은 관심과 논의가 봇물처럼 쏟아졌고, 세계 경제위기 극복과 성장의 견인차로 중국의 역할이 주목받게 되었다. 오바마 대통령이 말하였듯 위기가 끝나면 세계질서는 전과 다를 것이라는 인식이 팽배하였다. 중국의 정치경제적 위상이 미국과 견줄 만큼, 어쩌면 능가할지도 모를 만큼, 커질 것이라는 전망이 널리 퍼졌고 어느 정도 사실로 나타났다.

사회주의 정부와 시장경제라는 독특한 조합으로 유례없이 빠른 속도로 성장하는 중국경제는 자유민주주의와 시장경제가 한 쌍을 이루는 지금까지의 발전 공식에 대한 도전이다. 그리고 권위주의 정치질서의 중국이 지속적으로 세력을 확대해 가는 것은 미국의 헤게모니와 국제질서에 대한 위협으로 등장하였다. 아시아, 아프리카, 남미 등의 많은 후발 개발도상 국가들은 서구와 같은 자유민주주의보다는 권위주의와 국가주도의 발전모델에 더 익숙하다. '베이징 컨센서스'는 권위주의 체제와 국가주도의 발전모델, 또는 '국가자본주의'(state capitalism) 모델의 대표 케이스며 성공사례로서 많은 개발도상국들에 다가가게 되었다. 자유주의가 정착하지 못한 아시아와 아프리카 등의 발전도상국에서 '베이징 컨센서스'는 대안적 발전모델이 될 수 있을 것이란 전망이 심심찮게 나온다. 배타적 민족주의와 극우파들이 세를 얻어가는 나라에서는 권위주의적 국가자본주의 모델이 자유주의 모델보다 더욱 매력 있게 보인다. 우파세력이 집권한 동유럽의 헝가리, 폴란드, 체코, 슬로베니아 등 동유럽 16개 국가들이 중국의 일대일로 투자를 환영하며, 극우 포퓰리즘 세력이 집권한 이탈리아가 서유럽 다른 나라들의 비난에도 아랑곳하지 않고 중국의 일대일로에 참여하기로 결정한 것을 보아도 알 수 있다.

후쿠야마의 예언과 다르게 자유주의는 보편적 모델이 될 수 없을지도 모르는 위기에 놓여있다.

위기는 새로운 사고를 불러온다. 세계경제의 새 판짜기와 새로운 발전모델에 대한 관심이 더욱 필요하다. 두 개의 대조적인 발전모델, 자유주의 모델로서 '자본주의 4.0', 국가자본주의로서의 '베이징 컨센서스', 누가 신자유주의의 이후를 계승하는 주도적 발전모델이 될까? 이들의 경쟁은 어떻게 종결될까?

이것은 미국과 중국의 주도권 경쟁, 그리고 자유민주주의 대 권위주의의 경쟁이란 문제를 동반한다. 이념을 떠나 지구촌 많은 대중들의 삶의 질을 높이고 인간이 존중되는 국가를 실현하려면 어떤 발전모델이 더 나을까, 아마도 우리는 이 모두를 다 극복해야 할까?

I. 현재와 과거

1장
신자유주의의 모순

1. 위기의 징후
2. 세계적인 소득불평등
3. '위대한 미국'과 '값싼 헤게모니'
4. 신자유주의의 파장 무렵

01
위기의 징후

2016년 말 도널드 트럼프가 미국 대통령으로 당선되었고, 그해 6월 영국에서는 브렉시트(Brexit)가 결정되었다. 미국과 영국은 신자유주의를 처음 시작하여 끌어온 쌍두마차였다. 미국과 영국에서 신자유주의 도입 36년 후 대중들의 선거반란이 일어난 것은 단순히 우연으로만 볼 수 없는 필연성을 내재하고 있다. 양국에서 신자유주의의 번창을 위해 가장 많은 비용을 부담해온 사람들은 중산층과 하층의 노동자들이었다. 꾸준히 증가한 소득불평등의 가장 큰 피해자가 이들이고 시장개방 주도의 세계화로 일자리 위협을 가장 크게 느낀 계층도 이들이다. 2016년 신자유주의 선도국의 대중들은 예상을 뒤엎은 선거반란을 통해 더 이상은 참을 수 없다는 것을 세상에 알렸다.

신자유주의에 대한 대대적 궤도수정은 불가피하지만 불행히도 그 방향은 아직 혼돈스럽고 신자유주의 이후의 시장경제 모델에 대한 확신이 미국에도 영국에도 아직 없다. 미국의 대중들은 트럼프의 당선을 통해 울분을 표출하는 데 성공했지만 그들의 근원적 문제가 해결된 것은 아니다. 트럼프가 대중의 요구에 부합하기 위해 내놓는 정책들은 미국 우선주의, 자국 중심주의로의 선회를 의미하며 워싱턴 정가와 서구유럽의 불만을 사고 있을 뿐 아니라, 그에게 표를 준 대중들의 문제를 근원적으로 해결해 주지도 못한다. 미국 주도로 만들어온 세계정치경제 질서에 균열이 가고 세계가 어디로 갈지 불안과 우려의 그늘이 깊어진다.

브렉시트를 협상하고 있는 영국과 유럽에서도 미래는 불투명하다. 브렉시트를 선택한 영국의 대중들이 전한 메시지는 시장주도의 세계화는 자기들의 삶을 더욱 궁핍하고 어렵게 했다는것이다. EU로부터의 탈퇴를 선택한 대중의 다수는 세계화의 혜택으로부터 상대적으로 소외된 지방의 거주민이거나 외국인 노동자들에게 기회를 빼앗기고 있다고 생각하는 하층계층의 사람들이다. EU로부터 탈퇴의 조건을 논하는 영국의 입장도 지리멸렬의 연속이다. 무관세 자유무역의 혜택은 누리고 싶으나 쏟아져 들어오는 이민 노동자는 통제하고 싶어 한다. 그러나 이런 영국의 선택적 개방 입장을 유럽은 용납하지 않는 가운데 협상은 실패를 거듭하고 영국 정치는 갈피를 못 잡고 있다.

시장통합에만 급급하여 정치사회적 통합의 분배구조를 만드는데 실패한 결과를 보여주는 것이 브렉시트 현상이다. 영국 뿐 아니라 불만은 또 다른 국가에서 터져 나올 수 있는데, 재정위기에 몰린 그리스에서 그렉시트(Grexit)를 주장하는 목소리가 나온 것이나 유럽 여러 나라에서 극우파들의 상승세가 만만찮게 지속되는 것들은 이를 말한다. 현실 정치에 실망한 대중들은 극우파들의 이민 혐오와 타문화 배척에 열광하며 빈곤과 실직 같은 그들의 문제가 이민노동자와 외국인들 때문이니 이들을 내쫓아야 한다는 극우파들의 단순처방을 믿는다. 세계화가 이만큼 진행된 현재 시장개방을 중지하고 외국인들에게 국가의 문을 걸어 잠그는 것은 해결책이 될 수 없으며 가능하지도 않다.

시장개방 일변도의 세계화로 기회와 부가 증대된 소수와 상대적 박탈감과 빈곤을 경험하는 다수의 양분된 구조가 정착되었다. 상대적 박탈감과 빈곤을 경험하는 대중에게 기회와 부를 균형있게 재분배하는 정치구조가 신자유주의에는 결여되었다. 신자유주의 모델을 대체할 새로운 정치경제모델이 필요하며 지금 전 세계가 함께 풀어야 할 과제이다. 새로운 정치경제모델의 수립과 그에 대한 합의가 더 이상 미룰 수 없는 시대의 과제임을 대중들이 선거반란을 통해 알렸다.

2016년 선거를 통한 대중의 반란이 전혀 예기치 못한 사건은 아니다. 미국에서 2011년 9월 시작된 '월가를 점령하라'(Occupy Wall Street)운동은 대중 정치저항의 전조와 같았다. 월가 점령 운동은 2008년 발생한 미국 금융위기에서 그 진원지를 찾을 수 있다. 신자유주의 시대에 승승장구하며 부를 쌓아가던 금융시장의 방만함이 마침내 위기로 터진 것이 2008년 월가의 위기이며 이것은 신자유주의의 조종(弔鐘)을 울린 사건이다. 금융자본주의와 위기에 대한 상세한 설명은 다음 장에서 다루어질 것이다.

2008년의 미국 금융위기가 정부의 대대적 구제금융으로 수습된 이후에도 신자유주의 정책에서나 대중의 삶의 조건에서 의미있는 변화는 일어나지 않았다. 월가는 탐욕을 추구하는 그들의 일상으로 돌아갔고 워싱턴 정치는 개혁을 거부하는 세력들이 여전히 주도권을 잡고, 대중들의 신자유주의에 대한 불만은 계속 내연(內燃) 중이었다. 처음 인터넷 등으로 소통한 여러 자생적 조직의 구성원들로 시작된 월가점령운동은 미국의 격심한 소득불평등과 월가의 탐욕, 대기업의 정부에 대한 부당한 영향력, 나아가 무능한 정치에 대해 비판하였다. 월가점령운동 시위대는 "우리는 나머지 99퍼센트이다"(We are the 99 percent)라는 슬로건을 외쳤다. 왜 나머지 99퍼센트인가?

당시 미국 의회 예산실(Congressional Budget Office)에서 발간한 보고서만 보아도 월가점령운동에 참여하거나 지지하는 사람들의 분노를 이해할 수 있다. 1980년대 이후 미국의 상위 1퍼센트의 소득증가는 나머지 99퍼센트와 비교하여 볼 때 마치 서로 다른 나라 사람들 사이에 일어난 일 같다(도표 1). 1979년 당시 소득을 기준으로 할 때 소득 상위 1퍼센트는 가파른 상승선을 그리며 2007년 경 4배 가까이 도달했음에 비해 나머지 99퍼센트는 큰 변화가 없다. 특히 최저 20퍼센트의 소득은 미미할 정도로 거의 변화가 없다. 상위 1퍼센트는 30년도 안 되는 기간 동안 소득이 4배 증가하였는데 나머지 99퍼센트의 소득은 큰 변화가 없는 상황을 어떻게 설명할 수 있을까.

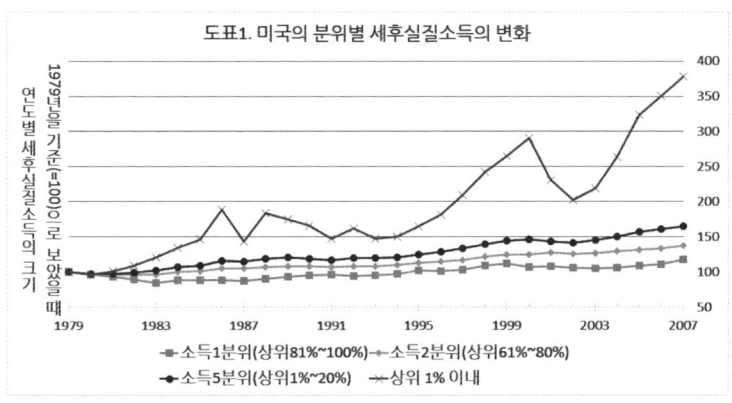

《Trend in the Distribution of Household Between 1979 and 2007》. Figure 2. CBO(Congressional Budget Office)(Oct. 2011.)

막대한 금융자산을 소유하여 짧은 시간에 빠른 속도로 재산을 증식한 상위 1퍼센트의 존재는 미국 금융위기 발생과 같은 맥락에서 이해해야 되는 현상이다. 레이건 이후 공화당 정부가 줄기차게 옹호해온 부자 감세 정책, 그리고 70년대 이후 미국이 앞장서서 실행해온 금융시장의 탈규제와 자유화, 이런 요인이 오늘날 미국의 극심한 소득 불평등과 월가의 위기를 잉태하는 데 지대한 공헌을 했다.

신자유주의의 최초 주도자인 레이건은 집권 다음해부터 시작하여 그의 재임 8년 동안 최고소득세율을 70퍼센트에서 절반도 안되는 28퍼센트로 낮추는 지각변동에 가까운 감세정책을 실시하였다.[14] 그후 소득세는 몇 번의 조정을 거쳐 클린턴 정부에서 잠시 상승하였다가 조지 부시 주니어 시대 다시 감축되었다. 클린턴 이후 공화당의 조지 부시 주니어는 레이건의 뒤를 이어 1981년 이래 최대 규모의 감세정책을 실시하였다. 최고소득세율을 35퍼센트로 낮추었고, 자본이득에 적용되는 최고 세율을 20퍼센트에서 15퍼센트로 인하, 배당금에 적용되는 최고세율을 35퍼센트에서 15퍼센트로 인하하였다. 부자들의 소득에서는 배당금이나 임대료, 이자 등에서 나오는 자본소득이 큰 비중을 차지한다. 자본소득세를 감세해주고 부자들의 소득세와 법인세를 감축시킨 것은 부의 양극화에 크게 기여하였다. 최고 소득자들은 소득세를 대폭 감면받을 뿐 아니라 잉여자본을 금융자산과 부동산에 투자하여 더욱 빠른 속도로 재산을 증식하고 더욱 높아진 고소득을 향유하게 되었기 때문이다. 이들의 소득이 생산과 투자로 이어져 일자리를 더 창출할 것이라는 소위 '낙수(trickle-down) 이론'은 비현실적임이 확실히 입증되었다. 공화당 정부의 부자 감세 정책은 연방정부의 세수를 감소시키고 누적적 재정적자와 극심한 소득격차의 결과를 가져왔을 따름이다.

월가점령 운동의 시위대는 두 달간 맨해튼의 주코티 공원(Zuccotti Park)을 점령하고 평화적 시위를 벌이다 뉴욕시 경찰대에 의해 진압되고 해산되었지만, 10월 15일의 시위는 미국 전역의 대도시와 세계 여러 곳에서 반향을 일으키며 동조 시위를 발생하게 하였다. 미국 뉴욕, 샌프란시스코, 시카고, 로스앤젤레스 같은 대도시뿐 아니라 유럽의 마드리드, 로마, 발렌시아, 바르셀로나, 런던, 베를린, 프랑크푸르트, 암스텔담, 비엔나, 그리스의 아테네, 테살로니키를 비롯하여 캐나다의 토론토, 몬트리올, 뱅쿠버, 브라질의 포르토 알레그레 등 세계 각지에서 많게는 수만명 적게는 수천, 수백명이 집결하여 동조시위를 하였다는 기록이다.[15]

월가점령운동에 대해 오바마 대통령은 이것이 미국인들이 금융위기 이후 느끼는 좌절감을 나타내는 것이라 하며 자신은 그들의 편이라 말하였다.[16] 민주당 하원의장을 지냈던 낸시 펠로시도 월가점령운동을 지지한다고 하였고, 여러 노동조합들도 이 운동에 지지를 표명하였다. 반대와 비판도 적지 않았는데, 공화당 우파와 우파 언론인들이 대표적인 비판자들이었다. 예컨대, 공화당 대통령 후보 지명전에 나섰던 미트 롬니(Mitt Romney)는 이에 대해 '질투', '계급투쟁' 등으로 표현하였다. 부자들에 대한 감세정책과 복지예산 삭감에 동조해온 백만장자 공화당 정치인에게는 그렇게 보였을 것이다.

당시 월가점령운동에 대한 한 정치사회학적 조사에 의하면, 상당히 의미있는 결과를 보여준다. 조사에 응한 집단에서 응답자들의 평균연령은 33세 정도, 90퍼센트 이상이 대학 재학 또는 수료 이상의 학력을 가지고, 70퍼센트 이상이 풀타임(50퍼센트)이나 파트타임(20퍼센트) 직업을 가지고 있으며, 50퍼센트 가까이가(47.5퍼센트) 연 수입 2만5천 달러 이하이며, 합하여 70퍼센트 정도(71.5퍼센트)가 연 수입 5만 달러 이하라고 답하였다. 비교적 고학력에 만족스러운 수입을 얻지 못하는 젊은층들이 대거 참여하였다는 것이다. 개중에는(15퍼센트) 연 7만5 달러 이상의 고소득자도 있었다. 그리고 이들의 정치적 성향에 대해 중요한 것은 자기들의 정파성에 대해 70퍼센트 정도가 무당파(independent)라고 하였다. 민주당이라 답한 사람은 27퍼센트 정도, 무당파 70퍼센트, 공화당이라 답한 사람은 극소수(2.4퍼센트)에 불과했다. 여기에 더해 조사대상자의 90퍼센트 이상이 월가점령운동이 앞으로도 계속 성장할 것이라 대답하였다.[17]

월가점령운동이 사회 하층계급에 의한 일시적 불만표출이나 폭동이 아니라, 신자유주의가 가져온 미국 사회의 문제를 근본적으로 지적하고, 이 문제를 제대로 해결하지 못하는 무기력한 양당정치를 통렬히 비판하는 운동임을 나타내는 일면이다.[18] 미국의 최상위 소득자 1퍼센트를 제외한 나머지 99퍼센트 중 젊은, 고학력의, 직장인들이 운동의 주된 지지자가 되었다는 것은 이후 미국 정치에서 중요한 동력이 될 잠재력을 보유하고 있다는 의미였다.

미국 정치의 지형이 변하고 있다는 것은 2016년 대통령 선거 캠페인에서도 나타났다. 민주당 후보 경선에서 예상치 않던 버니 샌더스(Bernie Sanders) 현상이 나타난 것과 월가점령운동의 주 참여자들의 70퍼센트 이상이 무당파였다는 것은 일맥상통 한다. 미국 연방의회에서 유일한 민주사회주의자인 무소속의 버니 샌더스는 민주당 대선후보 경선에 도전하였다. 미국 동북부의 조그만 주 버몬트의 상원의원인 그는 벌링턴이란 작은 도시의 시장으로 처음 정치 경력을 시작할 때부터 일관된 메시지를 주장해왔다. 소수의 거대자본에 의해 정치가 왜곡되고 경제가 부자들을 위한 시스템으로 작동해 온 현상을 그는 끊임없이 지적하며, 혁명적 변화를 주장해왔다. 풀뿌리 민주주의를 통한 정치혁명을 꿈꾸는 그는 미국 정치의 이단아로 주목을 받지 못하였지만, 미국의 정치, 경제적 위기상황이 그의 존재를 부각시킨 계기가 되었다. 그는 '상위 1퍼센트가 하위 90퍼센트의 소득을 합친 것만큼의 부를 소유하는 것이 비도덕적이며 잘못된 것'이라는 것을 지적했다.

또한 노동자들의 가처분 소득이 늘어야 경제가 살아난다고 주장하며, 최저임금을 15달러까지 올려야 하고 노동조합의 권리를 보호해야 한다고 역설했다. 샌더스는 워싱턴DC와 월가에 포진한 기득권 세력의 눈치를 보지 않고 과감한 개혁메시지를 일관성 있게 주장해왔으므로 그 진정성으로 대중의 지지를 얻었다.[19] 그의 선거운동도 거액의 정치헌금을 모금하는 슈퍼팩(super PAC)의 영향을 벗어나 평균 30달러의 소액기부자들에 의해 치러졌다. 그의 정치방식은 기득권 정치에 대한 도전이었다.

미국의 금융위기를 수습하는 과정에서 보인 미국 정치의 보수성과 공화, 민주를 막론하고 기득권 정치인들에 대해 자라난 불신이 '민주사회주의자'인 버니 샌더스에 대한 지지를 높이는 요인이 되었다. 샌더스의 지지자들이 월가점령운동 지지자들처럼 젊은 고학력의 백인 남성이 많다는 것은 우연이 아니었다. 샌더스는 사회주의가 금기시 되는 보수적인 미국 정치풍토에서 지나치게 별종으로 보였고 기성 정계와 관계(官界)에 네트워크가 없었으므로 자연히 민주당 후보로 선정되지 못했다. 민주당 후보가 되지는 못하였으나 버니 샌더스 현상은 미국의 진보적 개혁을 요구하는 적지 않은 세력들이 존재함을 대변하였다. 선거의 결과는 필연적이고 우연적인 요소들의 결합에 의해 나타난다. 2016년 미국 대선에서 투표와 선거의 공학은 미국을 비롯한 전 세계 많은 사람들이 우려와 의심의 눈으로 바라보던 트럼프를 백악관에 입성시켰다.

도널드 트럼프 현상은 정치사회학적으로 샌더스 현상의 정반대편에 있는 이란성 쌍생아이다. 트럼프 지지자들은 일관성 있는 집단이 아니며 다양한 우파세력을 포함하고 있다. 그러나 그중에는 기득권 정치에서 위안을 받지 못한, 기댈 곳이 없는, 보다 저학력의 백인 노동자들이 많다. 전통적으로 노동조합의 지지를 받아온 민주당의 정책에도 불만족하고,

보수우파가 주도해온 공화당의 엘리트 지도자들에게도 외면당해 온, 불만의 백인 노동자들이 트럼프 지지자에 많다는 것이다. 샌더스나 월가점령 그룹이 미국의 문제를 지적하고 개혁 필요성에 대해 이성적 논리를 갖추고 있는데 비해, 트럼프의 언술은 단순함의 극단을 보여주었다. 트럼프가 미국 대선 후보지명전에서 승승장구하여 당선되었다는 것은 오래 누적되어온 미국 양당정치의 무력함을 보여주는 것이었다. 공화당조차도 후보로 지명되는 것을 환영할 수 없었던 트럼프가 당선된 것은 최상위층의 편에 서서 미국 대중의 요구를 오랫동안 묵살해온 공화당의 업보로 볼 수 있다.[20] 샌더스와 트럼프 현상은 미국 양당 정치가 무기력과 타성과 기득권 수호에 빠져 99퍼센트의 국민들이 느끼는 문제를 이해하고 해결하기 위해 필요한 개혁을 제대로 못하고 있다는 것을 의미했다.

트럼프를 선택함으로써 미국 대중들은 문제의 제기에는 성공했으나 정답을 얻지는 못했다. 중국과 유럽의 수출품에 막대한 관세를 부과하고, 어렵사리 만든 오바마 케어를 폐기하고, 방만한 월가를 규제하고 위기의 재발방지를 위해 만든 금융규제개혁법을 약화 시키는 조치를 취했다. 이런 것으로 대중들의 삶을 개선할 수 있을까? 그런 방법으로는 대중들의 삶을 피폐하게 해온 소득불평등의 구조를 개혁하지 못할 것이다. 극심한 소득불평등의 구조를 근본적으로 개혁하지 않고서 신자유주의의 질곡을 넘어 새로운 세계로 갈 수 있을지 의문이다.

2019년, 미국 대통령 선거전의 예비 후보 각축전이 다시 타오르기 시작한다. 민주당에는 샌더스에 더해 엘리자베스 워런이 과감한 진보적 공약들로 주목을 끈다. 2020년 미국의 나머지 '99퍼센트'들은 그들을 위한 지도자를 갖게 될까?

02
세계적인 소득불평등

신자유주의의 가장 큰 과오는 전 세계적으로 소득의 불평등을 급속히 증가시켰다는 것이다.[1] 소득의 불평등은 중산층을 점점 하층으로 몰아가고 사회 다수 계층의 삶을 피폐하게 하였고 국가의 세수를 줄어들게 하여 공공재를 쇠퇴하게 하였다. 정도의 차이는 있으나 세계적인 현상이며 특히 신자유주의를 앞장 서 주도해 온 미국에서 가장 극명하게 나타났다.

최근 수년 간 한국의 사회과학 분야의 독서계에서 최대의 대중적 관심과 주목을 받은 대표적인 저서들 중 마이클 샌델(Michael Sandel) 교수의 "정의란 무엇인가"(Justice: what's the right thing to do?)와 토마 피케티(Thomas Piketty)의 "21세기 자본"(Capital in the Twenty-First Century)이 있다. 샌델교수는 그의 저서에서 다양하게 수집한 예화와 논리적인 토론

---

1 양극화와 심화된 소득의 불평등에 관해 앤서니 앳킨슨, 토마 피케티, 브랑코 밀라노비치 등과 같은 세계적 학자들이 낸 연구 성과들은 유명하며 한국에도 잘 알려졌다. 파쿤도 알바레도, 이마뉴엘 사에르, 토마 피케티 등을 포함한 일군의 학자들은 '세계 불평등 데이터 베이스'를 사용하여 『세계불평등보고서』(2018)를 출간하기도 하였다. 『세계불평등보고서(2018)』, 파쿤도 알바레도 · 뤼카 샹셀 · 토마 피케티 · 이매뉴엘 사에르 · 게이브리엘 루크먼 공저, 장경덕 옮김, 글항아리, 2018.

을 통해 롤스(John Rawls)의 자유주의적 정의 개념을 넘어 공동체주의적 정의를 말하였다. 정의의 가장 핵심적인 것이 사회적 재화의 정의로운 분배에 관한 것이다. 정의로운 분배가 없이 정의로운 사회가 될 수 없다. 하버드 대학 학부생의 철학 강의를 내용으로 한 그의 저서가 한국의 독서계에 그처럼 많은 주목을 받은 것은 한국 사회가 정의에 몹시 목마른 사회였기 때문이었을 것이다.

피케티의 저서는 글로벌 차원에서 부의 불평등 현상을 방대한 역사적 자료를 수집하고 계량화하여 증명해냈으며, 세계적으로 큰 반향을 일으켰다. 피케티가 부와 소득의 불평등 분배를 지적한 유일한 학자는 아니지만, 이 시대의 많은 사람들이 공감하는 문제의식을 체계적으로 대변했기 때문일 것이다. 그는 소득의 극심한 불평등이 이 시대의 정의롭지 못함을 넘어 미래의 사회까지 위협할 것이라는 사실을 지적한다. 피케티는 지금 세계적인 부의 불평등 분배는 1900-1910년 유럽의 가장 불평등이 심했던 시대에 필적하는 수준이라 한다. 1900-1910년 무렵의 유럽은 자유방임적 자본주의가 그 모순과 함께 정점에 달하고, 1차 세계대전으로 붕괴하기 직전의 시기이다. 칼 폴라니의 "악마의 맷돌"이 구체제의 공동체를 허물고 그 자리를 자유방임의 시장경제와 자유주의가 지배하기 시작하여 백여 년 쯤 지난 때 부의 불평등이 극에 달했다. 예컨대, 영국의 경우 상위 10퍼센트가 전체 부에서 차지하는 비중이 90퍼센트를 넘었다. 이 점은 이차대전 이후에는 최고로 평등한 복지국가를 건설한 스웨덴의 경우에도 예외 없이 해당되는데, 1910년 경 스웨덴의 부에서 상위 10퍼센트가 차지하는 비중은 90퍼센트에 근접한다. [21]

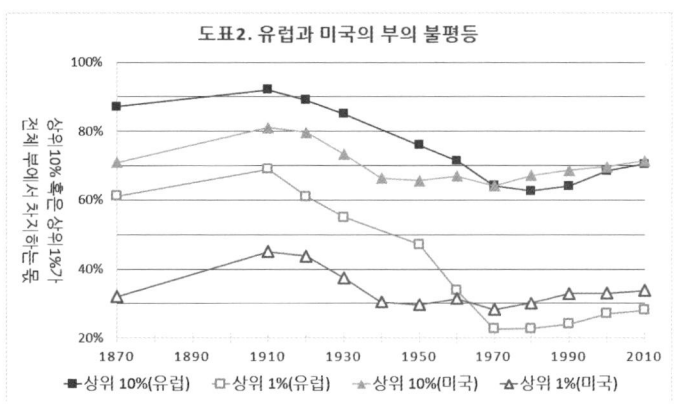

『Capital in the 21st Century』 Thomas Piketty. Figure 10.6
http://piketty.pse.ens.fr/fr/capital21c

위의 (도표2)에서 보여주듯이 유럽과 미국에서 부의 불평등은 1910년 정점에 이르러 상위 10퍼센트가 유럽의 90퍼센트, 미국에서 80퍼센트의 부를 소유하였다. 이런 극심한 불평등은 이후 1970년까지 꾸준히 감소한다. 상위 10퍼센트가 차지하는 몫이 유럽에서는 60퍼센트, 미국에서는 65퍼센트 근처로 감소하였다. 물론 이것도 상당히 높은 수준이지만, 19세기 앙시앙 레짐에 비해 유례없이 낮아진 것이며, 중산층의 증가를 가져왔다. 이 시기는 2차 대전과 대공황을 겪으면서 자본주의 사회가 여러 정치적, 제도적 변화를 통하여 부의 불평등 문제를 해소하기에 노력하였기 때문이다. 피케티 뿐 라니라 앳킨슨도 지적하였듯이 정부가 복지국가 정책을 실현한 제도적 노력이 있었다.[22] 2차대전 이후의 주류가 된 수요측면(demand-side)의 케인즈 경제학을 기초로 노조의 단결권 및 단체협상권을 보장하고, 복지국가 정책을 실현 한 것 같은 제도적 변화가 부의 불평등을 해소하는데 기여하였다.

그러나 1980년 미국의 레이건과 영국의 대처가 손잡고 시작한 신자유주의의 실현이 세계적 주류가 되면서 부의 불평등이 다시 증가하였다(도

표2, 도표3). 자본주의 경제의 실패와 불평등의 사회적 문제를 해결하기 위해 20세기 들어 60년간 쌓아온 제도적 개선의 효과는 신자유주의로 인해 사라져버리게 된 것이다. 이런 추세로 두면 부의 불평등은 19세기의 자유방임시대로 회귀할 모양새이다.

신자유주의가 도입된 이후 상위 10퍼센트의 소득이 급격히 증가하며 부의 불평등을 확대시키는 것은 모든 나라에게 공통적 현상이다(도표3). 피케티의 자료는 유럽, 미국, 남미와 아시아의 발전도상국 모두에서 상위 1퍼센트, 상위 10퍼센트의 소득이 1980년 이후 증가하고 있음을 보여준다. 현재와 같은 소득의 불평등을 방치하면 19세기 자유방임시대의 부의 불평등 추세로 회귀할 것이란 것은 기우가 아니다. 고위 소득자들의 소득은 금융자산과 부동산 등의 형태로 전화되어 경제성장률보다 빠른 속도로 재산증식을 가져온다. 이들의 금융자산은 경제가 저성장인 경우에도 세계 여러 곳을 누비며 고수익을 올리는 각종 펀드나 파생상품 등에 투자될 것이고, 부동산은 정기적인 임대수입을 가져올 것이기 때문이다. 따라서 고소득자들이 사회 전체에서 점유하는 자본과 부의 비중은 더욱 커질 것이다. 소득이 증가하지 않는, 또는 상대적으로 줄어드는 중산층 이하의 계층들은 제한된 소득으로 의식주를 해결하기도 바쁘기 때문에 부의 축적에서 점점 그 몫이 줄어들거나 밀려 날 수밖에 없다.

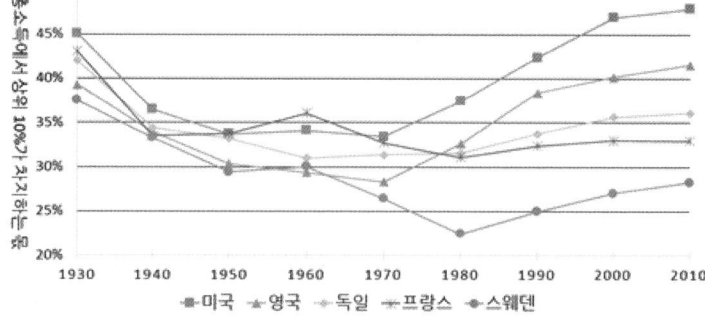

『Capital in the 21st Century』 Thomas Piketty. Figure 9.7
http://piketty.pse.ens.fr/fr/capital21c

위의(도표 3)에서 보여주듯이 미국이 상위 10퍼센트가 소득에서 차지하는 비중이 다른 유럽국가들 보다 높다. 다음은 영국인데, 신자유주의를 선도적으로 시행한 앵글로-색슨모델의 나라들이 소득 불평등이 더욱 심하다는 것이다. 심한 소득불평등이 심한 부의 불평등으로 이어진다. 부의 불평등은 부의 형성에 있어 개인의 능력이나 노력이 아니라 상속재산이 차지하는 역할을 더욱 크게 만든다. 불평등이 세습되는 사회가 되는 것이다. 부모로부터 많은 부동산과 금융자산을 물려받은 사람은 아무것도 하지 않아도 그 자산이 경제 성장률보다 빠른 속도로 불어난다. 반대로 부모로부터 부를 물려받지 못한 사람은 성실히 일하여도 의식주를 해결하기에 급급한 사회가 되는 것이다.

피케티는 이용가능한 다양한 추정치를 적용하여 세계 전체의 부의 불평등에 대해 다음과 같은 섬뜩한 결론을 제시한다. 앞에서 언급했듯이, 2010년대 초 부의 글로벌 불평등은 1900-1910년대 유럽에서의 수준과 필적한다. 최상위 0.1퍼센트에 속하는 사람은 오늘날 세계총자산의 거의 20퍼센트, 상위 1퍼센트는 50퍼센트, 상위 10퍼센트는 80-90퍼센트 정도를 소유하고 있는 것으로 보인다. 하위 50퍼센트가 차지하는 것은 세계총자산의 5퍼센트에도 못 미친다.[23] 이 수치는 세계적인 통계치의 추정치이므로 국가마다 차이는 있을 수 있다. 그러나 세계화가 급속히 진행된 이 시대에 부의 극심한 편중현상으로부터 어떤 나라도 자유롭지 않다. 피케티는 이런 추세를 그냥 두면 앞으로 부의 불평등은 더욱 심한 상황까지 악화될 수 있다고 한다.

최상위 0.1퍼센트 부자들의 부는 이런 추세로 두면 자본수익률에 따라 30년 후에는 2배, 3배 이상으로 증가할 수 있다. 자본 수익률이 1년에 4퍼센트이면 그들은 몫이 30년 후 40퍼센트, 자본 수익률이 6퍼센트이면 그들의 몫이 60퍼센트가 된다는 것이다.[24] 이런 극심한 상황이 되기 전에 어떤 방향으로 수정해야 할지는 분명해 보인다. 계층간 소득의 격차를 대폭 줄이기 위한여러 정책을 도입하고 고소득과 자본 증식에 대한 누진적 세제를 실시하는 것이다. 그러나 이는 말처럼 쉬운 것이 아니다. 99퍼센트의 국민이 유권자의 힘으로 자기 나라의 정치를 대대적으로 개혁할 때에야 가능한 것이다. 참여 민주주의가 건강하게 작동할 때 개혁이 가능하다는 것이다.

소득불평등의 심화는 한국도 예외가 아니며 피케티가 지적한 부의 편중이 가장 심하게 진행된 나라의 하나이다. OECD 자료에 따르면 한국의 임금불평등 정도를 '하위 10퍼센트 대비 상위 10퍼센트 비율'로 측정해보면 2013년 4.7로서 미국, 이스라엘, 터키에 이어 네 번째로 높다. 5인 이하 사업장의 근로자까지 다 포함하면 비율이 5.1 이상으로 OECD국가 중 가장 높다.[25] 자본소득의 불평등은 더욱 극심하다. 상위 1퍼센트와 상위 10퍼센트가 배당소득의 72.1퍼센트와 93.5퍼센트를 각각 가져가고 이자소득의 44.8퍼센트와 90.6퍼센트를 가져간다.[26] 이런 자본소득은 다시 부동산, 유가증권 등 소득을 증식시키는 데로 재투자되어 부의 급격한 증식을 촉진한다. 한국의 허술한 상속세제와 소득세제에 힘입어 한국은 상속부자의 비율이 세계 최고 수준이다. 2014년 기준으로 한국인 억만장자 중 상속부자의 비율은 74.1퍼센트로 미국의 28.9퍼센트 일본의 18.5퍼센트에 비해서 비교도 안 되게 높다.[27] 이것은 신분제 사회에서나 가능한 일일 것이다. 한국의 젊은이들이 '흙수저', '헬조선'을 외치게 된 것은 놀라운 일이 아니다.

03
'위대한 미국'과 '값싼 헤게모니'

　소득 불평등 심화의 책임을 신자유주의 정책에만 돌리는 것은 타당하지 않다고 주장할 수도 있다. 기술의 급진적 발달로 생산과정이 자동화되고 로봇생산이 증가하였으며 단순제조업 노동은 저임금의 발전도상국으로 이전되어, 단순 기술직 및 사무직 노동자들의 일자리가 점점 사라지고 소득의 격차가 발생하는 것은 불가피하다는 것이다. 그러나 기술의 발전과 세계화에만 책임을 전가하는 것은 정치의 역할을 간과하는 것이다. 기술의 발전에 대응하여 새로운 일자리를 만들고 사회적 부를 창출하여 부가 국민들에게 공정하게 분배될 수 있는 새로운 체계를 만들어야 하는 것이 정치의 역할이다. 4차 산업혁명 논자들도 지적하고 있듯이 이대로 가면 저숙련 노동이나 평범한 기술을 가진 보통의 사람들은 점점 더 일자리를 찾기 어렵고 부의 편중은 더욱 심해질 것이다. 기술의 발전은 거침없이 진행되는데 그에 대비한 정치는 존재하지 않는다. 신자유주의시대 이래 정치는 공동체의 정의로운 분배를 보장하는 대신 상위 10퍼센트의 부를 증진시키는 정책에 집중하였고 이차 대전 이후 쌓아올린 복지국가적 사회제도의 기반을 무너뜨렸다. 이런 모순은 세계의 헤게몬 국가 미국에서 현저하게 나타났다.

안이하고 왜곡된 워싱턴의 기득권 정치로 대중의 삶이 피폐해졌고, 그 결과 분노한 대중들은 기득권 정치 출신이 아니며 단순명쾌한 해결책으로 대중들의 고통을 속 시원히 해결해 줄 것처럼 보인 트럼프를 대통령으로 선출하였다. 트럼프의 당선은 이유 없는 돌발현상이기보다 어쩌면 신자유주의의 누적된 결과가 낳은 예정된 미래였을지 모른다.

세계의 패권국 미국에서 정치와 경제의 주류가 어떤 것인가 하는 것은 미국 뿐 아니라 전 세계적으로 영향을 미친다. 신자유주의를 폐기하고 새로운 방향을 찾기 위해 미국에서부터 대폭적인 정치적, 경제적 변화가 일어나는 것은 매우 중요하다. 미국이 어떻게 여기까지 오게 되었는지 잠시 돌아보는 것이 다른 미래를 생각하는데 필요하다.

미국은 70년대를 지나며 서서히 추락해온 미국의 세계적 위상을 회복하고 헤게모니를 유지하기 위해 신자유주의로 선회하였다. 70년대 말 미국은 50-60년대의 프라임타임을 지나 국제적 위상이 과거와 같지 않았다. 달러의 가치가 하락하고, 경제성장률이 하락하고 실업률은 증가하였다. 대외적으로 미국의 도전 세력들도 고개를 들기 시작하였는데, 석유수출국기구(OPEC) 국가들의 담합으로 1차오일 쇼크가 발생하고, 이란 미국대사관 인질사건이 터진 것들이 그 예이다.[28] 70년대의 추락이 가져온 침울한 분위기에서 로널드 레이건은 미국을 다시 '위대한' 나라로 회복시키겠다는 메시지를 걸고 대통령에 당선되었다. 그는 영국의 '철의 여인'(Iron Lady) 대처와 함께 신보수주의 경제학을 채택하며 세계정치경제의 방향타를 신자유주의로 선회하였다.

레이건 이후 미국 공화당의 정치에 이론적 기초를 제공한 것은 신보수주의와 신자유주의이다. 레이건에게 이론을 제공한 신보수주의가 미국에서 새로운 세력집단으로 형성하게 된 것은 70년대 미국 정치경제의 암울한 분위기를 배경으로 한다. 신보수주의 기원은 다음 두 그룹이다. 밀턴 프리드만(Milton Friedman)이 주축이 된 시카고학파 경제학자들, 그들은 정부의 유효수요 창출을 주장한 케인즈 경제학에 대항해 시장의 자유와 통화가치를 중심으로 신보수주의 경제학 이론을 전개하였다. 통화주의 경제학은 정부의 재정지출 증대가 재정적자를 불러오는 것을 비판하고, 정부가 통화공급을 조절하여 인플레이션을 억제하고 균형예산에 주의를 기울일 것을 주문하였다.

다른 하나는 미국의 전통적 가치 회복과 사회질서 및 힘에 기초한 미국 위상의 추구를 공유하는 신보수주의 학자 및 언론인들이다. 이들은 존슨대통령 시대의 '위대한 사회' 정책과 진보세력에 반대하였다. 이들 보수주의 운동의 지식계층은 70년대 미국의 부유층과 기업들로부터 후원을 받아 확고한 재정적 기반을 마련하였다. 이 시기 보수 싱크탱크인 헤리티지 재단, 케이토 연구소(Cato Institute)들이 설립되고 보수 경제연구소인 미국기업연구소(AEI)도 이때부터 눈부시게 확장되었다. 이런 상황에서 신보수주의 정치경제 이념을 체화하고 '위대한 미국'의 재건을 대중적 언술로 구사하며 다가간 것이 레이건이었다.[29]

신보수주의는 미국적 가치의 실현을 추구하며 1980년대 이후 공화당 정부 네오콘들의 사상적 기반을 제공한다. 신자유주의는 정치, 경제, 사회 모든 영역에서 개인의 자유의 확대를 주장하며 개인주의가 민주주의를 성공시키는 핵심적 열쇠라고 본다. 미국에서 신보수주의와 신자유주의는 '작은 정부', '시장의 자유'를 추구한다는 공통점을 가지며 하나로 융화되어 공화당의 정책적 기조를 이루었다.

신자유주의 정책은 기업과 부자에 대한 감세, 정부의 복지정책 축소,

기업에 대한 규제철폐, 노동시장 유연화와 노조의 무력화 등을 그 주 내용으로 한다. 간단히 말하면 정부의 시장개입을 최대한 줄이고 시장의 자유를 최대한 보장하는 것이다. 부자와 기업의 세금을 줄이면 이것이 투자와 생산으로 연결되어 그 효과가 아래로 미치는 '낙수효과'(trickle-down)를 가져올 것이란 것이다. 전후 주류였던 케인즈 경제학의 처방을 버리고, 밀턴 프리드만, 프리드리히 하이에크 등의 통화주의와 신보수주의 경제학이 시대의 주류가 되었다.

레이건은 달러의 금리를 대폭 인상하여, 달러의 가치를 인공적으로 부양하였고, 금리인상으로 전 세계의 돈들이 미국을 향하여 몰리게 되었다. 미국이 금리를 인상하니 유럽의 주요 국가들도 자본의 이탈을 방지하기 위해 따라서 인상하지 않을 수 없었고, 금리인상은 2차 오일쇼크의 여파와 함께 세계경제를 불황으로 몰아가는 원인이 되었다. 세계경제는 불황이었지만, 미국은 인공적으로 부양된 달러의 가치에 힘입어 해외로부터 자본유입이 계속되고 미국의 경제는 여전히 '위대한'듯 보였다.

'위대한 미국'을 회복하려는 레이건의 정책은 군비확장 정책으로도 나타났다. 그는 소련과의 신냉전을 선포하고 군비증강을 시행하여, 그의 시대 군수산업이 활황을 맞이하였다. 그의 이런 정책은 군사 케인즈주의(Military Keynesianism)로 불리게 되었다. 고달러 정책과 군사 케인즈주의로 미국의 자존심이 회복되고 미국의 헤게모니는 다시 절정에 달한 듯 보였지만, 그 그늘도 깊었다. 레이건 정부 8년 동안 미국의 재정적자가 급격히 증가하여, 그의 시대 국가부채가 9천억 달러에서 2조9천억 달러로 3배 이상늘어났다. 레이건의 경제정책은 부시정부에도 계승되었으므로 재정적자와 부채비율이 꾸준히 상승하였다. 연방정부의 재정적자와 함께 경상수지 적자도 지속되어 미국의 국가 부채는 레이건과 부시 부자의 공화당 정부 하에 급격히 증가하게 되었다.

http://zfacts.com/p/318.html

레이건에 이어 부시 시대에 정치를 장악한 보수 우파들의 주장에 따라 부자들에 대한 세금 삭감과 함께 미국의 방위예산은 꾸준히 증가하였다. 특히 9.11 테러 이후 미사일방위체제(Missile Defense) 구축과 아프가니스탄, 이라크 전쟁 수행을위한 정부예산은 더욱 증가하여 냉전 시대의 최고점보다 더 치솟았다.(도표 5). 테러리스트들은 냉전시대 소련처럼 수많은 ICBM과 핵무기를 가지지 않았는데도 말이다. 미국의 대중들은 가난해지고 있는데 거대 무기생산기업의 매출과 이윤은 증가하였다. 이들과 결탁한 워싱턴의 보수 싱크탱크들, 공화당의 우익 네오콘들로 구성된 군산복합체는 안보위협을 강조하며 방위예산 늘리기에 급급하였다.

레이건의 치세에 대한 평가는 지금도 논란거리이다. 레이거노믹스와 그의 치세를 치하하는 사람들은 물가와 실업률 상승 압력을 안정시키고 미국이 번영을 누렸다고 평가한다. 대외적으로도 미국의 달러화가 고평가되고 소련이 흔들려 냉전종식의 막이 열리며 위대한 미국이 회복된 듯 보였다. 그러나 오늘날 미국을 깊이 병들게 한 부의 불평등 분배와 양극화, 국가 부채의 천문학적 증가 등이 이 시대에 기초가 놓이고 자란 것이다. 앞에서 지적한대로 그의 대규모 감세정책으로 부자들의 소득은 급격히 늘고, 복지정책 축소로 중산층의 빈곤화가 시작되었다. 양극화의 시작과 만성적 국가부채, 레이건 시대의 영화는 30년 후 걷잡을 수 없게 자란 미국 병의 뿌리를 심었다. 레이건 시대를 비판적으로 평가하는 학자들은 "값싼 헤게모니"(hegemony on the cheap)였다고 냉정하게 말한다.

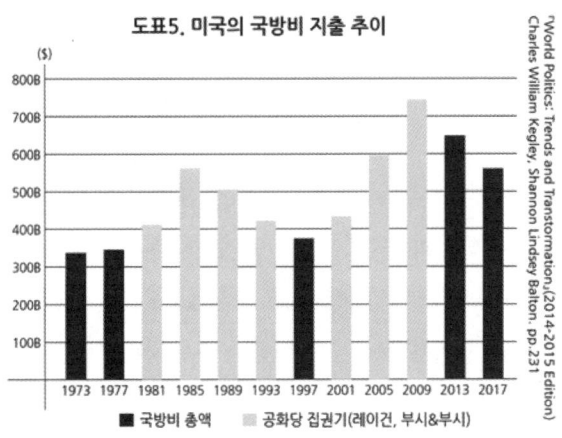

04
신자유주의의 파장 무렵

현재도 미국의 헤게모니는 끝나지 않았다. 그 위상이 많이 추락했지만 아직 미국보다 더 큰 영향력을 가진 나라는 없다. 그러나 미국은 과거와 같은 헤게몬이 아니다. 시한폭탄과 같은 만성적 국가부채와 더 이상 '아메리칸 드림'을 이룰 수 없는 허물어진 경제사회 시스템, 그리고 새로운 비전을 창출하지 못하는 무능하고 타성에 빠진 양당 정치가 미국이 앓고 있는 병이다.

오늘날 미국은 양극화가 극도로 심화되었다. 예를 들어 최고 경영진에 속한 사람들은 일반 정규직 노동자의 수백 배에 달하는 연봉을 받는다. 미국연방준비제도이사회(FRB)의 연구에 따르면 미국 102개 대기업의 조사에서 2000년대 초 CEO들은 연 평균 900만 달러를 벌어, 정규직 노동자 평균연봉의 367배가 넘었다. 그 다음 서열 임원의 연봉은 169배였다. 미국의 상위층은 미국 노동자들과 다른 세계에 사는 슈퍼리치, 별세계의 사람들이 되었다.

상위부자와 대기업의 세금을 감면해 주고 줄어드는 세수를 보충하기 위해 각종 판매세(sales tax)와 같은 간접세, 지방세 등이 증가했고 중산층과 가난한 노동자들이 부담할 몫이 더욱 증가했다. 그 결과 슈퍼리치와 반대로 대중들의 삶은 더욱 힘들어졌다.

신자유주의의 대표정책인 '작은 정부'의 구호에 따라 공공부문에 대한 투자가 급격히 위축되었다. 80년대 이래 공립학교, 공립도서관, 공립 교통시설, 공립 병원, 공립 공원과 박물관, 공립대학 등 이런 모든 공공재들이 미국사회에서 위축되었다. 이 모든 공공재들은 20세기 초반부터 형성되어 위대한 미국을 건설한 자산들이다. 연방정부의 예산삭감으로 저소득층을 위한 푸드스탬프나 메디케이드 예산이 삭감되었다. 정부의 활동을 축소하고 시장과 대기업에게 자리를 내준 결과 복지 수준이 줄고 양질의 일자리도 줄어들었다.[30] 폴 크루그먼 교수가 지적했듯이 신자유주의 정책 30년의 결과 미국 보통 가정의 젊은이들은 미국 역사상 처음으로 부모세대보다 더 나은 삶을 기대할 수 없는, 미래지향의 사다리가 끊어진 세대가 되었다. 자신이 '흙수저'임을 자조하며 부모 세대가 가졌던 사회적 신분상승의 꿈을 잃어버린 한국의 젊은이들과 비슷한 입장에 놓인 것이다.

트럼프는 "아메리카 퍼스트"의 구호를 외치며 미국을 다시 '위대하게' 만들겠다고 하였다. 그러나 기업들에게 미국에 공장을 세우도록 강요하고 우방국에 통상압력을 가하며 이민을 퇴거시키려는 그의 미국중심주의 정책으로 미국을 위대하게 만들 수 있을까 의문스럽다. 그런 정책으로 4차 산업혁명이 시작되고 세계화가 확산된 시대에 미국민들에게 장기적으로 양질의 일자리를 제공하고 복지국가를 위한 사회공공재를 재창출할 수 있을까. 대외적 협박과 강요에 의존하며 미국의 내적인 병을 치유할 비전과 방법을 수립하지 못한다면, 강하고 위대한 미국은 '값싼 헤게모니'에 대한 향수에 머무르고 말지 모른다. 미국이 새로운 정치를 위한 정치사회적 합의를 도출하지 못한다면 미국민을 위해서 뿐 아니라 세계를 위해서도 매우 불행한 일이다.

오늘날 미국의 문제를 해결하기 위해 로버트 레이쉬와 폴 크루그먼 같은 진보적 자유주의자들은 워싱턴의 왜곡된 정치를 바꿔야 한다고 주장한다. 크루그먼은 미국에 새로운 뉴딜정책이 필요하며 사회안전망 확보를 위해 구체적으로 연방정부 차원의 의료보험 제도를 창설해야 한다고 주장하였다. 그의 주장은 오바마 정부에서 일명 '오바마케어'(Obamacare)로 실현되었다. 미국 정치에서 예산과 조세정책에 관한 공화-민주 양당의 극단적 대립구도는 여전히 상존하며 양당의 협상과 합의에 기초한 의회정치는 무너진 채로이다. 정당정치와 의회정치를 재건하고 국민의 합의를 수렴하기 위해 미국사회에 새로운 합의(social contract)가 필요하다.

레이쉬는 미국 시민의 계몽과 각성을 촉구한다. 시민정신을 회복하여 왜곡된 워싱턴 정치의 개혁을 촉구하고 시민의 힘으로 정치구조를 바꿔야한다는 것이다. 파편화된 개인주의를 벗어나 공동체성과 공공성을 회복해야 한다는 내용이기도 하다. 그동안 신자유주의에 경도되어 온 미국의 자유주의를 새롭게 혁신해야 한다는 것이 미국 진보 진영 학자들의 주장이다. 그들의 주장은 뉴딜 합의를 기초로 양대 정당이 공생하며 미국시민들이 아메리칸 드림을 이룰 수 있었던 팍스 아메리카나 시절과 같은 새로운 '사회적 합의'를 만들어야 한다는 의미로 보인다. 부자들이 합당한 세금을 내며, 중산층이 두터워지고, 하층계층을 위한 복지와 교육 및 공공재 공급을 위한 정부의 공적 투자가 이루어지는 국가를 위해서 새로운 뉴딜을 위한 새로운 사회적 합의가 필요하다. 이는 미국만의 이야기가 아니다. 일편단심 미국모델을 귀감으로 삼아왔고 심한 소득양극화 구조를 안고 있는 한국에도 똑같이 해당되는 진단이다.

신자유주의 이후의 새로운 발전을 위해 왜곡된 정치를 개혁하여 새로운 정치가 시작되어야 한다. 그러나 미국도 영국도 프랑스도 그리고 한국도 아직 새로운 정치는 그 형태를 갖추지 못했다. 새로운 발전모델은 무엇인가에 대한 정치사회적 합의와 새로운 사회세력의 연대가 이루어지지 않은 채 이들 나라의 정치는 아직 혼미한 상태이다.

지금의 상황을 보며 칼 폴라니가 그렸던 20세기 초 고전적 자유주의의 파장 무렵을 연상하는 것은 무리가 아닌 것 같다. 칼 폴라니는 그의 저서 '거대한 전환'(Great Transformation: the political economic origins of our time)에서 18세기 말부터 20세기 초에 걸쳐 고전적 자유주의 시대 자기조정적 시장기구에 대한 믿음이 당시의 사회와 정치경제 체제를 어떻게 지배하였는지 설명하였다. 그리고 일차대전 후 1920년대에 유럽 국가들이 고전적 자유주의 시장경제 제도를 복구하려고 기울였던 노력이 허망한 결과를 가져왔다는 것도 설명하였다. 영국을 비롯한 유럽국가들은 전쟁으로 파괴된 자유방임적 시장경제와 자유무역 체제의 근간이던 금본위제를 복구하려고 하였지만 정치사회적 혼란을 거듭하게 되었다. 자기조정적인 시장기구에 대한 믿음을 가진 정치가들이 새롭게 등장한 노동자 계급들의 요구를 수용하는데 실패했기 때문이다. 계급 갈등과 정치적 불안 사태가 지속되면서 자유주의와 민주주의 국가의 기초가 잠식되고 마침내 전체주의 파시즘이 등장하게 되었다는 것이다.

자기조정적 시장질서와 시장기구의 우월성에 대한 신앙에 가까운 믿음, 그리고 극심한 소득불평등 구조 재생산이란 측면에서 폴라니가 비판했던 고전적 자유주의와 오늘의 신자유주의는 상당히 흡사한 면이 있다. 앞에서 토마 피케티 교수의 〈21세기 자본〉에서 보았듯이 서구 국가들에서 최상층 10퍼센트가 부의 80-90퍼센트를 소유했던 때가 1910년대 고전적 자유주의 시대이다. 신자유주의의 전성기 최상층 계급에로 부의 집중이 심해지고 양극화가 심화되는 것과 흡사하다. 폴라니가 간파하였듯이 자기조정적 시장과 최소한의 기능만 하는 야경국가, 이것이 고전적 자유주의 시대의 시장과 국가의 관계이다. 신자유주의 시대에도 시장이 최적의 자원배분기구이니 시장에 맡기고 국가의 역할은 가능한 줄여야 한다는 이론이 지배하였다. 19세기 유럽의 국제질서에서는 로스차일드와 같은 거대 금융자본들이 유럽 군주들의 재정적 필요에 응하면서 방대한 금융네트워크를 통해 유럽국가간 세력균형의 질서를 매개하는 역할을 하였다. 이와 흡사하게 신자유주의 시대에도 거대금융자본들이 초국적기업가들과 함께 정치지도자들에게 금융 자유화와 시장개방이 주도하는 세계화 질서를 시행하도록 인도하였다. 시장이 최적의 분배기구이니 국경을 허물고 세계 시장을 통합하여 더 많은 부가 산출되고 유통되게 해야 한다는 이론으로 신자유주의 세계화를 추동하였다.

고전적 자유주의 시대보다 많은 역사적 경험과 수많은 실패를 한 후에도, 다시 시장 맹신적 과거의 믿음이 개정된 이론체계를 가지고 재등장한 것이나 다름없다. 신자유주의는 세계가 고전적 자유주의의 실패를 치유하면서 터득하고 쌓아온 정치사회적 경험과 지혜를 무시하고 다시 맹목적으로 시장으로, 소수의 특권으로 돌아간 체제이다.

폴라니가 설명하였듯이 고전적 자유주의는 그 안에서 배태된 사회 계급적 갈등을 해소하지 못하여 정치적 혼란을 거듭하다 결국 파시즘의 등장과 함께 파국을 맞이하였다. 그러면 지금 신자유주의는 어떤가? 그때와 지금은 엄연히 다르다. 민주주의와 자본주의 시장경제는 1920년대보다 더 많은 경험을 축적했으며 지금의 대중들은 그때의 대중들보다 자유와 민주주의에 대한 더 많은 경험에서 나온 지혜를 가지고 있다. 자유방임적 자유주의나 신자유주의가 자유주의의 유일한 모습이 아니며 새로운 모습으로 변화할 수 있다는 것을 역사적 경험으로 알고 있다. 케인즈의 수정자본주의가 자유주의를 구원하고 세계경제 번영을 가져왔던 것을 경험했다.

신자유주의의 파장 무렵이 이미 당도하였다. 신자유주의를 떠나 새로운 모습으로 자유주의는 재정비되어야 한다. 유럽 각국에서 나타나는 극우파들의 약진, 영국의 브렉시트와 프랑스의 노란조끼, 미국의 월가점령 운동.. 이런 것들은 현재의 질서에 심각한 균열이 일어났음을 알리는 경고음이다. 더 큰 파열음을 내고 무너지기 전에 새로운 자유주의 정치경제를 위한 각성과 개혁이 필요하다.

I. 현재와 과거

2장
애덤 스미스와
신자유주의[30]

1. 애덤 스미스와 시장
2. 애덤 스미스와 미국 금융위기
3. 램프를 나온 지니: 금융자유화
4. 위기, 위기들
5. 새로운 금융거버넌스: 미션 임파서블?

01 애덤 스미스와 시장

신자유주의를 극복할 새로운 모델을 탐구하기 위해 고전으로 돌아가 자유주의 정치경제에 대해 다시 생각해 보자. 고전적 자유주의 경제의 시조인 애덤 스미스는 경제학이 오늘날과 같이 수학과 공식 중심의 고도로 추상화된 딱딱한 학문이 되기 전, 정치경제학이란 이름으로 국가경제에 대해 풍부한 경험과 자료에 기초하여 통찰력 깊은 이론을 전개하였다. 스미스 시대에는 오늘날과 같은 경제학이 아니라 정치와 경제를 아우른 정치경제학이었다. 스미스는 정치경제학을 '정치가 또는 입법자의 학문의 한 부문'으로 보았다. 그리고 정치경제학의 두 가지 목표를 첫째, 민중에게 풍부한 수입 또는 생활 자료를 제공하는 것, 둘째는 국가 또는 공동사회에 공무를 수행하는데 충분한 수입을 공급하는 것으로 정의하였다.[32] 오늘날의 용어로 바꾸면 정치경제학이란 민중을 부유하게 만들고 국가의 세수 및 기타 수입을 충분히 공급하는데 목표가 있다는 것이다. 상위 1퍼센트와 10퍼센트가 부유해지고 나머지는 점점 빈곤으로 가까이 가는 것이 아니라 민중 모두가 물질적으로 풍요한 삶을 누리는 것이 스미스의 시각에서 본 정치경제학의 목표로 볼 수 있겠다.

애덤 스미스는 자유주의 경제학의 시조로서 신자유주의자들에게는 그들 이론의 기원이다. 그러나 〈국부론〉 등에서 나타난 그의 사상은 오늘날 신자유주의자들과는 상당한 차이가 있다. 스미스는 자유경쟁시장을 주장하고 시장의 자율조정기능, 그리고 경쟁의 긍정적 효과를 신봉하였다. 이는 정부의 시장개입 축소와 시장의 자유 확대, 그리고 경쟁강화를 그 핵심으로 하는 오늘날의 신자유주의 정책과 동일해 보인다. 시장의 자동조정기능을 신봉한다는 데서 신자유주의는 스미스 이래 고전적 자유주의의 맥을 잇고 있다고 볼 수도 있겠다.

그러나 애덤 스미스의 주장을 그것이 나온 이백 여 년 전의 사회경제적 맥락을 고려치 않고, 오늘날의 시장경제에 문자 그대로 이식하는 것이 타당할까란 의문을 제기하지 않을 수 없다. 스미스의 '국부론'(An Inquiry into the Nature and Causes of the Wealth of Nations) 이 출간된 것은 1776년이다. 그러니까 애덤 스미스의 경제사상은 18세기 후반 봉건적 신분제와 특권이 여전히 존재하던 시대, 자유시장경제가 막 시작될 무렵의 영국과 유럽 등의 사회경제 및 정치적 상황을 배경으로 한다. 국부론이 집필된 배경은 자본주의 시장경제의 싹이 막 올라오던 시대인데 이백여 년 이후의 거대하고 복잡고도화 된 자본주의 시장경제에 그 시대적 맥락을 사상(捨象)한 채 그대로 적용할 수 있을까. 애덤 스미스의 처방을 문자 그대로 이입한다는 것이 그의 사상에 부합할까. 자유무역과 시장의 경쟁을 중심으로 애덤 스미스의 〈국부론〉에 나타난 주장을 분석해보면, 그의 사상을 오늘의 입장에서 이해하는데 도움이 될 듯하다.

애덤 스미스는 물론 자유시장주의자이며 자유무역을 주장하였다. 그는 저서 여러 곳에서 중상주의적 각종 특권, 예컨대 상인들이 의회나 왕과 결탁하여 얻어낸 수출장려금이나 수입품 관세, 독점권 등에 대해 비판하였다. 이런 무역 특권들은 소수 상인들의 이익일 뿐 국가 전체적으로는 손해가 된다, 이들을 폐지하고 자유무역을 하는 것이 오히려 생산과 노동의 고용을 증가시킬 것이란 것을 여러 예시를 통해 설득력 있게 논하였다.

예컨대, 당시 시행되었던 곡물에 대한 수출장려금의 예를 보면, 장려금 지급은 곡물의 수출을 증가시켜 국내시장에서 곡물의 가격을 인상시키고, 국내의 소비와 산업생산을 억제하게 된다고 하였다. 즉, 수출로 인한 국내시장에서의 곡물의 화폐가격 인상은 국내 금, 은의 실질가격을 떨어뜨리고, 곡물가격의 영향을 받는 다른 모든 국내 재화의 가격을 상승시켜 결국 국내의 모든 생산과 고용을 위축시키게 된다는 것이다. 곡물 수출장려금은 곡물수출 업자들에게만 이익이 될 뿐, 장기적으로 농업 경영자의 생산을 증가시키지도 않고, 국부의 증진에 도움이 되지 않는다.[33]

그는 동인도회사가 의회에 요청한 배타적 무역특권에 대해서도 비판하며, 신개척지(식민지)에서의 무역도 일정의 독점 기간이 지난 후에는 개방되어 자유무역에 맡기는 것이 타당하다고 하였다. 자유무역에 맡겨야 경쟁에 의해 국내의 소비자들에게 싼 가격에 재화를 공급할 수 있을 뿐 아니라, 독점권을 허용하면 회사의 경영자들은 무질서하고 게을러져서 그것이 없을 때 달성할 수 있는 통상의 이윤도 내지 못할 것이라 하였다.[34] 그는 당시 영국의 식민지 독점무역이 특정계층의 수입을 증가시킬지 모르지만, 국민 전체의 수입을 오히려 감소시킨다고 보았다. 따라서 그레이트브리튼이 식민지에 대한 독점권을 포기하고 오히려 이들을 해방시키고 자유무역을 효과적으로 보장하는 통상조약을 체결하는 것이 국민들의 이익이라고 주장하였다. 독점권을 보유하게 되면 필요 이상의 자본이 그쪽으로 투입되어 다른 분야의 투자가 위축되며, 생산성 향상을 위한 노력이 아닌 독점이윤에 기대게 되어 결국 그 분야의 경쟁력도 낙후하게 되며 국민들은 독점으로 인한 높은 가격을 지불하게 되어 모두에게 결국 해가 된다고 보았던 것이다.[35]

자유무역과 자유시장은 필연적으로 경쟁을 동반한다. 애덤 스미스는 자유시장에서의 경쟁에 의해 자원과 노동이 가장 효율적으로 배분되고 투자될 것이라 보았다. 예컨대 그는 중세로부터 내려온 동업조합과 같은 독점적 직능조합에 대해 매우 비판적이었다. 당시 유럽과 영국에 관행적으로 행해지던 도제조례, 동업조합과 같은 특권조직들이 직업 이전의 자유와 노동 이주의 자유를 방해하여 경쟁을 막는 것에 대해 매우 비판하였다. 그는 동업조합이 만들어진 것은 자유경쟁을 제한함으로써 자유경쟁이 확실히 가져다주는 가격 저하를 막고 거기에 따른 자기들의 이윤과 임금의 감소를 막기 위한 목적이라고 명시하였다.[36] 즉 동업조합은 그에 속한 소수의 이익을 위한 것이며 국가 전체적으로 소비자의 이익과 국부 증진에 해롭다는 것이다. 그리고 노동의 자유 이동과 임금을 규제하려는 정부의 노력을 그만두어야 한다고 하였다. 경쟁이 사라지고 부지런함과 창의를 위한 노력도 사라질 것이기 때문이다.[37]

애덤 스미스의 자유무역과 시장의 경쟁에 대한 논의에서 우리가 파악할 수 있는 것은 그가 모든 종류의 배타적 특권- 즉 독점무역이든, 수출보조금이든, 관세이든, 동업조합이든 -에 대해 비판적이며 폐지되어야 한다고 주장했다는 것이다. 어떤 종류의 배타적 특권도 시장에서의 경쟁을 저해하여 공정한 경쟁이 이루어지지 않게 한다. 그래서 그것이 없을 경우 시장의 기능에 의해 자연스럽게 이루어질 자원의 효율적 배분과 생산과 고용의 증진을 방해하여 국부의 증진에 해가 된다. 애덤 스미스는 당시 즉 18세기 중후반의 영국과 유럽에는 봉건적 특권조직과 관행들이 많이 존재하였음을 많은 예시를 통해 보여주었다. 특권과 독점이 폐지된 자유시장이 보다 공정한 경쟁과 자원의 효율적 배분을 가능하게 하여 국부를 더욱 증진시킬 수 있다는 것이 그의 믿음이었다. 즉, 시장의 자율조정기능과 그로 인한 최적 분배는 자유롭고 공정한 경쟁이 있어야 가능하다고 본 것이다.

근대인으로서 애덤 스미스는 당시 아직도 만연하던 중상주의적 사고에 반대하여 금과 은의 축적이 국부의 원천이 아니라, 노동의 생산과 제조업을 통해 국부가 증진된다고 보았다. 노동을 더욱 많은 생산적 작업에 종사할 수 있도록 고용하고 제조업의 생산을 증진시키는 것이 국부의 원천이다. 그러기 위해서는 노동과 생산자원이 효율적으로 분배될 수 있도록 국내 시장이나 무역에서나 모든 배타적 특권이 사라져야 한다. 배타적 특권이 사라진 공정 경쟁의 자유시장이 국부를 증진시킬 수 있다.

흔히 생각하듯 애덤 스미스가 자유시장이 쉽게 저절로 존재할 수 있다고 생각한 것은 아니다. 오히려 특권과 독점을 노리는 상업가나 제조업자들에 의해 자유시장이 방해받는다는 것을 지적하였다. 그는 기회만 되면 시장에서 자기들의 특권을 누리기 위해 담합하는 자본가들에 대해 경계하였다. 예컨대, '그들의 이해가 공공의 이익과 일치하지 않는 계층의 사람들, 공공을 속이고 억압마저 하는 것을 이익으로 생각하는 계층의 사람들'이 제안하는 상업상의 어떤 법률이나 규제에 대해 큰 경계심을 가지고 주의해야 한다고 주문하였다.[38] 자유무역에 대해서도 '수많은 사적인 이해관계로 인해 (자유무역이) 완전한 형태로 이루어질 것을 기대하는 것은 유토피아를 기대하는 것만큼 어렵다'고 하였다. '육군 장교들이 병력 삭감에 반대하는 것과 같은 열성과 단결로 제조업자들은 국내시장에서 자신들의 경쟁 상대의 수를 늘리는 법률에 모조리 반대할 것'이란 것이다.'[39] 오늘날 대기업들이 그들의 이익집단을 통해 얼마나 효율적으로 강력하게 의회에 로비하여 저들에게 유리한 입법을 얻어내는지 우리는 익히 알고 있다. 스미스 시대에도 이는 마찬가지였던 모양이다.

스미스는 시장의 자율조정기능이 작동하기 위해 먼저 자유롭고 공정한 경쟁이 이루어져야 한다고 믿었던 것을 알 수 있다. 그렇다면 애덤 스미스가 주장하였던 것이 이백년 후의 자본주의 시장경제 체제에 어떻게 적용될 수 있을까? 애덤 스미스가 완벽한 자유무역에 대해 유토피아를 기대하는 것과 같다고 했지만 사실 그가 그렸던 완전한 자유시장경제는 역사상 존재한 적이 없다. 보이지 않는 손에 의한 시장의 자율조정기능이 이루어지는 완벽한 시장은 현실적으로 존재하지 않는다. 현실의 시장은 항상 공정한 경쟁을 방해하는 특권과 독과점 등이 존재하였고, 애덤 스미스가 그렸던 것처럼 완벽하게 보이지 않는 손의 자동 조절기능에 의해 작동하지도 않았다. 애덤 스미스 시대의 봉건적 특권은 사라졌을지라도, 새로운 특권들이 나타났다. 즉, 거대 다국적기업과 거대 금융자본과 같은 것들이 나타나 새로운 독과점적 지위를 누리게 되었다. 정부의 적절한 규제가 없으면 시장은 대자본이 독식하는 독과점으로 귀결되고, 노동자의 임금은 자연임금 이하로 떨어지기 일쑤였다. 시장의 경쟁은 왜곡되고 이윤율의 전반적 추락으로 시장경제는 위기에 빠지기도 하였다. 대공황의 위기가 바로 이런 것의 대표이다.

스미스 사후 이백 년 간의 시장경제의 경험으로 우리는 시장의 보이지 않는 손은 존재하지 않으며, 시장의 경쟁은 저절로 자유롭고 공정해지는 것이 아니라 공정한 경쟁의 규칙을 만들고 대자본의 횡포를 규제하는 정부의 개입이 있어야 한다는 것을 알게 되었다. 공정한 자유경쟁이란 단순히 정부의 규제철폐로 이루어지는 것이 아니라 18세기와는 반대로 오히려 공정한 게임의 규칙을 만들고 이를 감시 감독하는 정부의 역할을 필요로 한다. 21세기의 자본주의 시장경제에 대해 애덤 스미스의 지혜를 빌린다면, 시장경제가 진정 자유롭기 위해서는 특권과 독점이 배제되고 경쟁이 공정해야 한다는 것이다.

오늘날 신자유주의 시장근본주의자들은 시장의 자율조절기능을 신봉하며 국가의 규제철폐를 금과옥조로 주장하였다. 국가의 규제철폐가 능사가 아닐 뿐 아니라, 오히려 시장의 붕괴와 경제위기를 가져올 수도 있다는 것을 우리는 2008년 미국의 금융위기에서 경험하였다. 2008년 월가의 붕괴는 시장에 모두 맡긴 결과 일어난 대참사였다.

02
애덤 스미스와 미국 금융위기

2008년 미국의 금융위기는 시장근본주의자들의 처방이 참담한 실패로 귀결되었음을 보여준다. 월가의 금융자본가들과 그에 결탁하여 시장근본주의를 맹신하는 미국 정가의 정치인과 학자들은 완벽한 금융시장의 탈규제와 자유화를 추구하며, 이를 통해 끝없이 부가 창출될 수 있다는 믿음을 퍼뜨렸다. 규제는 적을수록 좋다는 신자유주의의 처방에 부합하게 금융시장에 대한 규제를 철폐하였는데 대표적으로 미국은 대공황 때 제정되어 은행과 보험의 분리를 규정하던 글래스-스티걸법(Glass-Steagall Act)[40]을 1999년 폐지하였다. 이 법의 폐지로 은행업과 보험업을 같이 할 수 있는 거대 금융기관들이 출현하게 되었다.[41] 규제의 빈자리와 허술한 틈을 노려 금융기관들은 앞 다투어 실물경제와 동떨어진 천문학적인 규모의 각종 금융상품을 만들어내고 경쟁적으로 위험한 투자를 감행하였다. 2008년 위기 이전 미국의 부동산과 금융시장은 거대한 투기거품과 다를 바 없었다.[42] 금융시장의 자유를 확대하여 생산과 관계없는 돈들이 활개를 치며 앞서서 경제를 주도하는 것이 자유시장경제 원칙의 실현인가?

자유주의 경제학의 시조 애덤 스미스는 금융에 대해 어떻게 말했는지 살펴보자. 그의 시대 금융은 오늘날과 비교도 안되게 소박했지만 금융에 대한 그의 생각은 현대에도 적용될 수 있을 것이다.

"모든 은행이 자기 이익을 잘 이해하고 이에 주의했으면 지폐의 과잉유통은 없었을 것이다. 그러나 모든 은행이 반드시 자신의 이익을 이해하고 이에 주의하지 않았으며, 지폐의 과잉유통이 종종 발생했다".[43]

애덤 스미스는 그의 국부론 2편 2장("사회총자산의 한 특정 부문으로 여겨지는 화폐에 관하여") 에서 이렇게 말했다. 그는 이 장에서 은행의 지폐 과잉발행과 이를 야기시키는 투기적 사업가들의 무제한적 신용창출 행위에 대해 설명하고 그 폐단을 경계하였다. 애덤 스미스 시대의 금융은 오늘날의 거대한 금융자본주의와 다르다. 그는 화폐를 실물거래를 위한 수단으로 간주했고 경제의 주는 금융이 아니라 생산이었다. 그리고 당시의 화폐는 오늘날과 같은 지폐가 주류가 아니라 금본위제 하에서 금과 은 같은 주화가 주를 이루었다. 따라서 오늘날의 금융자본주의와 같이 대량의 은행신용이 창출되는 경제시스템이 아니다. 그렇다면 그의 화폐에 대한 생각은 오늘날에는 별 의미가 없는 것일까. 그렇지 않으면 지폐의 과잉유통에 관한 그의 경고는 오늘날에는 어떤 의미를 지닐까.

애덤 스미스는 신자유주의자들이 행했던 것처럼 금융시장의 무제한한 자유방임주의를 주장하지 않았다. 〈국부론〉에서 스미스는 투기적 자금수요자들에 의해 자행된 생산과 괴리된 신용창출 행위에 대해 경계하였다. 투기적 자금수요자들은 실제 생산과 관계없이도 무제한적인 신용창출에 의해 이윤창출이 가능하다고 믿는다. 예컨대, 당시 원격지(예컨대 런던과 에딘버러)에 거점을 지닌 투기적 상공업자들은 실제 상거래에 기초한 환어음할인이 아니라 융통어음에 기초하여 거래은행에서 할인-재할인 이런 방식으로 신용을 유통하였다. 런던과 에딘버러 사이의 은행을 오가며 실물 생산과 거래와는 관계없이 융통어음을 굴리면 최초의 어음에 표기된 원금은 점점 불어난 이자와 함께 눈덩이처럼 커진다. 이런 방식의 신용유통은 검증되지 않은 다자간 은행거래로 확대되어 지폐의 과잉발행을 야기시켰다. 지폐의 과잉발생은 종종 은행의 파산을 불러오고 은행의 파산은 많은 가난한 사람들에게 큰 불편을 주고 때로는 큰 재앙을 야기한다.[44] 은행의 주의 결여와 무지, 지폐의 과잉발행, 대출자들의 파산, 은행의 경영실패로 당해 은행의 손해 뿐 아니라 전염효과로 금융시스템 전체의 불안정을 초래하고 금융과 실물경제의 위기를 수반한다.[45]

스미스는 지폐의 과잉발행을 규제해야 한다고 주장할 뿐 아니라 이자율의 제한(고리대금)도 주장하였다. 법정 이자율은 최저 시장률보다 조금 높아야 하지만 너무 높아서는 안된다. 이자율이 너무 높으면 생산자에게가 아니라 낭비가나 투기꾼에게 대출될 것이기 때문이라는 것이다.[46] 그는 투기꾼의 탐욕과 그들에게 자본대출이 편향되는 것을 경계하고 생산자에게 자본이 대출되어야 한다고 믿었다.

스미스가 경고했던 지폐의 과잉창출로 인한 은행의 파산과 투기꾼의 탐욕은 200년 후 아이러니하게도 세계 금융자본주의의 본산인 월가에서 일어난 현상과 놀랍게도 유사하다. 2008년 월가의 거대 투자은행들이 파산하면서 금융위기가 터졌을 때 그 메커니즘은 보다 고도화되고 복잡해졌지만 기본적으로 스미스 시대의 지폐 과잉창출과 기본 골격이 상당히 유사한 면이 있다. 물론 200여년 후의 은행가들은 스미스 시대의 은행가들보다 훨씬 적극적으로 각종 금융상품들을 만들어내고 그를 통한 이윤실현을 추구했지만 말이다.

미국 금융위기는 서브프라임 대출 위기와 주택시장에서 시작되어 실물위기를 포함 미국경제 전체와 전 세계경제에 타격을 주었다. 미국 금융위기는 금융기관들의 증권화와 파생상품 거래가 큰 원인인데, 금융자유화의 틀 안에서 첨단금융기법을 자랑하며 고수익을 올리던 미국의 대형 금융기관들의 허상을 보여준다.

금융의 증권화 과정을 전창환 교수의 논문들에 기초하여 간략히 요약하면 다음과 같다.[47] 미국 경제는 당시 IT 버블 이후 경기부양을 위해 유지된 저금리에 힘입어 모기지 전문회사들이 신용도가 낮은 소비자에게도 마구잡이 대출을 해주었다. 신용도가 낮은 소비자에게 대출을 해주어 자동차나 집을 사게 하고 그를 담보로 잡은 서브프라임 모기지 대출이 증가하였다. 모기지 회사들은 이들을 채권으로 만들어 다른 금융기관에 매각하였다. 상업은행이나 모기지 전문 회사가 대출채권을 매각하면, 시티그룹 같은 거대 상업은행과 골드만삭스, 베어스턴스 같은 거대 투자은행과 헤지펀드 등이 개입하여 수천가지 대출채권을 섞어서 주택담보부증권(RMBS)을 만든다. 1차 증권화로 만들어진 RMBS는 신용카드 등 각종 융자, 대출채권담보부증권(CLO), 대부채권담보증권(CMO) 등 다른 것들과 함께 섞여 채무담보증권(CDO: Collateralized Debt Obligation)이라는 2차증권이 만들어진다.[48] 여러 가지 채권을 섞어서 쪼개면 리스크가 거의 제로가 된다는 이론에 의해서이다.

이와 같이 만들어진 복잡한 구조화 증권의 거래를 활성화하기 위해서는 신용도를 보장할 필요가 있다. 따라서 무디스(Moody's), 스탠다드 앤 푸어스(Standard & Poor's) 같은 저명한 신용평가 회사들이 개입하여 이 복잡한 증권들에 높은 신용등급(AAA)을 부여함으로써 CDO의 거래가 활성화되는데 기여하였다.

신용도 보장 뿐 아니라 만일의 사태에 대비한 보험도 필요하다. 이와 같이 리스크가 큰 구조화 금융상품에 동반한 채무 불이행으로 인한 손실을 방어하기 위해 리스크를 헤지하는 보험성 상품도 생겼다. 신용부도 스와프(CDS: Credit Default Swap)라는 파생상품 거래이다. CDS 판매자는 자기들의 리스크를 방어하기 위해 다시 다른 보험회사에 재보험을 가입하고, 이런 CDS 계약이 꼬리를 물고 이어지면서 급속히 증가하였다. 2000년 CDS 계약 잔액이 제로에서 2007년에 2조 1732억 달러에 이를 정도로 폭발적 성장이었다.[49]

이와 같이 최초의 대출담보부 채권과 이를 재증권화한 2차 증권상품, 이에 따른 보험 등 각종 파생상품의 거래가 꼬리에 꼬리를 물고 이어졌다. 실물거래와 관계없이 복잡한 유가증권의 발행이 계속되면서 실제가치의 몇 배로 부풀어 오르게 되었다. 금융위기가 터지기 전 미국 금융시장의 활황은 경제의 실물생산과 관계가 없는 거품과 돈 잔치에 다름 아니었다.

CDO, CDS와 같은 금융상품, 금융파생상품들은 리스크가 크고 이윤도 높다. 미국최대의 보험회사 AIG가 CDS의 최대 판매자였고, 거대 상업은행, 투자은행들이 단기 고수익에 집착하여 앞을 다투어 이런 구조화 금융상품, 파생상품들을 만들어내고 투자하였다. 특히 투자은행들은 높은 레버리지(차입) 비율로 위험한 고수익 파생상품에 엄청난 투자를 하였고 이런 위험천만한 게임 판 위에서 금융시장이 초유의 호황을 누렸다.[50]

부동산 경기도 아울러 금융시장과 함께 호황을 누렸는데, 주택모기지 전문 기관들은 신용상태가 우량하지 않은 소비자에게도 모기지 대출을 남발하여 주택을 구매하게 하는 등 시장이 과열되었다.

그러나 이런 상황은 언제까지나 계속 될 수 있는 것이 아니었다. 서브프라임 대출의 연체, 담보주택 압류, 주택가격 하락 등 주택시장의 거품이 꺼지면서 그와 맞물린 증권시장, 파생상품시장에도 걷잡을 수 없이 위기가 전파되고, 금융시장이 와해되기 시작하였다. 위세 좋던 5대 대형투자은행들 - 베어 스턴스(Bear Stearns), 리만 브라더스(Lehman Brothers), 메릴린치(Merrill Linch), 골드만 삭스(Goldman Sachs), 모건 스탠리(Morgan Stanley)- 이 파산, 또는 인수·합병의 길로 들어섰고, AIG, 씨티은행(Citigroup) 등 세계적인 대형은행들이 타격을 입고 공적자금에 기대 구조조정을 해야 할 만큼 진앙지에서 나타난 위기의 증상은 치명적이었다. 미국의 금융위기는 전세계로 확산되어 세계 경제위기를 초래하였고 대공황 이후 가장 큰 위기로 기록되었다. 미국 정부는 막대한 공적자금을 들여 부실 금융기관을 구제하고 채권을 사들여 위기를 수습하였는데, 그 과정에서 경제가 축소되고 정부의 적자 증대, 일자리 소실과 실업률 증가, 수백만 가구의 압류 등과 같이 깊고 고통스러운 후유증이 동반되었다.

미국의 금융위기가 애덤 스미스와 무슨 상관인가. 소박한 애덤 스미스 시대와 오늘날 금융자본주의는 일견 상관이 없어 보이지만 그렇지 않다. 국부론에서 스미스가 예를 든 런던과 에딘버러 사이를 오가며 융통어음을 굴려 눈덩이처럼 불어나게 한 투기적 상인과 실물거래와 관계없는 각종 금융파생상품을 만들어 내며 이윤을 추구하던 오늘날 월가의 은행가들은 근본적인 유사성이 있지 않은가.

자유주의 경제학의 시조가 금융에 관해 논한 것을 살펴보면 오늘날의 금융자본주의에도 적용될 수 있는 의미가 발견된다. 스미스는 개인의 이기심과 자유에 기초한 자유시장 경제를 주장하였다. 그러나, 이 때 이기심은 탐욕과 다르다. 스미스가 근대인에게서 발견한 이기심은 개인이 자기의 형편을 개선시키려는 욕구이며 사회 전체에 해를 끼치거나 타인의 희생을 개의치 않고 개인의 이익을 추구하는 것이 아니다. 스미스의 이기심은 사회전체의 이익과 국부의 증진과 공존하지만, 금융자본주의의 탐욕은 그렇지 않다. 소수의 규제되지 않은 탐욕은 소수의 부를 가져올지 모르나 왕왕 사회전체의 이익을 해치는 경우와 국가의 부를 잠식하는 경우를 발생시켰다. 스미스는 그의 〈도덕감정론〉에서 타인의 부러움의 대상이 되기 위해 부를 추구하는 사람들에 대해 비판하고 있다.

"부러움의 대상인 이런 상태에 도달하기 위하여 재부(財富)를 추구하는 사람들은 흔히 도덕적인 인간이 되는 길을 포기한다. 왜냐하면, 불행하게도 한쪽으로 통하는 길과 다른 쪽으로 통하는 길은 때로는 전혀 반대의 방향으로 나 있기 때문이다"(애덤 스미스, 도덕감정론, 115).

금융자본주의는 인간의 탐욕을 자유라는 이름으로 합리화하고 다수에게 끼칠 피해를 개의치 않고 자기의 이익추구에만 몰두하는 소수를 이 시대의 엘리트로 승격시켰다. 그들 금융 엘리트는 미국 월가의 대형 투자은행과 상업은행, 그들과 연합한 세계적인 명성을 가진 신용평가기관에 포진해 있다. 그들에게 이론을 제공하는 신자유주의 경제학자들, 그리고 금융의 규제를 결사반대하는 워싱턴DC의 정치인들도 그들과 연합하고 있다. 미국 금융위기는 그들의 시대가 이제 막을 내려야 한다는 것을 말해주는 마지막 사건이 되어야 한다.

03
램프를 나온 지니: 금융자유화

　신자유주의는 금융자본주의 시대라 해도 좋을 것이다. 신자유주의 시대 경제의 가장 선두에서 주류를 이룬 것은 금융이다. 시장의 규제를 해제하고 자본과 상품, 노동의 이동성이 증가할 때 가장 기동성이 빠른 것은 노동이나 상품보다 자본, 그 중에서도 금융자본이 아닐 수 없다. 금융자본은 정보통신 네트워크를 타고 신속하게 전 세계를 누비며 세계정치경제 지도를 바꾸어 놓았다.

　금융자본주의는 70년대 브레튼우즈 체제 붕괴 이래 시작된 금융의 탈규제와 자유화에서 시작되었다. 70년대 이래 금융의 탈규제와 자유화가 진행되는 과정은 마치 램프에 갇혀 있던 요술쟁이 지니가 밖으로 나온 것과 같다. 브레튼우즈 체제에서 국가의 규제 하에 있던 외환거래와 국제금융이 탈규제와 자유화 과정을 통해 마음껏 활개 칠 수 있게 된 것이다. 활개 치는 금융은 지니가 요술을 부린 것처럼 순식간에 거대한 부를 창출하였다. 예컨대, 어업과 알루미늄 제련에 종사하던 북유럽의 작은 섬나라 아이슬랜드가 2000년대 중반 금융자유화를 시행한 후, 그 나라 대표은행 세 개가 수년 사이에 열배로 커지고, 일인당 국민소득이 순식간에 세계 3위로 오른 것은 그 중의 하나에 불과하다.

　세계시장을 누비며 거대한 부를 창출하여 국제금융은 실물경제를 넘어 독보적 주도력을 가지게 되었다. 전 세계 금융시장에서 매일 거래되는 외환과 유가증권 거래량은 1980년대에 이미 실물거래를 수십 배 초과하였으며 금융거래의 움직임이 실물경제를 좌우하게 되었다. 80년대 이래 세계경제는 '금융이 곡조를 고르면 경제의 나머지들이 그에 맞추어 춤을 추는 상황'이 되었다고 영국의 정치경제학자 수잔 스트레인지(Susan Strange)는 표현하였다.

　금융자본주의의 빛이 화려할수록 그 그늘도 깊었다. 금융자본주의가 30여년 지속되는 동안 세계 경제는 수많은 금융위기를 경험하였다. 걷잡을 수 없이 발 빠른 자본의 움직임이 전 세계 여러 곳을 누비며 성장과 파산의 드라마를 만들었다. 2008년 미국의 금융위기는 금융자본주의의 심장부에서 발생한 위기이며, 소위 PIGS(포르투갈, 이탈리아, 그리스, 스페인) 국가들이라 불리는 유럽의 주변부 국가들은 미국발 금융위기의 영향으로 유럽통합의 단꿈에서 깨어나 위기로 추락했다. 1990년대 유럽의 변방에서 '켈틱 타이거'로 부상했던 아일랜드도 위기의 벽에 부딪치고, 위에서 본 아이슬란드의 영광은 리먼 브라더스의 파산과 함께 위기의 나락으로 떨어졌다. 최근 10년간 우리는 금융이 주도하는 성장이 아일랜드, 그리스, 아이슬란드 같은 세계경제의 준주변부 국가들에서 재앙적인 위기로 반전하는 것을 목도하였다. 이외에도 90년대의 아시아 외환위기, 80년대의 라틴아메리카의 외채위기 등으로 아시아와 라틴아메리카의 민중들이 심한 고통을 겪어야했던 것도 잊지 않는 기억이다. 금융이 지배하는 경제체제에는 많은 도산과 파산의 드라마가 생겨났고, 과실은 소수가 누리는 반면 그 피해는 국민대중 다수가 부담해야하는 부조리를 양산했다. 이것은 경제가 발전하려면 불가피하게 치러야 되는 부수적 비용인가? 그렇지 않다.

지니는 어떻게 램프에서 나오게 되었나? 지니를 램프에서 꺼낸 것은 미국의 헤게모니 정책의 일환이었다. 금융시장의 자유화와 세계화는 미국이 주도해왔고 그에 발맞춘 서유럽의 G7, G10들의 협력으로 발전해왔다. 미국은 왜 지니를 램프에서 꺼냈는지 간단히 설명해보자.

이차대전후 1970년까지 세계의 통화금융체제는 브레튼우즈 체제이다. 달러를 세계경제의 기축통화로 하고 달러와 금을 일정비율로(금 1온스= 35미국달러) 태환가능하게 하며 세계 여러 통화들이 달러를 기준으로 가치를 고정한 고정환율제를 유지하는 것을 근간으로 한다. 고정환율제를 유지하기 위해서는 각 국가의 정부가 외환관리와 금융거래에 대한 감독과 통제를 실시하고 재정의 과도한 불균형이 국제수지 적자와 환율 불안을 초래하지 않도록 주의해야 한다. 브레튼우즈 체제는 미국의 주도적 리더쉽으로 운영되었고 달러는 세계경제의 중심통화가 되었다. 그러나 1970년대 들어 미국은 더 이상 달러의 금태환과 고정환율제를 유지할 능력이 없었다. 1971년 미국 닉슨 정부는 달러의 금태환제 정지를 선언하고, 스미소니언 체제의 전환기를 거쳐 마침내 세계통화체제는 고정환율제에서 변동환율제로 옮겨가게 되었다. 브레튼우즈 체제를 계속 유지하려면 미국이 달러의 가치 안정을 위해 국제수지의 균형과 재정의 균형을 유지해야 하고, 금태환 요구에 응할 수 있는 충분한 금을 보유하고 있어야 한다. 1960년대를 지나면서 국내수요와 세계경제 운영의 필요 상 미국이 방출한 달러는 금의 보유량을 훨씬 상회했다. 그리고 국제수지와 재정의 건전한 균형을 유지하려면 미국의 씀씀이를 줄여야 하는데 이는 미국 국내정책과 해외정책 수행에 지장을 초래할 것이었다.

브레튼우즈 체제의 붕괴 이후 변동환율제로 옮겨가게 된 것에서 그치지 않고 이후 미국의 대내외적 금융통화 정책이 시장원리 강화와 탈규제의 방향으로 일관되게 변화하였다. 미국 내에는 신용(credit) 창출을 기반으로 한 소비경제가 지속 확대되었고, 대외적으로는 거대규모의 유로달러를 운영하는 은행자본들의 성장을 가져왔다. 예를 들어, 대표적인 초국적 은행인 시티은행의 경우 1982년 벌써 순수입의 60퍼센트를 해외에서 창출하였다.[51] 미국은행과 기업들은 유로마켓에서 활발한 투자와 자본조달 활동을 했고, 미재무성과 연방준비이사회(FRB)는 이를 장려하였다. 해외에서 활발한 달러거래를 통해 기축통화로서 달러의 위치를 수호하기 위해서였다.[52] 미국은 1974년 12월 자본시장 통제 철폐를 선언하여 금융자유화의 기치를 선명히 하고 1975년에는 뉴욕증시의 규제철폐를 결정하였다.[53]

돈은 규제가 없는 곳으로 몰려가게 되어있다. 자국시장에 금융자본을 유치하기 위해서는 다른 국가들도 금융 통제와 규제를 지속할 수 없었다. 미국에 이어 영국도 금융빅뱅을 단행하여 영국 증시를 개방하고, 영연방국가들, 독일, 프랑스, 일본, 스칸디나비아국 등 세계 주요경제들이 금융 탈규제와 자유화의 대열에 합류하였다.[54] 금융시장의 자유화와 세계화가 본격화된 것이다.

브레튼우즈 체제를 허물고 금융의 탈규제와 자유화를 실행한 것이 미국의 헤게모니 유지에 어떻게 도움이 되었나? 후기 케인즈주의 주장처럼 화폐는 단순히 실물가치에 종속되어 상품의 거래에 부수되는 보조적인 존재가 아니라 재화, 노동과 같은 실물영역을 지배하고 시장관계를 형성하는 지배력을 가졌다.[55] 기축통화의 발권력은 곧 세계경제의 지배력과 연결된다. 브레튼우즈 체제 붕괴 후 변동환율제 하에서 기축통화

달러의 발권국 미국은 국제수지와 재정의 불균형에 개의치 않고 통 큰 씀씀이를 계속할 수 있었다. 그리고 미국의 누적적 적자로 인한 달러가치의 불안정은 해외 투자자들에게로 전가할 수 있었다. 자유화된 세계금융시장에서 미국의 은행과 금융기관들은 더욱 활개 칠 수 있었고, 달러에 대한 끊임없는 수요로 미국경제는 실물생산 부문에서의 경쟁력의 상대적 저하를 금융부문에서 만회하며 세계경제를 주도할 수 있었다.

04
위기, 위기들

금융의 세계화와 함께 금융시장은 놀랍게 팽창했다. 상상할 수 없는 각종 금융 파생상품이 만들어졌고, 실물의 거래나 생산과 관계없는 천문학적 규모의 돈들이 세계시장을 순식간에 누비고 다니게 되었다. 금융이 제조업을 압도하며 경제의 기조를 주도하게 되었다. 화려한 금융가의 증권 맨이나 외환딜러는 상상을 뛰어넘는 고수입을 올리며 유능한 젊은이들의 꿈의 직업으로 떠올랐다.

금융은 화려한 성장도 가져왔지만 허망한 추락도 불러왔다. 해외 자본 유입으로 신데렐라가 되었던 주변부 국가들이 하루아침에 위기로 추락한 스토리들을 대표적으로 몇 개만 짚어보자.

1980년대는 라틴아메리카의 외채위기로 시작한다. 신자유주의가 시작되고 제일 먼저 위기를 겪은 것은 멕시코와 브라질, 아르헨티나 등 라틴아메리카 국가들이다. 이들은 70년대에 주체할 수 없을 정도로 많은 달러자금을 소유한 유로마켓 은행들의 일등 해외 고객이었다. 70년대에 거침없이 유로은행의 자금을 가져다 쓴 이들은 79년의 2차오일 쇼크로 인한 세계경제의 불황 가운데 레이건이 실시한 고금리 정책으로 직격

탄을 맞았다. 그동안 누적된 부채의 상환능력에 큰 타격을 입은 것이다. 1980년대 들어 급변한 세계경제의 와중에서 부채의 부담이 증가하고, 부채 상환을 위한 단기차입과 고금리로 인해 이자가 가중되었다. 결과적으로 부채가 눈덩이처럼 불어나면서 견디지 못한 멕시코의 모라토리엄 선언을 필두로 브라질, 아르헨티나 등이 줄줄이 외채위기에 빠지게 되었다. 라틴아메리카 국가들은 1980년대 동안 IMF의 혹독한 구조조정 프로그램 하에서 긴축정책을 실시해야 했다. 그 세월을 두고 논자들은 빚을 갚느라 성장의 가능성마저 잠식된 '잃어버린 10년'(lost decade)이라 평하였다. 이들의 외채위기는 외채를 마구 끌어다 쓴 이 나라들 군사정부의 무능함 때문이었다는 비판을 받았다. 물론 외채의 위험성을 간과하고 방만한 차입과 비효율적 투자를 감행한 이들의 책임은 면할 수 없다. 그러나 책임을 이들에게만 전적으로 돌릴 수도 없다. 돈이 남아돌던 유로마켓의 은행들이 라틴 아메리카의 군사정부에 자진해서 방만하게 대출해 주었다는 채권자 책임론을 간과할 수 없다. 그리고 미국이 1980년대 통화주의로 급선회하여 고금리 정책을 시작하였고 세계경제의 조류가 급변함으로써 주변부 채무국 경제들이 큰 타격을 입었다는 것도 지적해야 한다.[56] 레이건 대통령이 신보수주의 경제학에 기초하여 통화주의로 급선회하여 이자율을 상승시킴으로써 세계의 돈들이 미국으로 몰려왔지만, 주변부의 채무국들은 치명타를 맞은 것이다.

1990년대는 동아시아 외환위기의 이야기이다. 동아시아는 네 마리 용(한국, 대만, 홍콩, 싱가폴)의 기적적 성장이후 아세안 국가들이 합류하면서 세계경제의 중심으로 떠오른 듯하였다. 1980년대 후반 동남아 국가들도 시대의 대세에 따라 자본시장 자유화를 단행하였고 경쟁적으로 외자가 유입되었다. 1990년에서 1994년 사이 인도네시아, 태국, 필리핀, 말레이시아 등에 많은 해외자본이 유입되었다. 지나치게 많은 자본이 주식시장과 부동산, 골프장 건설 등에 투자되고 과소비와 거품경제를 만들었다. 동남아의 이런 해외자본 유입은 한국의 고속성장 시절 정부주도의 차관 투자나 싱가폴의 외국인직접투자(FDI) 유치와 성격이 다르다. 차관이나 외국인직접투자는 정부의 경제기획에 따라 제조업 등에 투자되어 경제의 생산 잠재력을 발전시킨다. 이에 비해 동남아에 유입된 포트폴리오 투자는 증시, 주식, 부동산 등에 단기 고수익을 노리고 투자된 것이므로 경제지표에 매우 민감하게 반응하여 움직였다. 즉, 한꺼번에 쉽게 들어왔다 쉽게 빠져나가는 '떼거리 행동'(herd behavior)의 양식을 가진다. 위기는 처음 태국에서 자본의 탈출로 시작되어 떼거리 행동에 의해 일파만파 동아시아 국가들에 확산되었다. 위기 이전 태국정부의 행태를 보면 외자를 유인하기 위해 바트화를 인위적으로 고평가되게 하였고, 도입된 외자는 경상수지 적자를 메우는데 기여하였다. 과도한 해외자본유입과 고평가된 환율, 그리고 경상수지 적자의 누적이 복합된 상황이 계속되던 중 태국의 투자자들이 태국경제에 대한 신용을 거둬버리고 바트화를 버리는 투매를 시작하였다. 상호의존성이 강한 지역 경제에서는 한곳에서의 위기가 이웃지역으로 순식간에 번져간다. 자본의 움직임은 순식간에 대규모로 일어나 자본들이 한꺼번에 태국에서 빠져나오고, 이어서 이웃 말레이시아, 인도네시아, 한국, 필리핀 등에서도 대규모로 탈출하며 위기가 전염병처럼 퍼졌다.

　일본에 이어 아시아의 '다음 거인'(Asia's Next Giant)[57]으로 주목받던 한국에서는 세계화 대열에 합류하여 섣부른 금융자유화 조치를 단행한 것이 위기를 불러들인 계기가 되었다. 금융자유화 조치 이후 금융사들이 방만한 단기 해외차입으로 자본을 조달하여 단기 저리차입, 장기 고리대부의 위험한 거래를 일삼다 위기를 당하였다. 1997년 여름 태국에서 발생한 위기는 순식간에 아시아 전역에 독감처럼 번져 위의 5개국을 강타하고 홍콩, 싱가폴, 대만까지 영향을 미쳐 아시아 경제가 총체적으로 내려앉는 위기로 발전하였다. IMF와 서구의 비평가들은 외환위기의 원인을 아시아의 국가들에 만연한 정경유착의 탓으로 돌리고 '정실자본주의'(crony capitalism) 라고 비난하며 연일 아시아의 열등한 정치경제체제에 대해 맹공을 퍼부었다. 그러나 저들이 아시아 위기 바로 전까지는 동아시아 모델의 우수성과 동아시아의 성장가능성을 높이 평가하였다는 걸 기억하자. 아시아의 위기를 발생시킨 원인에는 아시아 여러 국가들에 공통적인 부패한 정실 자본주의의 구조적 폐단도 있다. 그러나 고수익을 좇아 신흥시장에 몰려다니던 금융자본의 떼거리 행동을 빼고는 완전하게 다 설명할 수 없다.

당시 미국의 연방준비위원장 그린스펀은 아시아의 위기가 발생한 것은 이 지역에 적절히 투자될 수 있는 이상의 자본이 유입되었기 때문이라 하였다. 시장이 자원을 효율적으로 배분할 것이라는 시장주의자들의 믿음과 반대로 자유화된 시장은 무분별한 투자에 이어 위기를 가져왔다. 이익을 좇아 몰려다니는 금융자본의 떼거리 식 행동양태는 자유화된 금융시장에서는 일상적인 것이 되었다.

2000년대는 미국의 금융위기를 들지 않을 수 없다. 이것은 세계경제의 준주변부가 아니라 중심부, 그 중에서도 심장부에서 발생하였다. 앞 절에서 설명하였듯이 월가 금융기관들의 방만한 대출과 신용의 과잉팽창이 부동산 경기의 과열과 맞물려 진행되면서 배태된 것이다. 신용상태가 낮은 사람에게도 마구잡이 대출을 해주고 부동산을 구매하게 했던 서브프라임 모기지 시장의 팽창, 위험도가 높은 채권을 모아 새로운 증권화를 거듭하여 거래량이 부풀어난 증권시장, 각종 위험 헤지를 위한 신종 보험상품의 증가, 등등이 어울려 과도한 신용팽창과 과열된 거품 경기를 가져왔다. 마침내 부동산 가격 하락과 함께 거품이 터지며 금융기관들이 연쇄 부도 위기에 처하는 사태가 발생한 것이다. 은행의 방만한 신용대출과 그에 힘입은 부동산 과열경기의 조합은 경제의 근본적 생산 잠재력을 발전시키기 보다는 한 때의 붐에 그치고 초대형 위기를 불러온 것이다.

미국 금융위기 여파로 전세계가 동반 위기에 빠지고 유럽에서 소위 PIIGS(PIGS에 아일랜드를 더한 것) 국가들이 재정위기에 빠져들게 되었다. 이들 중 아일랜드의 위기는 금융과 건설경기의 조합으로 이룬 성장이 내포한 위험성을 다시 한 번 보여준다. 아일랜드는 1990년대 유럽통합의 효과를 노린 외국인 직접투자의 대량유입으로 단시간에 눈부신 경제성장을 이루었다. 외국인투자기업의 수출에 힘입은 성장세로 유럽의 변방에서 중심으로 단숨에 뛰어오른 것이다. 2000년대 들어 외자유입이 감소하자, 아일랜드 정부는 유로화 도입의 효과를 노리고 금융허브화 전략을 추진하고 건설경기를 부양하였다.[58] 주택건설 호조와 주택 담보대출 증가로 인한 금융부문의 증가가 2000년대의 성장을 견인하였다. 순식간에 아일랜드 금융산업이 비약적으로 성장하였고 켈틱 타이거의 위용을 보여주는 듯하였다. 그러나 미국 위기의 여파로 부동산 거품이 붕괴되며 은행들도 급속히 부실화되었다.[59] 이를 구제하려고 정부가 대규모 공적자금을 투입하면서 금융위기가 재정위기로 발전한 것이다. 아일랜드의 경우는 해외로부터의 투자가 국내기업의 생산성과 효율성을 증가시키는 방향으로 연결되지 않고, 부동산과 금융의 자산가치 상승으로 인한 버블성장을 일으키는 경우 언제든 붕괴의 위험이 내재되어 있다는 것

을 말해준다.[60]

　PIGS들의 위기에 관해서도 여러 측면의 설명이 가능하겠으나, 유로화 도입 이후 심화된 서유럽 국가들 간의 불균형 문제- 즉, 독일, 프랑스 등과 같은 중심부와 주변부 남유럽 PIGS 간의 인플레, 산업경쟁력, 재정건전성 등의 차이- 가 중심에 놓여있다. EU의 중심부 독일에 비해 경쟁력이 약한 이들 남유럽 PIGS 국가들이 유로화 통합 이후 경상수지 적자를 EU 중심부국가들로부터의 차입으로 메꾸었다. 금융시장의 탈규제와 개방으로 독일 등 중심부로부터 많은 자금이 유입될 수 있었고 PIGS 국가 내에서는 비생산적 소비수요의 버블을 형성하게 된 것이다.[61] 이렇게 누적된 적자와 국가부채로 인해 미국발 글로벌 위기가 치명타로 작용한 것이다. PIGS와 아일랜드의 위기는 금융이 주도한 성장과 위기의 드라마를 보여준다. 경제 통합 이후 세계 경제의 중심부에서 주변부로 자본이 몰려가 한 때의 붐을 가져왔으나, 주변부의 생산성과 효율성 제고로 연결되지 않은 금융과 소비수요의 활황은 위험을 내포하고 있다는 것을 보여준다.

　2000년대 미국과 PIIGS의 위기는 생산력 향상이 결여된 금융주도 성장의 위험성을 증명한다. 1990년대 아시아를 비롯한 세계 여러 곳에서의 금융위기는 금융시장의 세계화와 자유화로 인해 규제받지 않은 자본의 떼거리 행동이 가져온 위험을 말해준다. 지난 30여년의 경험에서 얻을 수 있는 교훈은 금융자본에 대한 맹신을 거두고, 금융에 대한 적절한 규제의 거버넌스가 필요하다는 것이다.

05
새로운 금융거버넌스: 미션 임파서블?

금융이 주도하는 성장이 허망한 위기로 귀결될 수 있음을 여러 경우에서 살펴보았다. 금융이 곡조를 고르고 나머지 경제가 거기에 맞추어 춤을 추어야 하는 성장모델에 대한 찬사를 이제 거두어야 한다. 금융자본주의는 수많은 위기를 산출했을 뿐 아니라 소득의 양극화를 가져왔다. 금융자본을 소유한 자들에게 초고소득을, 갖지 못한 자들에게 부채의 누적과 상대적 빈곤, 실업의 위험성을 양산하는 구조였다. 대형 금융위기가 발생할 때마다 가장 피해를 입는 것은 그 사회의 하층계급들이다. IMF의 구제금융을 받기위해 구조조정 정책을 시행하면, 대중들이 일자리를 잃고, 월급이 삭감되고, 세금부담이 높아지고, 등등의 비용을 감당해야 했다. 대중들의 부담은 부자국가에서도 마찬가지이다. 공적자금으로 부도난 대형은행들을 구제하려면 그 부담은 국민 모두가 떠안게 된다. 소수의 탐욕으로 발생한 금융파산 사태를 수습하기 위해 공적자금을 투여하면 각종 공공서비스에 투자해야 할 예산이 그만큼 줄어든다.

미국의 대형은행들은 2008년의 금융위기 때 정부로부터 수혈 받은 돈을 다 갚았다고 한다. 그러나 그 위기의 수습을 위해 미국과 세계가 부담해야 했던 비용은 그 이상이며 아직도 위기의 후유증은 가시지 않았다.

'자본주의 4.0'이 등장하게 된 것은 미국발 금융위기로 세계가 경제위기에 빠졌던 시기이다. 자본주의 4.0은 금융자본주의의 폐해를 수정하는 데서 출발해야 한다. 방만한 금융자본의 행태를 규제할 보다 효력있는 법과 제도가 수립되어야 한다는 목소리는 국제적으로 공감을 얻고 있지만 그 실현은 쉽지 않다.

미국은 2008년 위기 이후 방만한 금융의 행태를 규제하는 새로운 법을 만들었다. 2009년 7월 오바마 대통령이 '대공황 이래 가장 포괄적인' 금융규제 개혁조치를 담았다는 일명 닷-프랭크 법(Dodd-Frank Wall Street Reform and Consumer Protection Act)에 서명하였다. 이 법은 단일안을 만들기까지 상하양원을 거치는 동안 수정되고 타협되어 당초의 기대보다 개혁적 부분이 상당히 퇴색되었다. 미국 금융위기를 만든 주범들인 금융기관들이 누리던 방만한 자유를 부분적으로 규제하고, 빠져나갈 구멍도 남기고 있다. 그러나 더욱 큰 문제는 그나마 만들어진 이 법을 트럼프 대통령은 무력화하려 한다는 것이다.

애덤 스미스가 만일 다시 살아나 지금의 금융자본주의 행태를 본다면 무엇이라 할까? 노동의 고용과 생산의 증대가 국부의 원천이라 보았던 애덤 스미스가 금융의 팽창이 가져온 한때의 화려한 성장을 발전의 지름길이라 볼까? 물론 애덤 스미스는 다시 살아 돌아올 수 없다. 그러나 그의 정신을 21세기에 다시 부활시킨다면 어떻게 말할 수 있을까?

오직 화폐나 금융 경제학을 전공한 학자들만이 스미스의 정신을 이해할 수 있다고 생각하지 말자. 국민들이 평등하고 풍요롭게 사는 나라를 만드는 것이 좋은 정치가 해야 할 일이라고 믿으며 애덤 스미스의 지적 성실성과 윤리성을 존경하는 한 정치학자의 소견으로는 이렇게 말할 수 있다. 돈은 국가의 생산력을 키우고 양질의 일자리를 만들어 내며 고른 분배를 담보하는 방향으로 투자되어야 한다. 금융이 경제를 지배할 것이 아니라 그보다 상위에 있는 국가경제가 추구하는 목적을 위해 쓰이도록 금융은 규제되고 조정 되어야 한다.

II. 경쟁적 모델들

3장
자본주의 4.0

1. 자본주의의 변천과 생명력
2. 자본주의 4.0 이전
3. 자본주의 4.0
4. 동아시아에의 함의
5. 맺는 말

미국발 경제위기가 전 세계를 강타했을 때 세계경제는 상당히 비관적으로 보였다. 월가(The Wall Street)의 붕괴는 세계자본주의의 심장부에서 터진 치명적 위기였고 그 여파는 전 세계로 확대되었다. 미국 뿐 아니라 유럽과 아시아가 모두 충격파를 맞았고 미국은 이 위기를 헤쳐 나가기 위해 지금까지의 G7이 아니라 G20를 소집하였다. 이 위기로 미국의 위상이 추락하고 중국이 부상하여 세계경제의 판도는 이후 다른 모습으로 변할 것 같았다. 칼레츠키의 '자본주의 4.0'은 이런 와중에서 서구 자본주의의 생명력을 다시 한 번 기억에서 일깨우며, 희망의 메시지를 전하였다. 위기는 신자유주의 말기 지나친 시장 만능주의와 금융자본의 방종, 그리고 미국 재무장관 폴슨의 잘못된 대응으로 발생한 것일 뿐, 자본주의는 4.0으로 다시 회생할 것이라고 그는 주장하였다. 그의 자본주의 4.0은 구체적인 정책을 제시하기보다 자본주의 3의 시대, 즉 신자유주의 시대의 절대적 시장우위론을 수정하고 국가와 시장의 새로운 관계를 강조하는데 역점을 둔다. 자본주의 4.0의 시대 국가와 시장의 관계는 어느 한쪽의 우위가 아니라 탄력적으로 보완적인 관계에 놓이게 된다. 자본주의 2 시대의 케인즈주의적 큰 국가나 자본주의 3 시대의 시장 절대 우위로 돌아가는 것이 아닌, 시장과 국가의 새로운 관계 설정에 자본주의 4.0의 핵심이 있다고 볼 수 있다. 그의 책이 나온 지 7년이 지났지만 과연 새로운 자본주의가 시작되었는가? 자본주의 4.0이 실현되어 신자유주의를 대체하고 신자유주의의 문제들이 해결되었는가?

칼레츠키는 자본주의의 변천사를 재조명하여 자본주의의 생명력과 가능성을 다시 한 번 일깨웠다. 그리하여 우리에게 자본주의의 새로운 방향을 모색하도록 화두를 던졌다. 그러나 그가 던진 화두는 아직 완성된 모델로 실현되고 있다고 보기 어렵다. 미국도 서구유럽도 아직 자본주의 3 시대가 남긴 문제를 해결하지 못했고 자본주의 4.0의 모습은 아직 혼란스럽다.

# 01
자본주의의 변천과 생명력

　자본주의 4.0론은 경제평론가인 아나톨 칼레츠키의 2010년 저서 "자본주의 4.0: 새로운 경제의 탄생"(Capitalism 4.0: The Birth of a New Economy)에서 제기되었다. 미국발 세계 경제위기로 자본주의 체제가 치명적 타격을 입은 직후 나온 그의 주장은 자못 희망적이었고 세계적인 주목을 받았다. 그의 주장의 핵심은 자본주의가 위기에 봉착할 때마다 혁신을 통해 새로운 체제로 변신을 거듭하며 지금까지 지속되어왔다는 것이다. 2008년의 금융위기는 자본주의 3 버전의 마지막 단계에서 발생한 위기이며 이 위기를 지나 세계 자본주의는 자본주의 4.0으로 거듭날 것이란 것이다. 자본주의 경제의 가장 큰 장점은 내부적 모순을 극복하는 능력이라고 한다. 자본주의 경제는 모순을 내포하고 있지만 부단한 재생산 과정을 통해 이를 극복하고 진화해가는 시스템이라는 것이다. 자본주의는 지금의 위기를 극복하고 4.0버전으로 거듭날 것이며 이는 다시 4.1, 4.2와 같은 약간씩 변형된 모습으로 진화해 갈 것이란 것이다.

　자본주의 체제가 모순으로 차 있지만 그것을 극복하면서 변신과 진화를 거듭했다는 그의 주장은 아이러니하게도 마르크스의 영향을 받은 일군의 좌파 경제학자들과 그 시각이 매우 유사하다. 1980년대부터 1990년대에 부상했던 좌파의 '레귤레이션 학파'(Regulation School)들의 생각이 그러했다. 그들의 생각은 자본주의가 그 내부적 모순으로 붕괴할 것이란 고전적 맑스주의자들과 달랐다. 자본주의는 내부적 모순에 의해 붕괴하는 것이 아니라 새로운 사회정치적 구조를 통해 모순을 극복하고 변천과 진화를 거듭해왔다는 것이다. 레귤레이션 학파 중 특히 리피예(Alain Lipetz), 알리에따(Michel Aglietta), 브와이어(Robert Boyer) 등이 중심인 '파리(Paris)학파'의 주장이 특히 이런 시각과 매우 유사하다.[62] 레귤레이션 학파는 자유주의 편에 있는 칼레츠키와는 이념적으로 반대편에 서 있지만 자본주의를 인식하는 방법에 있어서는 아이러니하게도 매우 흡사하다.

첫째, 자본주의의 진화와 변신에 주목하고, 자본주의 체제를 추상적인 하나의 모델로 인식하는 것이 아니라 역사적 시기에 따라 다른 제도를 가진 다양하고 구체적인 시스템으로 파악했다는 것이다.

둘째, 이들의 또 하나의 공통점은 자본주의의 진화가 '위기의 모멘텀'을 거쳐 일어나는 것으로 파악했다는 것이다. 흔히 '위기'(crisis)는 맑스주의 경제학의 전매특허처럼 보이는데 원래 자본주의의 총체적인 붕괴를 뜻하는 의미였지만, 좀 더 보편적으로 한 시대의 자본축적 양식이 더 이상 지속될 수 없는 상황이 되었을 때 '위기'라 표현한다. 많은 고전적 맑스주의 경제학자들이 자본주의 체제의 총체적 붕괴인 위기와 종국적 몰락에 대해 논하였다. 이에 비해, 레귤레이션 학파들은 역사적으로 위기를 지나 환경에 적응하며 변천해온 자본주의 체제의 유연성과 탄력성에 주목하였다. 이들은 시대적 자본주의의 정치적, 사회구조적 특징을 규명하고 이론화하여 테일러리즘(Taylorism), 포디즘(Fordism), 포스트

포디즘(Post-Fordism) 같은 개념으로 설명하였다.

이와 유사하게 칼레츠키도 자본주의를 역사적 구체적 모델로 인식하며 시대적 특징에 따라 분류한다. 1930년대 대공황까지가 자본주의 1(1.0, 1.1, 1.2, 1.3, 1.4), 케인지안 시대부터 1970년대까지가 자본주의 2(2.0, 2.1, 2.2, 2.3), 1980년대 통화주의와 신자유주의 시대가 자본주의 3(3.0, 3.1, 3.2, 3.3)이다. 각 시대는 다시 1.1 1.1, 1.2 이런 식으로 조금씩 진화하는 하위 시대로 분류된다. 각 시대 자본주의 체제의 구조적 위기는 다음 시대의 보다 강한 자본주의가 나타나는 촉매제가 되었다. 2007-2009년의 세계 금융위기는 자본주의 3(3.3)이 종말을 고하고 자본주의 4.0이 도래하는 촉매제가 될 것이라 보았다.

셋째, 레귤레이션 학파와 칼레츠키의 마지막 유사점은 그들이 모두 사회구조(social structure)의 다양성과 변화 속에서 자본주의의 시대적 모델을 분류하였다는 것이다. 전자는 맑스주의의 이론적 전통에 기초하여 자본주의 생산기술, 노동과 자본의 계급관계, 국가의 역할 등에 초점을 맞추어 역사적 자본주의 체제를 분류하였다. 이들은 정치(精緻)한 분석을 통해 자본주의의 중장기적 흐름을 연구하고 자본주의의 시대적 특징을 구분하였다.

위에서 언급한 테일러리즘(외향적 축적체제)은 대개 칼레츠키의 자본주의 1 시대 중 하위국면인 1.3과 1.4와 비교할 수 있는 시대이다.[63] 테일러리즘이란 노동의 체계적 분업을 통해 단순화하여 최대의 노동효율과 자본가의 잉여가치 전유를 도모하는 축적양식이다. 이윤증가는 기술의 진보와 생산성 향상보다는 자본주의 체제의 외연적 확대와 노동시간의 연장과 착취의 강화에 의존하였다. 레귤레이션학파의 테일러리즘 시대는 칼레츠키의 분류에서 보면 자본주의 시장경제가 확대되던 자본주의

1.0 이후 시대 중 특히 1.3, 1.4 시대에 해당한다. 이때의 국가형태는 대개 자유방임적 국가이며, 자유방임주의가 이 시대의 정치경제 기조였다는 데 양자는 일치한다. 이 시대를 지나며 노동의 자본에 대한 투쟁이 증가하였다.

포디즘(포드주의, 내포적 축적체제)은 대공황 이후 노동과 자본의 계급타협이 이루어지면서 수립되었다. 맑스주의는 대공황의 근본적 원인을 과잉생산과 과소소비에서 찾는다. 과잉생산과 과소소비를 해소하기 위한 이 시대의 해법은 자본주의의 외연적 확대를 추구하는 것이 아니라 노동자의 임금을 향상시켜 구매력을 증대시키는 것이다. 노동의 구매력을 향상시켜 생산과 소비가 균형을 찾는 자본과 노동 간의 윈윈(win-win)의 해법이 도출된 체제이다. 자본가는 노동자의 임금을 인상하고 노동의 조직화와 단체협상을 인정했다. 이와 같이 노동과 자본의 타협이 가능했던 것은 생산기술의 향상과 노동의 체계적 분업으로 생산성이 계속 증가했기 때문에 가능하였다. 이 새로운 실험이 처음 시작된 곳이 포드자동차 공장에서였다고 하여 포디즘이라 명명되었다. 포드자동차 공장에서 시작된 이 실험은 곧 한 시대의 자본주의 체제의 축적양식을 일컫는 용어가 되었다. 대량생산과 대량소비가 이루어지고 노동자의 복지수준이 향상된 시대로 특징지어 진다. 이 시대의 국가는 케인즈주의 경제학을 받아들여 유효수요 확대와 복지정책을 실현하는 복지국가, 큰 국가이다. 이 시대는 칼레츠키의 분류에서 보면 자본주의 2의 시대에 해당한다. 칼레츠키에 따르면 자본주의 2.0 시대에 뉴딜 정책이 시작되고, 2.2(1946~1969) 시대가 케인즈주의의 황금시대였다.[64]

레귤레이션 학파가 노동과 자본의 관계에 기초한 생산양식을 분석의 핵심에 둔 데 비해 칼레츠키의 분석에서는 시장과 정부, 또는 시장과 국가의 관계의 변화가 진화의 핵심축이다. 칼레츠키의 분석은 거시적인 역사적 자료와 통계, 그리고 경제평론가적 통찰력에 기초하여 각 시대의 특징을 추출하였다. 그는 정부와 민간기업, 정치와 경제 세력 간의 변화하는 관계 속에 자본주의의 진화가 일어난다고 보았다. 그는 정부의 정책, 자본가 세력내의 권력의 이동, 주도적 경제이론의 변화 등을 추적하며 자본주의의 변화를 설명하였다. 자본주의는 환경에 대응하여 변화하고 진화하는 적응력 있는 사회 시스템이다.

좌파와 우파가 공히 자본주의의 역사적 진화에 주목했다는 것은 공교로운 우연이기보다 좀 더 필연적인 이유가 있을 것이다. 자본주의 역사를 경험적으로 관찰하면 적어도 지금까지는 자본주의 체제가 지닌 적응력을 이념적 정향성을 초월하여 인정하지 않을 수 없다는 것이다. 그렇다면 우리는 신자유주의가 남긴 문제들을 해결하고 새로운 자본주의를 수립할 수 있을 것이며 그 새 체제는 지금까지의 자본주의 보다 좀 더 나은 경제체제가 될 수 있지 않을까 하는 희망을 가지게 한다. 자본주의 경제는 지금까지 우리가 역사적으로 경험해 보지 않은 더 많은 상상력을 잉태하고 있다고 믿을 수 있지 않을까? 적어도 칼레츠키와 레귤레이션 학파는 서로의 궁극적 지향점은 다르겠지만 그렇다는 것이었고, 이 시대의 많은 사람들도 또한 그렇게 믿고 있을 것이다.

칼레츠키는 자본주의의 유연함과 강인함의 원인을 민주주의에서 찾는다. 민주주의가 자본주의를 소생시키고 새로운 적응력을 획득할 수 있게 하는 적응력의 원천이라 보는 것이다. 이런 칼레츠키의 믿음은 자본주의 시장경제와 민주주의의 창조적 유연함에 대한 원칙적인, 따라서 다소 모호한 믿음에 근거한 듯 보인다. 칼레츠키의 이런 통찰력에 따라 자본주의 4 시대의 구상이 이루어지려면 보다 치열하고 복잡한 정치적 과정을 거쳐야 할 것이다. 경제학자들이 대개 그렇듯 경제적 비전을 제시하면 그의 실현을 위한 정치적 방법에 대한 분석과 전략수립은 정치학자와 사회학자들의 몫이다. 칼레츠키의 자본주의 4.0론은 언론의 관심과 주목을 받았지만 자본주의 4 시대의 정치에 대한 분석과 실현전략은 그만큼 쉽게 찾아보기는 어렵다. 새로운 발전모델은 정치사회적 합의 없이는 불가능하며 정치적 과정이 생략된 미래의 전망은 모호한 희망사항이 될 수도 있다. 자본주의 4의 시대가 열리려면 우선 국내적으로는 사회 제세력 간에 협상과 타협의 정치과정을 거쳐 새로운 사회적 합의가 이루어져야 할 것이다.

　칼레츠키의 자본주의 3에 대한 분석과 자본주의 4.0에 대한 비전을 살펴보고 그 정치적 함의를 찾아보는 것이 필요하다. 그러면 우선 그는 자본주의 3 붕괴의 원인을 어떻게 분석하고 자본주의 4.0이 어떤 모습일 것이라 주장했는지 살펴보기로 한다.

02
자본주의 4.0 이전

　자본주의 3은 그 이전의 1과 2보다도 짧은 30년간의 기간 동안 존속하였다. 자본주의 1은 고전적 자유주의 시대에 해당하는데 1776년 아담 스미스가 국부론을 발표한 때부터 1920년까지 가장 오래 존속하였다. 이 시기는 세부적으로 1.0, 1.1, 1.2, 1.3으로 설명되는 소규모의 변화를 겪었다. 이 체제의 이론가들은 시장과 국가, 정치와 경제의 분리를 주장했고 양자는 별개의 영역으로 서로 관여하지 않는 것이 좋다고 믿었다. 초기 아담 스미스의 자유방임주의는 밀(J. S. Mill)이나 벤담(J. Bentham) 같은 공리주의자들을 지나면서 빈곤, 아동노동, 문맹 등과 같은 자유시장경제의 어두운 부분을 치유하는 정부의 역할 확대로 전개되었다. 그러나 이는 경제이론의 일부가 아니라 실용적이고 정치적인 처방이었고 시장경제의 원칙상 정부의 기업활동에 대한 개입은 가능한 적은 것이 가장 좋다는 자유방임의 이론은 유지되었다.[65]

　자본주의 1은 대공황 시대를 극복하기 위해 뉴딜과 사회민주주의적, 케인즈적 처방의 자본주의 2단계가 시작되면서 끝났다. 자본주의 2의 시대에는 경제와 정치의 분리가 아니라 양자의 상당부분이 겹침을 인정하였다. 칼레츠키의 표현대로 하면 경제가 실질적으로 정치의 한 분야가 되었다. 시장은 자유방임 상태로 두면 혼란에 빠지므로 정부의 개입이 필요하며 정부는 유효수요와 일자리를 창출하는데 중요한 역할을 하게 되었다. 칼레츠키에 의하면 케인즈식 처방의 황금기는 1946-69년 사이의 자본주의 2.2 시기이다. 이 시기는 국제정치경제학적으로 보아 미국 헤게모니의 황금기이기도 하고, 레귤레이션 학파에 의하면 포디즘의 황금기이다. 미국식 대량생산과 대량소비의 선순환 구조 속에 노동자들의 임금과 구매력이 상승하였고, 대중소비경제 시대와 복지국가 시대의 풍요를 누릴 수 있었다. 이 시기의 활력이 힘을 잃으면서 자본주의 2.3(1970-1980) 시기는 인플레이션의 만연, 브레튼우즈 체제의 붕괴와 금융통화체제의 불안, 1차와 2차의 석유파동 등으로 혼란을 겪는다.

자본주의 3.0은 신자유주의 시대이다. 신자유주의 시대는 앞선 시대의 문제를 치유하기 위해 케인즈 경제학을 버리고 통화주의 이론에 기초한 신보수주의 경제학으로 선회하여 시작되었다. 이는 대처와 레이건의 정치혁명으로 시작되었고 이들은 작은 정부와 시장의 자유 확대를 기조로 삼았다. 이런 점에서 자본주의 3은 자본주의 1과 공통점이 있다. 신자유주의는 국가의 시장개입을 최대한 배제하고 시장의 자유를 극대화해야 한다고 주장한 점에서는 고전적 자유방임주의로의 회귀이다.

칼레츠키는 자본주의 3을 몇 개의 하위 국면으로 분류하였다. 처음은 (자본주의 3.0)은 대처리즘과 노동조합의 대립 그리고 초기 통화주의 실시로 특징지어지는데 초기 3-4년간(1979-1983년)의 시기를 말한다. 다음 단계는(자본주의 3.1, 1984-1992년) 초기의 통화주의 실험의 일부를 수정하여 정부가 다시 고용과 성장을 촉진하기 위해 금리정책을 쓰기 시작하면서 호황기를 맞이한 시기를 말하며 90년대 초까지이다. 볼커(Paul

Volker)와 그린스펀(Alan Greenspan)이 미국 연방준비위의 위원장을 맡고 있으면서 금리 조정을 통해 활황을 유도하였다.

다음 단계는(자본주의 3.2, 1992-2000년) 2000년까지의 시기며 세계경제와 정치에서 80년대 후반부터 본격화된 메가트렌드가 정점을 이루면서 경제는 대(大)안정기에 이르렀다. 메가트렌드는 세계화로 인한 시장과 투자의 확대, 신용경제의 증대와 금융산업의 확장, 생산과정을 해외에 아웃소싱한 플랫폼 기업과 같은 기업의 혁신, 탈냉전으로 인한 평화 분위기 등을 말한다. 2000년까지 자본주의 3.2는 대안정기를 구가하였다.

요약하면, 자본주의 3의 시대는 엄격한 통화주의로 시작하였지만 그 후 곧 한 발 물러서서 정부가 다시 고용과 성장을 촉진하기 위해 저금리와 총수요 관리 정책을 수행하였고 글로벌 메가트렌드에 동반한 호조건으로 인해 세계경제는 활황을 구가하였다는 것이다. 칼레츠키는 신자유주의가 교조적인 시장근본주의로 변화된 것은 자본주의 3.3의 시대, 즉 2001년 부시정부 이후부터라 주장하며 이때부터가 문제였다고 주장한다. 2008년 리먼 브라더스의 파산으로 시작된 금융위기는 교조적인 시장근본주의와 당시 미 재무장관 헨리 폴슨의 정책적 오류 때문이라고 진단한다. 시장근본주의는 시장이 무조건 옳다는 믿음이며 금융위기는 이런 맹신으로 폴슨이 미국 금융위기의 초기에 정부가 개입하기를 주저하고 대응의 시기를 놓쳤기 때문에 발생했다는 것이다.

그의 분석은 자본주의 3의 시대를 대체로 긍정적인 성장과 발전의 시대로 보며 단지 마지막 단계, 즉 2000년 이후의 마지막 단계가 문제였다는 것이다. 그의 분석은 세계화로 인한 시장의 확대와 시장경제의 활황과 같은 성장 지표에 집중하여 자본주의 3 시대를 관통하여 일어난 양극화 심화 현상, 복지국가의 축소로 인한 사회적 안전망 상실 등의 사회적 문제에 대해서는 무심하다. 양극화 문제는 80년대부터 시작되었고 90년대를 거쳐 그 이후 지금까지 꾸준히 증가하였음을 1장에서 보았다.

미국의 금융위기 원인의 분석에 있어 그는 여타 비평가들보다 좀 더 관대하다. 월가의 탐욕에 그 원인을 돌리는 다른 비평가들과 달리 그는 금융위기의 초기에 미국 정부가 적절히 대응하였으면 위기가 그렇게 커지지 않았을 것이라 진단한다. 부시 정부의 재무장관 헨리 폴슨이 시장근본주의를 맹신하여 정부가 초기에 적절히 개입할 타이밍을 놓쳐 위기가 커졌다고 주장한다. 그는 미국 재무부가 위기발생의 조기에 개입하여 금융기관에 대한 지불보증으로 투자자들을 안심시켜 금융기관에 대한 신용하락과 은행의 부도 사태로 확대되는 것을 방지했어야 한다고 한다.

그는 국가가 때로는 고전적 자유주의나 신자유주의의 처방보다 더 적극적으로 시장에 개입하는 것이 필요하다고 한다. 이것이 그가 자본주의 3과 결별하여 자본주의 4.0을 주장하는 시작점이다. 정부는 자본주의 시장경제의 시스템이 유지되도록 배후에서 법적 제도적 뒷받침의 역할을 해야 하지만, 때로는 경제 시스템의 핵심까지 개입하여 금융기관들을 지탱해 주어야 한다고 말한다. 정부는 평소에 은행을 감독하고 위기 시에는 신속한 지불보증으로 위기 발생을 저지해야 한다. 정부가 대규모로 은행의 지불보증과 조정에 나서야 하는 것은 한 세대에 한두 번 정도이지만, 이런 능력과 의사가 필요할 때 그를 보이지 못하면 시스템 전체가 무너질 수도 있다고 말한다.[66] 자본주의 3.3이 붕괴한 이유가 그것이며 오바마 행정부가 대규모로 은행구제에 나선 것이 이미 자본주의 4.0의 모습이다.

칼레츠키의 자본주의 4.0이 자본주의 3과 다른 것은 시장근본주의 독트린의 맹신을 경계하고 정부가 시장의 한계와 결점을 이해하고 필요할 때 개입하여 시장을 보완하는 역할을 해야 한다는 주장이다. 시장과 정부의 새로운 관계형성이 지금부터 형성되는 새로운 자본주의의 핵심이라 볼 수 있다.

03
자본주의 4.0

1) 새로운 분업: 민영화와 선택적 개입

칼레츠키가 제안하는 자본주의 4.0의 몇 가지 특징은 다음 세 가지로 요약할 수 있다.

첫째, 정부와 시장의 관계가 재조정 될 것이다. 정부는 거시경제 운영과 금융시장 규제에는 더 큰 역할을 하고 나머지 영역에서는 축소될 것이다.[67]

둘째, 미국과 유럽이 서로 배우면서 융합하여 새로운 균형을 찾으면 서구의 모델은 베이징 컨센서스로 대표되는 중국 모델을 능가하여 세계 표준의 위치에 오를 것이다.

셋째, 금융불안정, 무역불균형, 재정정책과 통화정책, 핵, 테러, 탄소배출 등과 같은 전 지구적 문제에 관해 국제협력이 더욱 필요할 것이다.

우선 칼레츠키의 주장의 핵심적 부분이라 할 수 있는 첫째의 주장에 대해 좀 더 논의할 필요가 있다. 이 부분의 내용에 관한 논의는 자본주의 4.0의 주된 특징을 결정짓는 것이다. 그의 주장은 대부분 시장경제가 고도로 성숙하고 고도의 복지국가를 경험한 서구의 경우를 기초로 하므로, 여타지역의 국가들에게 그대로 적용될 수는 없을 것이란 생각이다.

새로운 자본주의에서는 정부와 시장 관계가 재조정되어야 하며 자본주의 4.0에서는 지금까지와는 다른 정부와 시장의 분업이 필요하다. 시장과 정부의 새로운 분업관계를 고려하는 데는 시장 근본주의나 사회주의와 같은 이념적 극단에 구애받지 않는 유연한 시각이 필요하다. 자본주의 3.3 시대와 같이 국가와 시장의 이분법에 기초하여 국가는 시장에 개입하지 않아야 한다는 시장근본주의를 버려야 한다. 자본주의 4.0에서 정부는 실용적으로 시장에 개입해야 한다고 그는 말한다. 그렇지만 이는 자본주의 2 시대와 같은 큰 정부로 돌아가는 것을 의미하지는 않는다. 정부는 자본주의 3 시대보다는 시장에 개입하지만 모든 분야가 아니라 선별적으로 개입하며, 자본주의를 지탱하는 기본 전략적 분야에서만 주도적 역할을 한다. 예컨대, 정부는 시장은 불완전하다는 것을 인정하고 총수요 관리 같은 거시경제 운영의 역할을 해야 한다. 그렇다고 자본주의 2 시대의 케인즈식 뉴딜 접근법으로 돌아가는 것은 대안이 될 수 없다고 한다. 케인즈 시대의 큰 정부로 돌아가기 위해서 정부가 확보할 수 있는 세금과 부채의 상한선에 이미 근접했으며 유권자들이 정치와 공공기관을 불신하기 때문이란 것이다.[68]

종래 정부가 제공하던 서비스의 많은 부분이 민간기업의 몫이 될 것이다. 정부는 작고 효율적이어야 하므로 많은 공공서비스를 직접 제공할 필요는 없다. 개략적으로 전통적 국가 인프라와 공공서비스는 대부분 민영화하여 경영을 효율화하고, 신재생 에너지나 환경 같은 새로운 전략분야는 정부가 전략적으로 선도하여 기업투자를 권장하는 방향으로 가야 한다는 것이다.

구체적으로 공공 서비스의 어떤 영역이 민영화 되어야 하는가의 문제가 제기되는데 이는 각국의 경험과 제도에 따라 다르다. 예컨대 도로, 공항, 우편, 대중교통 서비스 같은 것이 유럽에서는 민영화된 경우가 많고 미국에서는 공영기업이 운영하는 경우가 많다. 대학의 경우 유럽에서는 공립이 많지만 미국에서는 사립이 많다. 칼레츠키는 도로나 공항, 대중교통과 같은 공공 서비스의 많은 부분에서 민영화가 효율적이라 본다. 양질의 공공 서비스 제공과 제한된 정부의 재정이란 양자의 딜레마를 헤쳐 나오기 위해서는 정부가 많은 부분을 민영화하여 시장의 경쟁 시스템이 효율적인 서비스를 제공하게 해야 한다는 것이 그의 주장이다. 한편, 환경과 에너지 등과 같은 새로운 전략분야, 금융규제에서는 정부가 주도적 역할을 해야 한다.

교통, 에너지 공급 등과 같은 전통적 인프라 공급은 국가보다 민간의 운영이 효율적이라고 한다. 대신 신기술 연구지원, 재생에너지에 대한 특별관세, 환경오염세, 대중교통에 대한 보조금 지급 등과 같은 것은 정부의 전략적 방향 설정이 필요하다.[69] 그는 미국 정부가 공기업 서비스와 교통, 부동산 등을 민영화하여 사회기반시설에 대한 투자를 제고하고 효율적 운영체제를 정비하는 것이 좋겠다고 한다. 그리고 미국의 대학교육이 유럽보다 경쟁력이 있는 것은 민영화가 유럽보다 앞서 있기 때문이라 한다. 그는 신기술이나 환경, 금융규제 같은 몇 개 분야를 제외하고는 대체로 많은 공공 서비스 분야에서 민간경영이 더 효율적이라고 믿는 듯하다.

금융은 자본주의 3.3시대보다는 좀 더 적극적인 정부의 규제가 필요하다. 그는 민간의 영역에 맡기지만 정부의 엄격한 규제가 있을 때 은행과 금융이 최상의 결과를 낳는다고 한다. 따라서 금융시장에 대한 정부의 규제가 강화되어야 한다고 주장한다.[70] 그가 의미하는 것은 평소에 정부가 금융을 규제하듯이 위기 시에는 신속히 개입하여 금융시장을 보호해야 한다는 뜻이다. 미국 정부가 2008년 금융위기에 대응하기 위해 막대한 공적 자금을 투입한 것처럼 유사시에 정부는 금융시장을 적극 보호해야 한다. 2008년 미국발 위기로 G20 정상회담이 소집되고 금융에 대한 규제강화의 목소리가 높아졌던 것처럼 금융시장의 방만함과 탐욕은 규제되어야 한다. 금융에 대한 규제강화는 자본주의 4.0이 자본주의 3과 확연히 구분되어야 하는 중요한 부분이다.

거시경제에서 정부의 좀 더 적극적인 역할은 무역과 통화관리 분야에서 필요하다. 그는 무역수지 불균형의 문제를 시장에만 맡겨두어서는 안 되며 통화관리와 환율정책 등을 통해 정부가 관리해야 한다고 한다. 그리고 이런 무역과 통화의 관리는 무역 불균형 시정을 위한 국가간 협력과 정책조율을 필요로 한다.[71] 무역과 통화의 관리에서도 시장과 정부는 시장근본주의나 국가통제주의 같은 극단을 버리고 실용적으로 결합해야 한다고 그는 주장한다.

이와 같이 볼 때 칼레츠키의 주장을 요약하면 정부는 작아야 하지만 전략적인 분야에서 크기도 해야 한다. 이런 이율배반적인 원칙이 현실적으로 국가의 복지정책 분야에서 어떻게 적용되어야 할지는 좀 더 복잡한 문제이다. 현재 선진국들이 당면한 과제의 하나는 세금을 대폭 인상하느냐, 의료, 연금 등 복지혜택을 대폭 삭감하느냐 둘 중의 하나를 선택해야 하는 것이다. 복지혜택을 정부가 제공하려면 많은 세수(稅收)가 필요하고, 세수를 증액하려면 세금을 인상해야 한다. 현재 미국 공화당과 민주당의 싸움이 보여주듯이 대체로 보수정당은 감세와 정부의 재정지출 삭감을 주장하고, 진보정당은 복지 혜택의 유지를 위해 세금의 인상을 주장한다. 양자의 타협은 국민들이 감내할 세금 수준과 만족할 만한 복지 혜택의 접점을 찾는 것인데 이는 지난한 정치적 과제이다. 칼레츠키가 던진 이 문제는 앞으로 보수와 진보가 함께 풀어가야 할 과제일 것이지만, 이미 상당 기간 문제로 떠올랐으나 지금까지 풀지 못하고 있는 숙제임은 부인할 수 없다.

한 가지 이에 관련한 칼레츠키의 입장을 부연하면 그는 소득재분배 목적의 누진세제를 반대한다. 그의 주장에 따르면, 부자들에게 높은 세율로 과세하면 경기의 호황과 불황에 따라 정부의 세수가 영향을 많이 받게 된다. 부자들의 수입이 경기에 따라 더 큰 차이가 나기 때문이다. 더하여 부자들은 높은 과세를 피하기 위해 정치권과 여론에 적극 작용하여 작은 정부 이데올로기를 확산시키려 할 것이다. 마지막으로 가난한 계층에 사회 서비스를 제공하기 위해 상위 부자들의 소득에 의존하게 된다면 부자들이 더욱 부자가 되도록 소득격차를 벌려야 한다는 모순이 발생하기 때문이란 것이다.[72] 이런 이유로 그는 소득과 자본, 기업이익에 많이 부과하는 세제보다 소비세와 에너지세와 같은 간접세의 비율이 높은 유럽식이 더 낫다고 한다.[73] 누진세제를 반대하는 그의 주장에 대한 비판은 뒤에서 좀 더 다룰 것이지만 이 글의 필자인 한국에 사는 정치학자는 동의하기 힘들다.

칼레츠키가 정부가 새롭게 역할을 강화해야 할 분야로 거시경제관리에 관한 부분 뿐 아니라 환경이나 신재생에너지 등의 신기술 부문을 꼽고 있는 것은 미래지향적이고 타당하다. 그는 이런 것들이 새로운 성장 동력이 될 수 있음을 지적하고 발상의 전환을 요구한다. 석유소비세를 인상하고 환경부담세를 부과하는 것이 성장을 저해하는 것이 아니라 정부가 거둔 세금을 새로운 환경기술 연구에 투자하면 기업의 환경기술 개발 촉진제의 역할을 할 수 있고 이 방면으로 새로운 일자리가 창출된다. 환경보호론자들이 종종 경제성장을 저지하고서라도 환경의 보존을 주장함을 그는 비판한다.[74] 환경보호와 신에너지 개발로 인한 경제성장을 동시에 가져올 수 있는 발상의 전환이 필요하다는 것이다.

칼레츠키의 자본주의 4.0은 환경 뿐 아니라 교육, 신기술, 교통인프라 등에서 국가의 적극적 역할을 지지한다. 시장 맹신주의에서 벗어나 각국의 사정에 따라 전략적으로 국가의 주도적 역할이 필요한 분야들이 있다는 것을 인정하고, 유능한 정부가 전략적 리더십을 발휘할 필요가 있다는 것을 의미한다.

2) 자본주의 4.0과 세계질서

자본주의 4.0은 세계질서에서 가지는 의미도 크다. 미국발 위기가 세계경제를 강타하면서 국제질서에 두 가지 변화가 나타났다. 하나는 G7 대신 G20가 세계경제 문제를 논의하기 위해 소집되었다는 것이다. 지금까지 세계경제의 기조를 결정하던 G7 회동으로는 당면한 세계 경제위기를 극복할 수 없었기 때문이다. G7이 일본을 제외하고 서유럽과 미국에 편중된데 비해 G20는 아시아, 중동, 남미대륙 등의 경제규모가 큰 여러 국가들이 포함되었다.

다른 하나는 중국의 위상이 높아졌다는 것이다. 중국경제의 왕성한 구매력과 투자가 감소되지 않아야 세계 경제에 닥치는 불황을 극복할 수 있기 때문이었다. 동시에 중국의 발전모델, 베이징 컨센서스가 주목을 받으면서 서구모델의 대안모델이 될 것인가에 대한 논의도 분분해졌다.

칼레츠키는 미국과 유럽이 서로 배우고 융합하여 새로운 균형을 찾으면서 서구의 모델은 베이징 컨센서스로 대표되는 중국 모델을 능가하여 세계 표준의 위치에 오를 것이라 전망한다. 왜냐하면 서구 자본주의의 기저에 자유민주주의의 '소프트 인프라'가 존재하고 있기 때문이란 것이다. 서구의 민주주의와 시장경제가 가진 창의력과 활력이 중국의 권위주의적 시장경제 시스템보다 우월하다. 자본주의 시스템의 핵심인 혁신과 경쟁의 자유는 권위주의적 중국 시스템에서 본질적으로 크게 발전할 수가 없다.[75] 초기 양적 성장의 단계에서는 대규모 생산시설 투자와 선진국에서 수입된 기술을 기반으로 하여 성장하므로 권위주의적 시스템이 도움이 될 수도 있다. 그러나 양적 성장의 단계를 지나 질적 성장의 단계에 이르면 경쟁의 자유와 창의력, 혁신이 필요한데 이들은 권위주의 체제에서는 잘 자랄 수가 없다. 자본주의가 오랫동안 성공하기 위해 필요한 핵심적 요소인 경쟁의 자유, 창의성, 혁신 이런 것들은 권위주의 토양보다 자유민주주의 토양에서 훨씬 잘 자란다.

칼레츠키는 미국의 대중 무역불균형과 국제수지 적자에 대해서도 항간의 비관적 전망에 비해 낙관적이다. 흔히 미국의 대중무역 적자와 중국이 보유하고 있는 막대한 달러채권이 미국의 대중국 위상을 위협할 것이라는 인식이 많다. 그러나 그는 이로 인해 미국이 중국에 추월당하거나 중국보다 경쟁력을 상실하지는 않을 것이라 전망한다. 미국이 무역적자와 국제수지 적자에 대해 균형을 찾으려는 노력을 할 것이고, 중국은 중국대로 대미 수출에 의존하고 있는 만큼 일방적 행동을 할 수 없다.

또한 중국은 막대한 대미 무역흑자에 안심하고 있을 수 없는 근본적 문제를 안고 있다. 대미 무역흑자를 기록하면서 수출에 의존하는 방식에서 서서히 전환해 가는 것이 필요하다. 중국경제의 보다 안정적인 장기적 성장을 위해서는 내수중심으로의 전환이 불가피하다. 그러나 정치적 권위주의는 내수중심으로의 전환을 위해 적합한 정치체제가 아니다.[76] 왜냐하면 내수의 확대로 많은 중국 국민의 생활수준이 서구에 근접하게 되면 권위주의적 정치와 점점 더 많은 자유를 요구하는 시장경제 사이의 갈등이 더욱 첨예하게 될 것이기 때문이다.

결론적으로 보면, 서구모델의 강점은 환경에 대해 새롭게 적응할 수 있게 하는 유연하고 열린 민주주의의 힘에서 나온다. 동시에 이런 민주주의적 제도의 취약함이 중국을 비롯한 아시아모델의 약점이다. 자유시장경제의 창의력과 유연함, 활력에 주목한 칼레츠키의 주장은 타당하다.

칼레츠키의 주장은 타당하지만 자유주의의 승리가 역사의 종말이 될 것이라는 후쿠야마 식의 전망을 연상시킬 수도 있다. 그러나 그는 자본주의 시장경제의 문제점을 인정하고 새로운 수정을 요구한다는 점에서 후쿠야마와는 비교된다. 자유시장경제의 우위성을 규범적으로 주장한 것은 공감하지만 현재 다수의 개발도상국 지도자들이 자유 민주주의에 기초한 시장경제보다 권위주의적 국가자본주의 모델을 추구하고 있다는 것을 기억할 필요가 있다. 중국을 막론하고 러시아, 사우디아라비아 등 자유주의 전통에서 먼 국가들이 경제적으로 꽤 성공을 거둔 듯 보이는 것은 많은 개발도상국의 권위주의적 지도자들을 고무하고 있으며 자유시장경제 모델에 대한 중대한 도전이 될 것이다.

두 번째, 자본주의 4.0이 글로벌 스탠더드로 자리잡는 과정에서 거시경제정책에 대한 국제협력과 조정도 필수적이다. 국가들이 적극적으로 나서서 무역균형과 통화협력 정책을 통해 글로벌 경제의 구조적 불균형을 시정해야 할 것이다. 칼레츠키는 글로벌 무역불균형을 시정하기 위해 만성적 적자국과 흑자국 간의 조정이 필요하다고 한다. 예컨대 미국, 영국, 프랑스, 스페인 등과 같은 수입 초과국들과 중국, 일본, 독일과 같은 수출 초과국들 간에 조정이 필요하다. 주요 무역 국가들 간에 거시경제 정책과 통화정책을 조율할 필요가 점점 더 커짐에 따라 국가 간 조정이 이루어지려면 개별국가의 정책전환이 필요하다. 무역 불균형을 시정하고 일자리를 창출하기 위해 국가 별로 투자와 산업구조에서의 변화를 가져올 것이다. 예컨대, 미국은 금융과 서비스산업에만 특화하지 않고 제조업도 육성하여 산업구조를 다변화하고 수출을 증대시킬 것이다. 중국은 수출 초과국이 아니라 내수확대 정책으로 전환해야 할 것이다. 영국, 스페인 등 수입초과국들도 금융과 주택 등에 의존하는 성장전략이 아닌 제조업과 수출을 강화할 것이다.[77] 이렇게 국가 간 무역과 통화정책을 조율하는 것은 앞에서도 설명했듯이 자본주의 3 시대와는 달리 정부가 거시경제관리에 적극적 역할을 한다는 의미이다.

이외에도 칼레츠키는 에너지와 탄소배출 제한과 같은 글로벌 공동체의 공통 문제들에 대해 주요 국가들이 좀 더 적극적으로 문제해결을 위한 정책을 실현해야 한다고 주장한다. 에너지세를 인상하고 탄소배출권 제도를 활성화하며 재생에너지 연구에 보조금을 지급하는 등의 정책을 실현해야 한다는 것이다. 그는 에너지나 환경과 같은 문제를 시장근본주의처럼 시장에 맡겨두어서는 안 된다고 분명히 말한다.

전체적으로 보아 자본주의 4.0의 단계는 그동안 시장에 맡겨두어 생긴 여러 불균형의 문제들, 즉 무역불균형, 환율불안정, 화석에너지에의 과도의존으로 인한 지구환경 파괴 같은 문제들에 대해 국가가 적극적으로 나서서 시정해야 한다는 입장이다. 우선 주요국들이 선도적으로 이런 정책을 실현하여 시장과 정부 간의 긴밀한 협력이 이루어져야 하며 이것이 글로벌 차원으로 확대되어야 한다고 한다. 그는 금융불안정, 무역불균형, 재정정책과 통화정책, 핵, 테러, 탄소배출 등과 같은 전 지구적 문제에 관해 국제협력이 더욱 필요할 것이라고 말한다.

결론적으로, 자본주의 4.0의 국제질서는 그동안 국가가 시장에만 맡겨 두어 생긴 여러 불균형의 문제들(무역, 통화, 환경 등)을 시정하고 시장과 국가의 적절한 역할분담이 글로벌 차원에서도 이루어지는 것을 기대하고 있다. 세계화나 시장개방의 물결을 되돌린다는 것은 비현실적이고 유용하지도 않다. 새로운 자본주의에서는 국가가 좀 더 시장을 조정하고 책임지는 질서 하에 이루어지는 세계화가 바람직하다고 보는 듯하다.

3) 자본주의 4.0의 정치

전체적으로 보아 칼레츠키의 자본주의 4.0은 자본주의 3.1과 3.2 시대의 신자유주의적 자본주의의 수정본과 같은 느낌이다. 그의 '자본주의 4.0'은 '자본주의 3.0'의 엄격한 통화주의와 '자본주의 3.3'의 시장근본주의를 수정하여 지나친 이론적 경직성을 덜어내고 완화한 신자유주의, 즉 자본주의 3.1과 자본주의 3.2에 가깝게 보인다. 그의 주장은 대부분의 공공 서비스는 민영화가 효율적이라고 보며, 자본주의 3 시대의 소득 불평등에 대해 무심하기 때문이다. 소득의 양극화가 계속 진행되면 이는 국내적으로 뿐 아니라 세계적으로도 커다란 재앙이 될 수 있다. 새로운 자본주의가 되려면 국내적으로 상위 10%가 독식하는 구조를 바꾸고, 세계적으로도 선진국들이 개발도상국들에게 무차별적 시장개방을 요구하는 구조에 변화가 있어야 한다.

자본주의 4.0의 장점은 시장근본주의의 맹신을 신랄히 비판하고 국가가 경제에 선택적으로 개입하는 것이 필요하다는 것을 지적한 점이다. 무역·통화와 환율, 총수요 관리와 같은 거시경제부문, 신재생에너지 및 환경 등의 전략적 부문, 그리고 금융규제 같은 부문에 정부의 관리와 개입이 필요함을 주장한 것은 타당하고 현실적이다. 현실적으로 정부들은 신기술, 에너지 등의 분야에서 적극적 역할을 하려하고 앞으로 더 강화할 것으로 보이기 때문이다.

칼레츠키는 자본주의 4.0에서 정부와 시장의 조화로운 역할분담이 자본주의 시장경제를 발전시킬 것이란 점을 주장하지만, 그에 따르는 정치적 문제들은 남겨두고 있다. 칼레츠키의 자본주의 4.0 처방이 다루지 않고 있는 정치적 측면의 문제에 관해 몇 가지 짚어보자.

첫째, 미국 금융위기가 발생하기 전부터 자본주의 3의 시대는 꾸준히 증가해온 소득의 양극화와 그로 인해 깊어진 정치사회적 균열이라는 심각한 문제를 안고 있었다. 책의 1장에서 설명했듯이 신자유주의가 시행된 이후 미국과 서유럽 등 모든 자본주의 중심국에서 소득의 양극화 현상이 나타나기 시작했음을 보았다. 자본주의 4.0이후의 새로운 자본주의가 그 이전 시대의 문제를 치유하고 새로운 체제로 자리 잡기 위해서는 양극화 문제를 해소해야 한다. 이것은 단순히 공공서비스 민영화나 비효율적 공공부문의 개혁과 같은 처방만으로 해결될 수 있을지 의문이다. 경제활동의 기회와 소득의 분배가 양극화를 유발하지 않는 좀 더 평등한 구조를 만들기 위해 국가는 무엇을 해야 하나. 칼레츠키의 자본주의 4.0은 자본주의 3 시대가 낳은 거대한 양극화의 문제에 대한 인식이나 이를 어떻게 해소해야 할 것인가에 대한 언급이 없다.

둘째, 정부가 금융을 규제해야 한다는 그의 주장은 타당하지만 구체성이 부족하고 금융규제에 따른 정치적 갈등에 대해 그다지 언급하지 않고 있다. 그는 금융은 규제되어야 하지만 브레튼우즈 시대와 같은 과거로 돌아갈 수는 없다고 한다. 그가 말하는 금융의 규제는 간단히 요약하면 은행의 회계기준 개정, 신용평가사에 대한 규제, 은행의 자본구조 단순화, 은행의 유동자산 확보비율 인상, 모기지 시장 개혁 등과 같은 것이다. 이런 규제의 상당부분은 G10이 만든 '바젤협약'과 'BIS(Bank for International Settlements) 기준' 등에서 이미 규정하고 있는 것들이다. 바젤협약의 은행에 대한 감독기준의 실천은 강제성이 있는 것이 아니라 국가의 재량에 달려있다. 국가가 국제기준을 얼마나 엄격하게 자국의 금융기관에 부과하고 그 실행을 감독하느냐 하는 것은 실제 생각보다 지난한 문제이다. 대개 정부는 자국의 금융기관 규제가 자본의 해외유출을 가져올 것을 두려워한다. 미국의 금융위기는 소위 '그림자 금융' 부분에서 일어난 지나친 증권화가 주요 원인으로 작용하였다. 이런 사태의 재발을 방지하기 위해 금융기관의 유동자산 확보비율을 인상하고 자본구조를 단순화하며 위험한 투자를 억제하는 내용을 담은 '닷-프랭크' 법이 만들어졌으나 금융권의 로비로 상당부분 규제력이 약화되고 모호하게 남아 있다. 게다가 트럼프 정부는 '닷-프랭크'법을 현실적으로 무력화시키기 위한 방안을 강구 중이다.

칼레츠키는 은행가의 초고수익 배당에 대해 비판적이고 새로운 금융시스템을 만들 때 정부의 규제당국자가 이를 제어해야 한다고 주장한다.[78] 이는 이미 널리 공감대를 얻고 있는 주장이지만 아직도 시정되지 않고 있다. 월가의 은행가들은 여전히 보통의 근로자들이 상상도 못할 초고수입을 자기들끼리 배당하고 있다. 왜 그런 걸까. 금융에 대한 규제 문제는 항상 금융위기가 터진 이후에 등장하곤 했다. 바젤협약의 가이드라인들도 대규모 은행파산과 위기를 경험하고 나온 것들이다. 그러나 막대한 공적자금으로 위기가 수습되고 나면 금융규제는 금융자본들과 그와 결탁한 정치권의 로비에 밀려 그 강도가 퇴색된다. 금융규제는 단순히 은행감독과 자산관리에 대한 기술적인 문제가 아니라 금융으로 막대한 초고수입을 얻고 있는 금융자본들을 통제해야 하는 정치적 프로젝트이다. 은행가들은 자기들의 잘못으로 위기에 빠졌을 때 정부의 개입이 필요하다고 주장하지만 평상시에는 정부의 규제에 맹렬히 반대하거나 규제를 회피할 묘수를 찾아낸다. 미국의 경우에서 보듯 정부가 금융자본의 논리에 설득되면 금융규제는 많은 모호한 영역과 빠져나갈 구멍을 남긴 채로 남을 수밖에 없을 것이다. 더구나 월가 출신 참모를 거느린 사업가 출신 대통령의 경우에는 금융의 규제란 무용한 장애물로 간주할 것이다.

셋째, 경제위기를 극복하고 새로운 자본주의를 만들기 위해 거치지 않을 수 없는 정치적 갈등의 문제를 간과하고 있다. 칼레츠키의 자본주의 4.0은 경제위기를 극복하기 위해 각성한 정부와 기업들에 의해 달성되는 듯 보인다. 그러나 새로운 자본주의의 형성과정에서 나타나는 사회 제계층과 세력 간의 갈등은 불가피하다. 어떤 세력이 헤게모니를 가지게 되나 하는 것이 다음 세대의 자본주의 형태를 결정하는데 핵심적으로 중요하다. 정치적 갈등에 대해 분석하는 것은 경제평론가의 영역은 아니므로 필자가 이런 비판을 하는 것은 옳지 않을지도 모른다. 그러나 '자본주의 4.0'을 진지하게 받아들인다면 그 실현에 따르는 정치적 문제를 생각하지 않을 수 없는 것은 당연한 정치학자의 몫이다.

칼레츠키는 논하지 않지만 이차 대전후 자본주의의 황금기를 이룬 '자본주의 2.2'와 '자본주의 2.3'은 자본과 노동계급 그리고 국가가 '뉴딜'합의를 이룬 정치사회적 기초 위에 가능하였다. '자본주의 3.0' 과 그 이후는 금융자본의 헤게모니와 조직화된 노동세력의 후퇴라는 정치세력의 지형도 위에 가능하였다. 세계화된 시장을 활개치며 다닐 수 있는 금융자본과 초국적 기업들의 목소리가 경제정책을 좌우하고, 중간계급 시민들의 정치경제적 입지는 축소되었다. 그러면 자본주의 4.0은 어떤 정치지형 위에 세워지는 시스템일까? 어떤 정치지형인가에 따라 자본주의 4.0의 구체적 내용은 달라질 수 있다.

예컨대, 당장 미국에서는 금융시장의 규제에 대해 월가의 은행가들이 정치인들과 결탁하여 반대하고 있다. 교육이나 신기술에 투자하기 위해 필요한 세수는 어디서 확보할 것인가. 세금정책의 조정이 불가피한데 이는 반드시 세금을 더 부담해야 하는 계층의 정치적 투쟁을 불러일으킬 것이다. 금융자본과 상위 10 퍼센트 부자들의 헤게모니가 유지되고 정부가 그들의 기득권에 거스르는 정책을 시행하지 못한다면 자본주의 4.0은 '자본주의 3'과 큰 차이가 없게 될 수 있다.

넷째, 복지재정 확보와 소득재분배를 위한 누진세제에 대한 칼레츠키의 주장은 필자의 입장에서 볼 때 동의하기 어렵다. 그는 미국이 세계에서 가장 강력한 누진세제를 적용하는 나라라고 하며 부유한 10 퍼센트가 납부하는 세금의 비율이 48 퍼센트로 OECD 24개국 평균(32 퍼센트)보다 높다고 한다.[79] 이런 주장은 사실의 한쪽 면만을 본 것은 아닌지 의아하다. 1장에서 보았듯이 미국은 서유럽 어느 나라보다 상위 1 퍼센트와 상위 10 퍼센트가 전체 소득에서 차지하는 비중이 높다. 2012년에는 상위 10 퍼센트의 소득이 전체 소득의 52 퍼센트를 차지하였다. 1장의 〈도표3〉을 보면 2010년 경 미국의 상위 10 퍼센트는 총소득에서 차지하는 비중이 50 퍼센트에 다가가고 있고 영국은 40 퍼센트를 초과, 독일은 35 퍼센트 초과, 프랑스는 35퍼센트에 좀 못 미친다. 최상위 10 퍼센트의 소득이 전체 소득에서 차지하는 비중이 50 퍼센트가 넘는다면 그들이 납부한 세금이 전체의 48퍼센트인 것을 두고 결코 과중하다고 말할 수 없다. 칼레츠키의 표현대로 이것을 '엄격한 누진세제'라고 하는 것은 납득이 되지 않는다. 상식적으로는 납득이 되지 않는다. 이런 비중은 소득의 대소에 관계없이 모든 소득계층에 비슷한 세율을 적용했을 때 나올 수 있는 비중이다. 이는 오히려 지금의 세제가 최상위층 부자들에게 유리하게 구성되어 있다는 반증이 될 수 있다. 왜냐하면 최상위 부자와 중간층 및 하위계층이 비슷한 비율로 세금을 낸다면 세금에 대한 부담은 하위층으로 갈수록 더 커지기 때문이다. 세계 부자 3위인 워런 버핏이 2010년 낸 세금이 소득의 17.5 퍼센트인데 그의 직원들은 소득의 33 ~ 41 퍼센트를 세금으로 지출했다. 버핏이 "나는 내 비서보다 낮은 세율을 적용받고 있다. 부자들이 혜택 받는 시스템을 고쳐야 한다"고 주장했다는 것은 널리 알려진 사실이다.[80] 앞에서도 언급했지만 미국의 최상위 부자들은 그들 소득의 상당부분을 차지하는 금융소득에 낮은 금융소득세율이 적용됨으로써 많은 혜택을 보고 있다. 칼레츠키는 누진세 적용을 주장하는 것을 좌파의 정치공세로 간주하는 듯하다.[81] 이념적 실용성을 강조하는 그의 주장이 이 문제에 관해서는 실용성이 퇴색된 듯 보인다. 누진세에 대한 그의 생각을 보면 분배의 정의에 관해서는 자본주의 4.0이 자본주의 3과 별반 다르지 않은 것 같다.

04
동아시아에의 함의

'자본주의 4.0'의 제안은 주로 미국과 유럽을 대상으로 한 것이지만 신자유주의 이후의 발전모델로서 일종의 글로벌 스탠더드를 제시했다고 볼 수 있고, 서구를 넘어 다른 나라에서도 많은 관심의 대상이 되었다. 따라서 민주주의와 시장경제를 축으로 발전해온 동아시아 여러 국가들의 경우에도 이 제안들을 적용하여 적실성을 검토하고 논의해볼 필요가 있다.

첫째, 자본주의 4.0에서는 거시경제와 전략적인 분야에서 주도적 역할을 하는 유능하고 민활한 정부가 필요하다는 것이 칼레츠키의 주장이다. 이것은 아시아 국가들에게도 적합한 전망으로 보인다. 칼레츠키의 주장을 참고로 하여 정부의 역할을 다음 두 가지로 정리해 볼 수 있을 것 같다. 첫째, 거시적 입장에서 시장의 공정성과 효율성을 담보할 수 있는 규칙을 만들고 감독하는 역할을 하고, 둘째, 민간의 투자가 취약한 새로운 전략적 분야의 연구개발에 투자하고 선도하는 것이다.

특히 동아시아 국가들은 공정성과 효율성을 담보할 수 있는 규칙을 제정하는 것을 정부의 중요한 미션으로 간주해야 할 듯하다. 동아시아에는 정부의 각종 제도적, 금융적 특혜에 의존하여 성장한 기업들과 정경유착 관계가 형성되는 경우가 상당히 보편적으로 존재하였다. 한국의 재벌경제, 중국의 거대 공기업들이 대표적인 예이다. 경제발전의 초기 고속성장을 위해서 공기업과 일부 대기업을 대표선수로 발탁하여 집중지원 하는 방식이 효과적이었을 수 있으나 이는 초기단계를 지난 시점에서는 중단되어야 할 전략이다. 소수의 대기업과 정치권력의 결탁으로 정경유착의 고리가 안착하게 되면 국가 경제가 이들의 이익관계에 포획된다. 한국의 경우 정경유착과 재벌기업들의 방만한 몸집 불리기 행태가 1997년의 외환위기를 불러온 주범이었다. 정부주도 성장모델을 추구하는 국가들이 반면교사로 삼아야 할 예이다. 정부의 역할은 민간의 특정기업들을 지원하는 것이 아니라 자유롭고 공정한 경쟁이 이루어질 수 있는 제도적 기반을 강화하고 감시감독하는 것이다.

자본주의 4.0 시대에는 동아시아 각국에서도 정부가 시장에 일일이 개입하기보다 미래지향적 전략부문에서 리더십을 발휘해야 한다. 화석연료 대체 에너지 개발, 환경보호 기술, 통신 분야에서의 신기술 등 새로운 전략부분에 집중하여 민간부문을 선도하는 것이 필요하다. 신산업 분야의 배후에서 기획과 연구, 전략적 역할을 하여 민간기업의 창의성과 혁신이 발휘될 수 있는 환경을 조성해야 한다.

둘째, 배후의 전략적 역할 이외에도 직접 담당해야 하는 공공서비스에 관해서는 칼레츠키의 제안을 어떻게 수용할 것인지 좀 더 논의가 필요하다. 그의 제안은 개략적인 방향성을 제시하는 수준에서는 수용하지만 각국의 사정에 따라 실현의 모양은 다를 것이다. 그의 분석이 대부분 미국과 유럽의 경험에 기초한 것이므로 복지혜택의 축소, 세제의 개편 등에 대한 그의 제안이 아시아의 경우에 반드시 적절한가는 재고할 필요가 있다.

　예컨대 의료, 연금, 교육 등을 정부가 계속 제공해야 하는가의 문제는 서구와 아시아의 경험과 환경이 다르다. 민영화가 반드시 효율을 담보하는 것은 아닌 것이 예를 들어 민영화된 미국의 의료보험 제도는 정부가 운영하는 한국의 의료보험 제도에 비해 형편없이 고비용 저효율의 구조였다. 따라서 미국은 오바마 시대 국가가 주도하여 전국민 의료보험 제도를 다시 만들었다. 트럼프 대통령은 다시 이 제도를 약화시켰지만 말이다.

　교육을 시장에 맡기는 것도 일률적으로 판단할 문제는 아니다. 칼레츠키는 미국의 대학교육 시스템이 유럽보다 우수한 것은 사립대학이 많기 때문이라 하지만 이는 좀 더 구체적 사정을 들여다 볼 필요가 있다. 미국에는 4년제 대학교의 경우 수로는 사립 대 공립이 75퍼센트 대 25 퍼센트로 사립이 많다. 그러나 재학생 수는 사립 대 공립이 38 퍼센트 대 62 퍼센트로 공립대학 재학생이 월등히 많다. 우수한 유명 사립대학도 많지만 한편으로 양질의 주립대학을 비롯한 공립학교들이 존재하면서 교육기회와 수준에 있어 평등을 실현하고 있다. 미국의 대학 교육시스템이 우수한 원인을 분석할 때 이런 것을 빼놓고 생각할 수 없다. 유럽 유명대학들이 하버드와 같은 미국의 명문대학을 따라가지 못하는 것과 대학교육 전체의 평균적 우수성을 비교하는 것은 좀 다르다고 보아야 하지 않을까.

　칼레츠키는 의료, 연금, 대학교육 등에서 민영화가 더 효율적이라 주장하지만 몇몇 부유한 국가를 제외한 아시아 많은 국가들의 경우 이를 모두 민영화하여 시장에만 맡겨둔다면 상당수 국민들이 혜택을 받지 못하는 일이 발생할 것이다.

세제에 관해서도 작은 정부를 지지하는 칼레츠키는 미국의 누진세제를 비판하면서 간접세 비중이 높은 유럽의 세제 시스템이 정부의 재정안정에 더 도움이 된다고 한다. 이것은 일인당 국민소득이 매우 높은 선진국들에 해당하는 제안일 듯하다. 일인당 소득이 높으면 소비세 등의 간접세를 내는 것이 생활에 큰 부담을 주지는 않을 것이기 때문이다. 일본과 홍콩, 싱가폴을 제외한 아시아의 대부분 국가들은 서구유럽과 미국의 일인당 국민소득 수준과 큰 차이가 난다. 칼레츠키처럼 누진세제의 소득 재분배 효과에 대해 회의적으로 보는 견해는 소득 분위 간 편차가 크지 않고 복지 제도의 기초가 오래된 서구유럽의 경험에 기초한 제안이다. 이것이 아시아에도 적합하다고 보기는 어렵다. 아시아의 여러 발전도상국들에게는 공공서비스와 복지 분야에서 아직은 큰 정부의 역할이 필요하다. 다만 구체적으로 어떤 분야를 어떻게 설계하여 정부와 민간의 부담을 나눌 것인가 하는 것은 각 나라의 사정에 따라 다를 것이다.

셋째, 새로운 자본주의로의 개혁을 위해 민주주의적 토양이 필요하다. 앞에서 언급하였듯이 칼레츠키는 민주주의의 역동성에서 자본주의를 회생, 진화시키는 힘의 원천을 발견한다. 칼레츠키의 이러한 주장은 매우 타당하고 적절하다고 생각한다. 그의 이런 주장이 주효하려면, 서론에서 논의하였듯이 지금 국민적 합의의 구심점을 찾지 못하고 분열과 갈등국면을 지속하고 있는 미국과 영국, 프랑스 등의 정치, 극우파에게 상당한 자리를 내주고 있는 유럽국가들의 정치에 변화가 있어야 할 것 같다. 민주주의 정치는 다양한 사회계급과 세력들의 갈등과 알력을 제도적으로 수렴하여 타협의 묘를 찾아내고, 합의할 수 있는 국가발전의 전략을 수립한다. 신자유주의의 마지막 국면에서 갈등과 충돌이 심화되어 서구 민주주의 여러 국가들은 정치사회적 합의점을 찾지 못하고 있다. '자본주의 4.0' 이후의 새로운 자본주의로의 발전은 민주주의의 틀 안에서 새로운 정치사회적 합의가 만들어져야 가능할 것이라 생각한다.

아시아의 많은 국가들은 민주주의를 유보하고 권위주의 정권의 주도 하에 경제성장을 달성한 케이스들이다. 양적 발전의 단계를 지나 질적 발전의 단계에 있는 아시아 국가들에게는 정치사회적인 질적 발전이 필요하다. 아시아 국가들에 수준 높은 시장경제가 발전하려면 자유, 공정 경쟁, 혁신, 기업의 이익만이 아닌 공동체의 이익에 대한 고려 등의 가치가 자라고 실현되어야 한다. 이런 가치들은 자본주의가 새로운 환경에 적응하고 지속적 발전을 가능하게 하기 위해서 필요하다. 이런 가치들은 성숙한 민주주의 정치의 토양에서 배태되고 자랄 수 있다.

경제성장 단계에서 민주주의를 유보하였던 경험을 공유하는 대부분의 동아시아 국가들은 성숙한 단계의 민주주의 발전을 위해 어떻게 해야 하는가의 문제를 좀 더 진지하게 고민해야 할 듯하다. 아시아에는 군사정부나 사회주의 정부가 주도하는 국가들처럼 아직 절차적 민주주의도 제대로 작동하지 못하는 나라들이 상당수 있다. 중국의 경우 지난 40여 년 간 공산당 정부의 정치적 독점 하에 상당히 성공적으로 경제성장을 이루었다. 그러나 앞으로 중국의 경제성장이 불평등 성장에서 좀 더 평등한 성장으로 전환하고 국가 주도 경제에서 민간영역으로의 분권과 자유에 대한 요구가 피치 못하게 증가하면 어떻게 할 것인가. 경제적 평등과 함께 권력의 분산과 민주주의적 의사 결정 시스템의 광범위한 도입을 언제까지 미룰 수 있을 것인지 알 수 없다. 중국의 민주주의 필요성에 관한 논의는 다음 장(4장. 베이징 컨센서스)에서 더 다룰 것이다.

한국은 경제발전 이후 민주주의 발전을 이룬 대표적인 경우로 간주된다. 사실 비교정치학적 관점에서 볼 때 한국은 많은 여타 발전도상국에 비해 놀라운 성과를 거둔 나라인 것은 확실하다. 그러나 이러한 과거의 성취에 대한 찬사가 미래의 발전을 담보하는 것은 아니다. 한국이 군사 권위주의 시대에 비해 상당수준의 민주주의를 성취했음에도 불구하고 아직도 과거 시대 형성된 불공정한 특권들이 남아 공정한 시장경제의 발전을 저해하는 경우가 허다하다. 권위주의 정부 시대에 자리 잡은 경제적 기득권의 구조가 쉽사리 사라지지 않고 정치와 결탁하여 경제민주화를 가로막는 강고한 장벽을 이루고 있다. 재벌경제가 한국의 국가 이익으로 포장되어 이들의 특권구조가 경제의 다른 부분의 발전을 압박하며 다양한 분야의 잠재력과 분배 정의를 잠식하고 있다. 2장에서 애덤 스미스의 시장경제를 언급할 때 논의했지만 특권구조가 지배하면 자유롭고 공정한 시장이 아니다. 경제의 다른 부분들의 창의력과 잠재력이 싹트고 발전할 수 있는 토양이 생성될 수 없다. 자본주의 4.0과 그 이후 4.1, 4.2 등으로의 진화를 위해서 억압되어 있던 잠재력이 발전할 수 있는 자유롭고 공정한 토양이 필요하다. 보다 공정한 시장경제의 게임의 룰은 성숙한 민주주의 정치의 틀 안에서 만들어진다.

 넷째, 칼레츠키는 자본주의 4.0시대에는 국제체제의 여러 불안요인들을 통제하기 위해 국제협력이 필요하다고 주장하였는데 이에 대해 적극 동의하는 바이며 동아시아 지역협력의 필요성을 지적하려 한다. 국제경제에는 미중간의 무역불균형과 그에서 비롯된 달러화의 불안, 유로화의 위기 등에서 보이듯 금융불안 등 구조적인 불안요인들이 존재하고 있다. 이런 문제들에 대응하기 위해 국가들 간의 협력이 필요하다. 사르코지 프랑스 전(前)대통령은 2010년 1월 다보스 경제포럼에서 세계화 과정에서 일어난 문제들에 대응하기 위해 국제협력이 필요함을 강조한 바 있다. 그는 시장에 대한 제어를 상실했을 때 세계화의 위기가 발생했다고 진단하고, 민간영역과 공공영역의 새로운 관계를 설정하고 세계화를 위한 새로운 국제정치 협력을 주장하였다.[82] 자본주의 4.0 이후의 시대는 국가간 협력을 통해 세계화의 방향을 조정해야 하며 정부의 시장에 대한 적절한 개입이 필수적이다.

이런 맥락에서 볼 때, 세계적 차원에서 협력이 필요할 뿐 아니라, 아시아 국가들 간 세계경제의 불안요인에 대응하기 위한 긴밀한 지역협력도 필요하다. 세계적인 무역불균형, 금융불안 등의 조건이 상존하는 세계체제에서 아시아 국가의 정부들은 민첩함과 유능함이 필요하다. 국내의 금융 시스템을 규제감독하고 동시에 국제적인 금융통화협력 네트워크를 조성하여 아시아에 외환위기 재발을 방지하고 세계적 금융위기 발생에 대비해야 한다. 이런 맥락에서 아시아 외환위기 이후 아세안 10개국과 한, 중, 일 (아세안+3)이 합력하여 발족시킨 금융통화협력체제 '치앙마이 이니셔티브' (Chiang Mail Initiative)는 매우 뜻깊은 것이다. 2000년 아세안+3 국가들 간의 쌍무적 스왑 네트워크로 출범한 치앙마이 이니셔티브는 현재 다자적 기구라 할 수 있는 '치앙마이 이니셔티브 다자화' (Chiang Mail Initiative Multilateralization)로 발전하였다. 그동안 꾸준히 발전해온 것이라 볼 수 있다. 동아시아 역내국가들의 금융협력을 강화하고 아시아 외환위기와 같은 것이 재발하는 것을 방지하는 역할을 할 것으로 기대된다. 현재 치앙마이 다자화기금 체계는 한 번도 발동된 적은 없다. 그리고 한국과 같이 경제규모가 큰 나라는 이 체제가 아니라 미국이나 일본과의 양자적 통화스왑이 더 실질적이란 것이 전문가들의 평가이다. 그럼에도 동아시아 국가들 간 평소 이 지역의 금융의 흐름에 관한 정보교환과 감시 및 협력체제를 운영, 발전시키는 것은 자본주의 4.0 시대에 필수적이다.[83] 치앙마이 이니셔티브 다자화(CMIM)는 더욱 진화하여 장차 아시아

통화기금(AMF)으로 발전할 수 있어야 한다.

　일본의 보수우익 정부의 우경화 정책과 미국의 트럼프의 '미국 제일주의'에 대응한 중국의 대항 헤게모니 전략으로 지금은 동아시아 지역협력론이 탄력을 받고 있지 못하다. 금융, 환율, 무역, 그리고 환경, 인간안보의 제 이슈 등 실질적인 이슈 면에서 동아시아 국가들 간의 정책조정과 협력이 필요하다. 자본주의 4.0 이후의 세계화 시대에는 동아시아 국가들이 과거와 같이 개별국가로 각개약진 하는 전략이 아니라 지역공동체의 협력네트워크와 제도를 구축하는 것이 필요하다.

05 맺는 말

    우리는 지금 자본주의 4.0의 시대를 살고 있다고 보아야하나? 미국 금융위기 이후 월가는 회생하였지만 위기가 다 지난 것은 아니며 세계 도처에서 위기의 후유증은 깊고, 자본주의 4.0은 아직 완성된 제 모습을 찾지 못하고 있다. 미국트럼프 정부는 자본주의 3 시대에 미국에 누적된 실업과 무역적자 및 재정적자 문제를 해결하기 위해 미국 중심주의로 방향을 전환했다. 세계정치경제에서 미국이 가진 협력과 조정의 리더십을 포기하고 자국 중심주의로 전환하여 중국 뿐 아니라 기존의 유럽 동맹국들과의 사이에도 갈등을 야기하고 있다.

    유럽은 EU의 틀 안에서 다량 유입된 금융의 혜택을 방만하게 누렸던 남유럽 이웃들에게 터진 금융위기를 치유하느라 골치를 앓았다. 남유럽의 재정위기 문제를 극복하고 통합의 유지를 위해 EU국가들 간에도 무역불균형을 시정하기 위한 거시정책 협력이 필요하다.

    칼레츠키는 '자본주의 4.0'으로 세계 금융위기에서 벗어나 새로운 자본주의로의 진화를 위한 대략의 방향을 제시하였다. 그의 처방을 요약하면, 금융에 대한 규제와 감독의 강화는 필요하며 유능하고 민활한 작은 정부가 필요하다. 그리고 무역불균형과 환경 등의 공동의 과제에 대해 국제협력이 더욱 절실하다. 그러나 그의 이런 처방들은 그다지 잘 실현되고 있지 않다. 유능하고 민첩한 정부는 어떤 모습일지 아직 틀이 잡히지 않았고, 무역불균형과 환율불안을 시정하기 위한 국제협력은 존재한다고 볼 수 없다. 미국과 서유럽 국가들의 정치는 '자본주의 4.0'을 실현하고 그 이후 보다 진화한 자본주의로 가는 구체적 로드맵을 아직 세우지 못하고 헤매는 중이다. '자본주의 4.0'과 그 이후로의 진화는 칼레츠키의 말대로 아직도 멀고 험한 과정을 더 지나야 할 듯하다.

II. 경쟁적 모델들

4장
베이징 컨센서스

1. 왜 베이징인가
2. 라모의 베이징 컨센서스
3. 베이징 컨센서스는 지속가능한가?

01 왜 베이징인가

1) 2008년 8월

 2008년 8월 베이징의 하늘은 푸르고 맑았으며, 거리는 깨끗하고 넓었다. 잦은 인공강우 탓인지 하늘은 맑았고, 부쩍 적어진 차량의 통행은 질서정연하여 평소와 같은 무질서와 북새통 같은 것은 없었다. 높은 현대식 빌딩들이 가지런히 늘어선 북경의 시가지는 쾌적하고 세련된 대도시의 모습이었다. 낡고 지저분한 것들은 깨끗이 치워지고, '하나의 세계, 하나의 꿈'(同一个世界 同一个梦想)이란 베이징 올림픽 공식구호가 쓰인 대형 현수막들이 시내 곳곳에 붙어 있었다. 올림픽을 위해 서구의 첨단 디자인 감각을 동원하여 새로 지은 포스트모던한 느낌의 건축물들이 도심 곳곳에서 눈길을 사로잡았다. 냐오차오(鸟巢)라고 불린 철골로 만든 거대한 새둥지 모양의 주경기장, 커다란 푸른색 물방울들을 네모난 유리상자에 넣어 압축시킨 듯한 국가수영센터 '워터큐브', 사방 어디서나 봐도 비대칭의 기하학적 형상을 한 CCTV의 신축건물, 그리고 UFO가 물 위에 내려앉은 듯한 거대한 황금색 알 모양의 오페라극장 국가대극원(国家大剧院) 등이 대표적인 것들이었다. 이 새 건축물들은 전통의 수도 베이징이 21세기 새 시대를 향하고 있다는 느낌을 주고 있었다.

올림픽 개막식에서 중국이 자랑하는 영화감독 장이머우는 중국이 유구하고 찬란한 역사를 가진 오랜 문명국가임을 그의 어느 영화보다도 장대하고 압도적인 스케일로 보여주었다. 1000억원의 돈과 10만명의 사람이 동원되었다는, 역대 어느 올림픽 개막식보다 규모가 큰 장엄한 행사였다. 2008년 8월 베이징 올림픽에서 세계인들은 중국 정부가 지난 30년 동안 얼마나 놀라운 경제발전을 이루었는지를 실감하였다.

그러나 교통과 사람의 통행이 통제되어 오랜만에 한산하고 깨끗해진 베이징의 거리 이곳저곳을 누비고 다니면서 느낀 베이징은 첨단과 봉건, 발전과 저발전이 한 공간에 혼재하는 도시였다. 첨단의 하드웨어를 자랑하는 이 도시를 움직이는 통치의 소프트웨어는 전통과 봉건의 잔재들이 많이 있었다. 시내 곳곳과 주요 건물 앞에는 바리케이드가 쳐있고 공안의 단속으로 출입이 통제 당하기 일쑤였다. 경기장 주변과 외국대사관들이 모여 있는 싼리툰의 거리도 축제 분위기에 맞지 않게 중국인들의 통행이 적고 인적이 드물었다. 주경기장 주변의 고층건물들은 가까이 가보니 일찌감치 출입이 폐쇄된 듯한 것도 있었다. 하지만 시민들은 이런 통제에 익숙한 듯 불평하지 않았다. 전에 보이던 지저분하고 낡은 건물들은 휘장을 쳐서 가리거나, 간판을 새로 달거나 깨끗이 분칠을 한 것이 많이 눈에 띄었다. 수도 베이징에서 이런저런 허드렛 일들을 하며 구차한 모습으로 생계를 이어가던 많은 남루한 사람들이 올림픽 기간 동안 추방되거나 출입통제가 되었다고 하였다. 어느 대도시에나 있는 이런 모습들을 베이징 당국은 유난히 더 과민하게 감추려 드는 것 같았다. 고속 경제성장의 부산물인 추한 이면을 권력으로 눌러 덮으려는 권위주의 국가의 모습일까 싶었다.

올림픽이 끝나자마자 멜라민 첨가 우유와 유제품 사건이 터져 중국 전역을 흔들고 세계를 놀라게 하였다. 허베이성의 싼루라는 회사와 다른 21개 회사의 유제품에서 단백질 함량을 높이는 멜라민이 검출된 것이다. 세계시장에서 중국식품의 신뢰도는 땅에 떨어지고 중국정부 관리들의 부패가 국제적 이슈가 되었다.

올림픽의 화장과 분칠을 벗겨낸 베이징의 맨 얼굴에는 가려두었던 추한 것과 봉건잔재가 다시 드러났다. 장이머우가 보여준 대로 세계 최초로 종이와 붓글씨와 병마용과 대포를 만든 이 오랜 문명국이 서구의 기술과 자본을 받아들여 재기하는 과정에서 일어나는 일들은 아름다움과 추함이 뒤섞여 있었다. 아름다움과 민주주의가 추한 것과 봉건을 점점 더 밀어내는 과정이 바로 베이징 컨센서스가 완성되는 과정이 아닐까 하는 생각이 들었다. 과연 베이징 컨센서스는 봉건과 권위주의를 밀어낼 수 있을까? 그리고 베이징 컨센서스는 민주주의를 포용할 수 있을까? 올림픽 기간 베이징을 다녀온 후 이런 생각이 한동안 머릿속을 맴돌았다.

이것은 2008년 필자가 베이징 올림픽 당시에 느꼈던 소감을 적은 노트를 옮겨놓은 것이다. 베이징 올림픽은 개혁개방 이후 놀라운 속도로 성장한 중국이 세계무대에 첫 선을 보인 사건이다. 올림픽 이후 십여 년간 중국은 경제적으로 더욱 발전하였고 미국과 나란히 G2의 반열에 올라 자웅을 겨루는 위치에까지 이르렀다. 중국의 발전모델 '베이징 컨센서스'는 더 나아가 시진핑의 야심찬 대외정책인 '일대일로(一帶一路) 구상'이 더해졌다. 중국의 거대 국유기업들이 중앙아시아, 아프리카 등지의 개발도상국에 들어가 항만, 도로, 통신망, 발전소 등의 인프라를 건설하고 이들과 중국과의 무역이 증대되었다. 미국과 서구가 주도해온 세계경제체제에서 이제는 중국의 영향력이 증대일로에 놓이게 되었다. 중국이 이렇게 놀라운 경제적 발전을 이루었음에도 불구하고 십년 전 필자가 느꼈던 봉건잔재와 권위주의의 모습은 변하지 않았다. '베이징 컨센서스'의 무게가 커질수록 서구 국가의 학자들 사이에서 그에 대한 의구심과 비판이 더욱 커지는 이유가 그 때문일 것이다.

2) 왜 베이징인가?

근대 이래 세계역사의 중심은 서유럽이었고 그 이후는 미국이었다. 국제경제와 국제정치를 통치하는 제도와 규칙의 대부분도 미국과 서유럽이 주도적으로 만든 것이다. 아시아와 아프리카, 남아메리카 등 여타의 지역들은 이들이 주도한 세계사의 조연으로 등장하였다. 아시아에서 가장 먼저 근대화를 이룬 일본은 아시아를 탈피하여 준(準) 서구인 행세를 하였고 그런 대접을 받아왔다. 메이지유신 이후 일본 근대화 정책의 중요한 원칙은 탈아입구(脫亞入歐)였고, 전후(戰後)에도 일본외교의 방향은 그에서 벗어나지 않았다. 일본 다음으로 동아시아의 네 마리 용들이 놀라운 경제성장을 이루었을 때 '동아시아모델', '유교자본주의'라는 개념이 각광을 받고 아시아가 주목을 받게 되었지만, 1997년-1998년의 아시아 외환위기로 성공신화는 침몰하였다. 1980년대에 팍스 아메리카나 이후 차기 주자로 잠시 물망에 오르던 일본경제는 90년대 초 버블이 꺼지면서 일찌감치 제자리로 돌아갔다. 일본과 아시아경제의 침몰에 서구는 내심 회심의 미소를 지었다. UC 버클리에서 MBA 과정에 다니던 필자의 한 일본인 친구는 그의 수업시간에 아시아 외환위기와 일본경제의 침몰에 대해 이야기하면서 미국인 교수가 입가에 번지는 웃음을 감출 수 없어 하더라며 자못 분개했다.

우리가 배우는 근대 이후의 역사에서 아시아적인 것이 세계 정치, 경제, 학문 등의 영역에서 최고의 보편적 규범성을 획득한 예를 찾아보기 어렵다. 아시아국들이 다른 개발도상국들에 비해 수월성을 인정받은 경제발전 영역에 있어서도 아시아 독창적이거나 독보적인 것이 아니다. 아시아 국가 중 비교적 높은 경제성장을 달성한 나라들은 미국과 서유럽의 우수한 보조자, 또는 하위 파트너로 인식되었다. 싱가폴이나 홍콩이 일인당 국민소득에서 서구 선진국 수준을 넘어도, 한강의 기적과 서울 올림픽으로 한국이 세계의 주목을 받았을 때도, 이들은 서구모델에 대한 도전이 아니라 서구에서 배운 아시아 버전의 시장경제로 인식되었을 뿐이다. 서구식 경제 정책의 보편적 타당성을 입증하는 아시아 케이스였고 서구 자본의 투자기회를 넓혀주는 시장 확대의 의미가 가장 중요하였다.

서구가 근대이후 세계의 중심 무대에 선 이후 아시아 국가들은 세계 정치경제 체제에서 주도적으로 규칙을 만드는 역할이 아니라 만들어진 규칙을 받아들이는 역할에 익숙해졌다. 중국의 경제발전으로 베이징 컨센서스가 서구의 주목을 끄는 이유의 하나는 아마도 이런 공식을 깨뜨릴지도 모른다는 가능성 때문일 것이다. 즉, 아시아에서 나온 것이 서구가 획득한 세계적 규범성을 훼손할 가능성을 내포하고 있는 듯 보이기 때문일 것이다. 지금까지 아시아의 어떤 것이 보편적 규범성을 내포하는 '컨센서스'라는 명칭으로 불린 적이 있는가. 찾아보기 힘들다.

3) 왜 '컨센서스'인가?

중국식 발전모델에 '컨센서스'를 붙이는 것이 타당하든 그렇지 않든, 왜 컨센서스라 불리게 되었는지를 생각해 보자. '베이징 컨센서스'는 죠슈아 라모가 2004년 처음 발표한 동제목의 책(The Beijing Consensus)에서 연유하였다. 그는 이 글에서 중국 모델이 단순히 중국만이 아니라 세계의 경제발전, 사회, 나아가 정치의 지형을 바꾸기 시작하였다고 주장하였다.[84] '베이징 컨센서스'라는 명칭은 그가 의도했든 아니든 그것이 단순히 중국의 발전모델에 그치지 않고 세계적 보편성을 가졌다는 의미를 함축하고 있다. 그의 이러한 분석은 다분히 중국을 바라보는 지지와 경탄의 정서를 함께 내포하고 있다.[85]

그의 글이 처음 발표되고 나서 많은 반향을 일으켰는데, 베이징 컨센서스는 자의든 타의든 미국이 대변하는 워싱턴 컨센서스와 경쟁적 위치에 있는 중국식 모델로 부각되었으며 또한 성장하는 중국의 소프트파워를 상징하게 되었다. 어떤 학자들은 베이징 컨센서스가 주목을 받는 것은 단지 워싱턴 컨센서스와 비교하여 그 대척점에 있기 때문이며, 내용상 일관성 있는 이론적 기초 위에 있는 것은 아니라고 비평하기도 하였다.[86] 그러나 중국의 성공은 워싱턴 컨센서스에 실망한 개발도상국들에게는 오히려 자유주의 시장경제 모델의 대안으로 받아들여질 수 있다.

중국식 모델이 워싱턴 컨센서스의 대척점에 설 수 있는 이유는 무엇인가? 첫째, 중국의 경제발전은 중국을 넘어 전 세계적인 파급력을 가진다. 중국의 수출과 수입은 세계 많은 나라들의 대외무역에 일정한 자리를 차지할 만큼 크다. 동아시아 모델이 한 때 세계의 주목을 받았으나 이를 '컨센서스'라 부르는 이는 없다. 중국의 경제성장은 다른 아시아국가의 성장과는 그 규모면에서 다르다. 일본을 제외한 아시아국 모두를 합해도 중국을 따르지 못할 만큼 크다. 파이낸셜 타임즈(Financial Times)의 베이징 특파원을 지낸 제임스 킨지(James Kynge)는 그의 저서에서 중국기업의 투자로 세계 곳곳에서 일어나고 있는 변화와 중국의 경제성장이 세계경제와 지구 자원 및 환경에 미치는 영향에 대해 다양한 에피소드를 들어 설명하였다. 그의 저서 제목이 '중국이 세계를 흔들다'(China Shakes the World)이다. 고속 성장하는 중국경제가 세계 여러 곳에서 일으키는 변화와 세계의 천연자원을 소비하는 양과 속도는 세계를 흔들 만큼 경이적이다. 심지어 다음과 같은 우스꽝스런 에피소드도 있다. 한때 미국의 대도시들에서 밤사이 맨홀 뚜껑들이 사라진다는 기사가 미국 신문에 보도되었다. 자원에 목마른 중국의 철강수요가 급증함에 따라 훔친 맨홀 뚜껑을 조각내어 중국에 고철로 팔아넘기는 도적들이 설치고 다녔던 것이다. 2008년 7월 23일 뉴욕타임스 기사에 따르면, 필라델피아에서 2007년 한해 2500개의 맨홀뚜껑과 배수관이 사라졌고, 클리블랜드, 멤피스, 밀워키 등 다른 도시에서도 맨홀뚜껑 절도가 두배 이상 증가하여 시당국이 골치를 앓는다는 얘기였다. 하다못해 미국 도시들의 허술한 맨홀 뚜껑까지 동낼 만큼 중국경제 성장이 미치는 영향은 전 지구적이며, 크고 작은 모든 일에서 예측불허의 가능성을 지니고 있다는 것이다.

이렇게 큰 규모의 중국이 서구와는 다른 발전모델을 가졌기 때문에 더욱 그 존재감이 두드러진다. 중국은 공산당 정부와 자본주의 시장경제가 조합하여 성장을 이룬 독특한 모델이다. 공산당 일당지배의 정치와 시장경제의 조합이 중국에서 매우 성공적인 결과를 산출하였다. 민주주의가 익숙치 않고 일당 지배체제를 가진 많은 개발도상국들의 지도자들은 서구식 모델보다 중국식 모델에 더 매력을 느낄지도 모른다. 중국식 모델에 대한 기대는 미국발 세계금융위기로 더욱 높아져 개발도상국 지도자들에게 새로운 대안으로 다가갔다. 예컨대 말레이시아의 전 수상 마하티르는 "중국의 경험은 민주주의가 아닌 나라도 국민들에게 양질의 삶을 제공할 수 있다는 것을 보여준다"고 하였고, 남아공의 전 대통령 움베키는 "천안문에서 희망이 싹텄다"고 하며 중국 모델이 아프리카에도 적용 가능성이 있음을 언급하였다. 그리고 브라질의 룰라 대통령은 "중국의 접근은 남-남 협력의 패러다임이 되어야 한다"고 말하였다.[87]

워싱턴 컨센서스와 같이 무조건 시장의 자유를 확대하고 개방하는 것이 성장의 지름길이라는 서구의 처방에 많은 개발도상국 정부들은 실망하였다. 장하준 교수는 그의 저서 '그들이 말해주지 않은 23가지'와 '나쁜 사마리아인' 등에서 부자나라들이 개발도상국에게 무조건적 시장개방이 발전을 위한 길이라고 우기는 것이 얼마나 잘못된 일인지 상세히 설명하였다. '나쁜 사마리아인'들에게 회의를 느낀 개발도상국의 정부들이 중국으로부터의 투자를 기꺼이 받아들이고 중국모델이 널리 받아들여지면 '베이징 컨센서스'가 대안적 모델로 인정될 가능성도 없다할 수 없다.

02
라모의 베이징 컨센서스

　중국발전모델에 대해 가장 우호적으로 그 잠재력을 파악하고 정리한 사람은 라모이다. 라모가 설명한 베이징 컨센서스의 내용을 소개하고 논해 보자.

　베이징 컨센서스는 워싱턴 컨센서스와 같이 특정 이론에 기초한 독트린이 아니라 발전에 대해 보다 실험적이고 실용적인 접근법이다. 현실문제에 대하여 워싱턴 컨센서스와 같이 정해진 처방이 있는 것이 아니라 실험을 주저하지 않는 실용적 태도를 견지한다. 그런 의미에서 본다면 이론에 구애받지 않고 서구의 어떤 모델보다 유연한 선택의 폭을 허락한다고 볼 수도 있다. 유연성과 실용성은 이미 등소평이 개혁개방의 정신으로 천명한 '흑묘백묘'(黑猫白猫)론에서 드러난다. 중국은 이념이 중요한 것이 아니라 실용적 효과가 중요한 것이다.

　라모는 베이징 컨센서스의 핵심 내용을 다음의 세 가지 정리(定理)로 파악하였다.

　첫째, 최첨단 기술로 시작하여 혁신한다. 발전도상국은 첨단기술이 아닌 후진 단계의 기술로 시작해야 한다는 일반적 주장과 달리 최첨단 기술로 시작해야 한다. 이것은 중국사회가 첨단기술을 적용함으로써 부단히 혁신해 간다는 의미이다.

둘째, 지속가능성과 평등을 우선적으로 고려해야 한다. 중국 사회의 빠른 변화는 여러 사회 문제를 동반하는데 중국 발전이 가져온 여러 모순들에 대처하기 위해 지속가능성과 평등에 대한 고려는 사치가 아니라 필수이다.

셋째, 베이징 컨센서스는 국가안보를 위해 '자결'의 원칙을 포함한다. 미국이란 패권국을 움직일 지렛대를 사용해야 함을 강조하는데 이는 중국의 '화평굴기'(和平崛起) 정신에서도 나타나듯 중국의 부상이 국제정치에서 균형의 파괴자가 아니라 초강대국 미국에 대한 견제세력으로 작용해야 함을 의미한다.[88]

라모의 세 가지 정리들을 좀 더 설명하고 과연 중국의 경제발전이 그에 부합하는지 아닌지 논의해보기로 한다. 결론부터 말하면 라모의 정리는 중국의 가능성에 대해 매우 긍정적인 찬사를 보내는 편에 서있다.

첫째, '혁신'(innovation)에 대해 설명해보자. 성장을 지속하기 위해 중국은 끊임없이 '혁신'하지 않으면 안 된다. 라모는 혁신하면서 성장 하는 중국은 하이젠베르크의 불확정성의 이론에서와 같이 종래의 어떤 이론이나 개념으로 쉽게 측정하고 미래를 예단할 수 있는 것이 아니라고 한다.[89] 움직이는 입자의 위치와 운동량을 정확하게 측정할 수 없는 하이젠베르크의 양자역학에서처럼 오늘의 중국을 정확하게 분석했다고 믿는 순간 중국은 이미 앞으로 나아가 새로운 모습일 것이란 것이다. 이는 중국의 발전 잠재력에 대한 매우 긍정적인 평가이다.

첨단기술로 승부한다는 것은 중국이 지금까지의 다른 후발 성장국가들과 다른 점이다. 대개 후발국가들은 선진국에서 독점이윤 효과가 소진된 한물간 기술에 집중하는 것이 통례이다. 아시아 국가들의 경제발전을 설명하는 이론으로 '안행이론', 또는 '나는 기러기떼 모델'(flying-geese model)이란 것이 있다. 일본을 대장 기러기로 하고 그 뒤를 한국, 대만, 아세안 국가 등이 차례대로 따라서 날아가는 기러기떼 모양을 하고 있다는 것이다. 기러기 떼의 후미에 있는 국가들은 선두 국가들에서 물려받은 낡은 기술에 집중하며, 선두에서 후발국가로 단계별 기술이전의 사이클이 계속된다는 것이다. 이것은 과거 일본이 아시아의 선두주자였을 때 아시아 국가들의 발전을 설명하는 모델이었다. 중국의 경우는 이런 고전적 '나는 기러기떼 모델'의 도식을 깨뜨렸다. 중국은 후발국으로 출발했지만 첨단과 후발기술을 모두 아우르고 있으며 첨단기술 수입을 일본에만 크게 의존하지도 않았다

중국은 개혁개방 이후 중국기업과 외국기업의 합자회사를 설립하거나 글로벌 기업의 자회사를 설립하거나 하여 해외의 첨단기업들을 많이 받아들였다. 이런 합자투자의 방식에서 중국은 글로벌 마켓의 최종 조립 생산기지의 역할을 하였고 제품생산의 가치사슬에서 고부가가치영역은 해외에서 이루어진 것들이었다.[90] 중국정부는 많은 경우 기술에 앞서가는 해외기업들과 합작투자의 조건으로 기술이전을 요구하였고, 중국기업들은 이런 방식으로 시작하여 해외 기업들의 기술을 배우고 부지런히 추격하였다. 그 결과 현재 중국은 여러 분야에서 첨단기술 보유국의 수준에 올랐다. 현재 중국 유수의 대기업들은, 예컨대 화웨이, ZTE, 샤오미 같은 IT 기업들은 세계시장에서 독자적 브랜드를 구축하고 있다. 첨단기술에 부지런히 투자한 결과 오늘날 중국은 아직 노동집약적 일용품을 대

량 수출하지만, 동시에 우주선을 쏘아 올리고 5G 통신기술을 리드하며, 세계 드론 시장의 94%를 차지하는 첨단기술 보유국이기도 하다. 세계적인 과학잡지 『네이처』지의 2016년 평가에 따르면, 우수 논문을 많이 낸 대학이나 연구소들의 랭킹 1위에서 9위까지 중국의 기관들이 차지하였다. [91]라모의 첫 번째 정리는 중국 성장의 한 면을 꽤 적절히 설명한 듯하다.

베이징 컨센서스의 두 번째 정리(定理)는 지속가능성과 평등에 관한 것이다. 이것은 덩샤오핑과 장쩌민 시대의 불균등 발전 전략에서 벗어나 후진타오 시대에 제기된 '조화사회'(和諧社會) 구호에서 잘 드러났다. 지속가능한 성장을 위해서는 고속성장이 유발한 부정적 산물들을 직면하고 이를 극복하기 위한 새로운 방법을 모색해야 한다. 부정, 부패, 환경오염, 공해, 정부에 대한 불신, 실업 같은 것들이 그것이다. 이제는 흑묘든 백묘든 고양이만 잡으면 되는 것이 아니라 '투명한' 고양이, '녹색' 고양이가 필요하다는 것이다.[92] 지속가능한 성장을 위해 성장의 성과가 평등하게 나누어지는 것도 필요하다. 빈부 격차, 양극화의 심화와 같은 현상은 사회적 불만을 고조시키고 지속가능한 성장의 추진을 해치므로 이의 극복이 필요하다.

지속가능성과 평등에 관해서 중국은 현재 높은 평가를 받기 어렵다. 평등에 대해서 보면 중국정부는 빈부격차를 해소하기 위해 동부 연안지방에 우호적인 정책 대신 내륙으로의 투자를 증대시키고 서부 개발에 박차를 가해왔지만 그 효과는 충분히 나타나지 않고 격차는 여전히 엄청나다. 중국의 국내총생산(GDP)은 미국 다음 2위이지만 일인당 국내총생산(GDP per capita)은 2018년 현재 73위 근처에 머물고 있다. 경제성장과 함께 불평등 분배도 증가하여 2016년 부의 불평등을 나타내는 지니계수가 0.465를 기록하여 매우 높다. 지니계수는 보통 0부터 1사이 값을 가지는데 숫자가 커질수록 불평등 정도가 높아진다. 보통의 나라들은 대개 0.2~ 0.3대의 수치를 가지며 0.4 이상이면 분배가 상당히 불평등 것으로 간주되고, 0.5 이상은 불평등이 극심한 상태이다. 중국의 지니계수는 2003년부터 2016년까지 계속 0.45이상의 수준으로 불평등 수준이 높다.

중국발전모델의 지속가능성 여부는 중국 뿐 아니라 세계적으로 중요한 문제이다. 위에서 언급한 제임스 킨지 기자는 중국 경제가 성장을 계속하여 14억 인구가 어메리컨 스타일로 살려한다면 지구의 자원은 남아나지 못하고, 지구 환경 오염은 감당할 수 없는 수준이 될 것이라 하였다.[93] 예컨대 중국의 급증하는 콩 소비에 대응하기 위해 1분에 축구장 여섯 배 면적에 해당하는 아마존의 열대우림이 벌목되어 사라진다고 한다.[94] 중국은 세계최대의 이산화탄소 배출국으로 2010년 이후 2018년까지 거의 미국과 EU를 합친 분량만큼 이산화탄소를 배출하였다.[95] 중국이 공기 중에 전 세계 총량의 사분의 일에 해당하는 수은을 배출하고, 그것이 한국의 연안을 오염시키고 미국까지 이동한다고 한다.[96] 이와 같은 사실은 위협적이며 중국이 지금까지 서구국가들이 먼저 실행했던 자원소비형, 환경오염형 경제발전 모델을 지속하는 한, 더 이상 지구환경과 자원이 감당할 수 없다.

뿐만 아니라 중국은 앞으로 자원을 절약하고 환경을 보존할 수 있는 새로운 발전전략을 세워야 할 것이다. 근래 베이징의 공기는 마스크를 하지 않고는 숨을 쉴 수 없는 날이 자주자주 발생할 만큼 심하게 오염되었고, 중국발 미세먼지와 황사는 이웃나라 한국에까지 심각한 피해를 준다. 2014년 11월 베이징에서 열린 APEC 정상회담 기간 동안 푸른 하늘을 보기 위해 베이징 정부가 벌인 노력은 베이징 컨센서스 이면의 모순을 압축한 듯하다. 중앙정부는 톈진, 허베이성, 샨시성, 내몽골, 산둥 및 허난성 정부와 합작하여 대대적인 조사를 벌여, 10,000개의 공장에 가동 중단, 39,000개 공장에 조업시간 단축, 11,700,000대의 자동차에 통행금지를 명하고, 이를 24시간 감시했는데 연인원 434,000명의 스태프가 동원되었다 한다.[97] 그 덕에 APEC 기간 동안 푸른 하늘을 볼 수 있었는데 베이징 시민들을 이를 자조적으로 'APEC 블루'라고 불렀다.

베이징의 공기와 하늘을 사람에게 위협적이지 않은 수준으로 관리하려면 이런 임시방편이 아니라 친환경적 발전정책을 추구하는 방향으로 획기적으로 전환해야 한다. 환경보존과 자원절약형 발전을 추구하지 않으면 중국경제도 지구환경도 지속될 수 없다.

베이징 컨센서스의 세 번째 정리는 외교적 전략에 관한 것이다. 라모가 정리한 베이징 컨센서스의 외교방면 전략은 '자결'이다. 그 이유는 중국이 경제대국으로 성장하기 위해 자주적 안보가 필수조건이기 때문이다. 자주적 안보는 미국과 대등한 수준의 군사력을 확보한다는 의미가 아니라 미국의 힘을 제어할 수 있는 비대칭 억지력을 확보한다는 의미이다. 중국은 군사안보 기술개발과 중국군 현대화에서 빠른 속도로 발전하고 있지만 아직 미국에는 따라갈 수 없다. 이에 대한 중국의 전략은 비대칭 억지력 확보이다. 중국이 할 수 있는 것은 아시아와 세계에서 미국의 독주를 무력화시킬 수 있는 지렛대, 비대칭 파워를 추구한다는 것이다.[98] 중국은 미국 독주의 일극체제가 아니라 세계화되고 다층화된 세계가 중국에 더 유리한 건실한 안보환경이 된다고 생각한다. 중국이 2013년부터 추진하고 있는 '일대일로' 구상은 중앙아시아, 아프리카, 동남아 등지의 개발도상국을 중심으로 인프라 건설을 통해 중국의 파워를 확대하려는 전략으로 볼 수 있다. 중국은 일대일로 전략이 파워를 추구하려는 의

도는 아니며 세계의 개발도상국들의 발전을 위해 그들과 중국의 성과를 공유하기 위한 것이라고 한다. 그러나 이것은 서방국가들의 의혹과 경계의 시선을 완화시키려는 의도를 내포한다. 중앙아시아의 천연가스를 중국으로 끌어오는 파이프라인을 건설하고, 중동으로부터의 석유 공급로의 안전을 확보하기 위해 인도양 주변 국가 파키스탄과 스리랑카에 중국이 사용할 항만을 건설하고, 중국내륙에서 유럽도시들까지 연결되는 철도를 놓고, 아프리카에 철도와 도로를 놓고 지부티에 군사항을 건설하는 등, 세계 곳곳에서 진행되는 이런 종류의 사업들이 중국의 글로벌 파워를 확대 시키는 것과 관련이 없다고 할 수 없다. 중국의 세력이 확대되어 가는 것에 대해 미국을 비롯한 국제사회에서 경계와 의혹의 시선이 점차 더 강해지고 있다. 그러나 경계와 갈등 속에서도 중국의 영향력과 파워가 점차 확대되어 기존의 미국과 서구 주도의 질서에 변화가 생길 것은 확실하다. 그렇다면 베이징 컨센서스의 외교적 기반은 앞으로도 강화될 것으로 볼 수 있다.

라모는 그의 책 '베이징 컨센서스'에서 미국은 세간에 널리 유포된 '중국위협론'으로는 적절한 대중정책을 세울 수 없다고 한다. 중국이 취약한 분야에서 미-중 협력의 새로운 프레임워크를 짜고 협력을 통해 상호 신뢰를 구축해 가는 것이 좋을 것이라고 말한다. 그것은 지금도 여전히 타당한 말이다. 중국의 경제발전이 세계경제와 지구환경에 미치는 이익과 부작용을 모두 고려해야 할 때 미-중 협력은 필수적이다.

03
베이징 컨센서스는 지속가능한가?

베이징 컨센서스가 워싱턴 컨센서스를 대체할 새로운 발전모델로서 존재하고 지속가능할 것인가에 대해서 생각해보기로 하자. 우선 베이징 컨센서스는 성공한 국가자본주의 모델로 평가받을 수 있다. 그러나 개발도상국들에게 대안적 발전모델이 되기 위해서 아직 많은 문제점을 동반하고 있고, 그런 의미에서 베이징 컨센서스는 아직 미완성이며, 현재로서 그 지속가능성을 장담하기는 이르다. 그 이유를 좀 더 논의해보기로 한다.

1) 성공한 국가자본주의

베이징 컨센서스는 매우 성공적인 국가자본주의(state capitalism) 모델로 분류될 수 있다. 오늘날 국가자본주의는 대부분 독재적 정치와 시장경제를 혼합한 모델로 세계의 많은 나라에 확산되고 있다. 죠슈아 컬란칙(Joshua Kurlantzick)의 연구는 국가자본주의를 민주적 국가자본주의와 독재적 국가자본주의로 분류하기도 한다. 민주적 국가자본주의의 예로는 가장 민주적인 노르웨이와 중간쯤인 싱가폴, 말레이시아, 인도네시아 같은 나라들이다.[99] 그러나 사실상 노르웨이는 예외적이며, 거의 대부분의 국가자본주의 나라들에는 독재적 요소가 다분히, 또는 전적으로 존재하는 것이 사실이다. 비즈니스에 있어서는 국제 첨단인 싱가폴조차도 정치에 있어서는 사실 리콴유가 만든 인민행동당(People's Action Party)과 리콴유 부자의 권력 독점 체제로 이어져 왔다 해도 과언이 아니다. 정치 체제에 초점을 맞춘다면 노르웨이는 국가자본주의로서는 아주 예외적인 경우로 보아야 할 것이다.

국가자본주의 모델은 중국, 러시아 뿐 아니라 사우디아라비아 같은 중동의 산유국, 남미의 산유국 베네주엘라, 기타 아프리카의 천연자원 수출국 등 비서구 지역의 개발도상국에서 찾아볼 수 있다. 국가가 전반적인 경제기획과 시장의 지도역할을 할 뿐 아니라 다수의 거대 국유기업에 대한 소유와 경영을 통해 시장에 직접 참여한다. 석유와 천연가스 같은 에너지, 천연자원, 통신 등의 국가 기간산업과 전략산업 영역에서 독과점적 지위를 가진 거대 국유기업들, 대형 은행 및 국부펀드들이 국가가 소유하고 경영하는 기업체들이다. 이들은 국가가 자본을 투자하여 시장에서 민간 기업들보다 월등한 지위에서 특권을 누리고 정권의 비호를 받으며 공생한다. 예컨대 러시아의 가즈프롬(Gazprom), 중국의 중국석유화공집단(SINOPEC), 중국석유천연가스공사(Petro China), 사우디의 아람코(Saudi Aramco), 브라질의 페트로브라스(Petrobras), 말레이시아의 페트로나스(Petronas), 이란의 국립이란석유(National Iranian Co.), 베네주엘라의 베네주엘라 석유(Venezuela's Petrolos de Venezuela) 등은 석유 및 천연가스 개발과 수출로 세계시장에서 유명한 거대 국유회사들이다. 그 외 천연자원의 예를 들면, 브라질의 우라늄광산, 앙골라의 다이아먼드 광산, 모로코의 인산염 생산, 카자흐스탄의 우라늄 광산 등과 같은 것들도

국유회사들이 독점하고 있다.[100]

국유기업들은 단순히 이윤창출을 목적으로 하는 민간기업과 달리 이윤창출로 정권의 정치적 목적에 봉사하는 것이 더 중요하다. 통치엘리트와 기업경영자는 긴밀히 정치적으로 연계되어 투자와 경영에 결정적 역할을 한다. 이안 브레머는 국가자본주의의 궁극적 목적은 시장경제의 발전 그 자체에 머무르는 것이 아니라 정치체제의 유지라고 주장한다. 부정하기 어려운 것이 사실 대부분의 국가자본주의 국가들은 권위주의 정부와 일당지배 체제를 가진 나라들이다.[101] 서구의 관점에서는 시장경제는 민주주의와 한 쌍을 이루는 것이 타당하다. 그러나, 거의 대부분의 경우 국가자본주의는 권위주의와 시장경제의 결합이며, 권위주의 정치 체제가 존재기반을 강화하기 위해 시장경제를 이용하는 것으로 보이는 것이다. 이런 의미에서 국가자본주의는 자유주의 세계질서에 새로운 도전과 위협으로 부상하고 있다고 서구의 여러 전문가들이 우려하며 지적하고 있다.[102]

자유시장경제와 민주주의체제의 국가에서도 필요에 따라 국유기업이 존재한다. 전기, 철도, 도로 등과 같은 인프라 분야 국유기업들은 소비자와 민간기업들을 보조하는 역할을 하며, 시장경제의 활성화를 위해 존재하지 특정 정권 유지를 위해 존재하지 않는다. 노르웨이의 석유천연가스 회사 스타토일(Statoil) 같은 예를 보자. 국내 최대의 회사이며 세계 유수 에너지 회사이지만, 그 경영의 투명성과 책임성 면에서 특정 정치권력이 아닌 국가와 국민의 이익에 봉사한다.

컬란칙(Kurlantzick)은 오늘날의 국가자본주의는 세계시장의 경쟁력을 가진 거대국유기업과 권위주의 정치체제가 결합하여 과거의 어떤 권위주의적 발전모델보다 강력하고 지속가능한 모델이 될 수도 있다고 한다.[103] 오늘날 많은 중동과 남미, 아프리카의 자원부국 또는 자원수출국의 권위주의 정부들이 국가자본주의에 매료되고 있다. 이들 권위주의 정부들은 경제발전을 통해 국민의 생활수준을 향상시키는 대신 권위주의 정권을 유지할 수 있기 때문이다. 경제발전을 통해 개인의 소비수준을 높이고 사적인 활동의 자유를 확대하는 대신, 정치에 개입하고 정부를 비판하는 것은 용납하지 않겠다는 정치적 거래를 강요할 수 있다.[104]

이들에게 중국모델은 매우 성공적인 국가자본주의 모델이며 모방하고 싶은 전략이다. 중국 국가자본주의의 성공은 눈부시다. 중국의 국유기업들은 '포츈'지가 2018년 발표한 세계 500대 기업 중 111개가 이름을 올릴 정도로 커졌고 세계시장에서 위용을 드러낸다.[105] 중국의 거대 국유기업들은 석유화학, 통신, 항공 및 운수, 철강, 군수, 자동차 등 중화학 공업 분야에 포진해있다. 중국의 대형 국유은행들은 세계금융계에서 자산규모로 수위를 차지하고 있다. 영국 금융전문잡지 '더 뱅커'(The Banker) 지의 발표에 따르면 2017년 세계 대형은행들의 자산규모를 비교한 결과 중국공상은행, 중국건설은행, 중국은행, 중국농업은행이 1, 2, 3, 4위를 각각 차지하였다. 중국 국유기업과 은행들은 서구의 거대 초국적 기업들과 경쟁하며 그들을 밀어내고 있다.

경제규모에 있어서 뿐 아니라 그 활동의 지리적 영역에서 중국 기업들은 서구기업들이 미치지 않은 곳에 확산하고 있다. 중국의 기업과 은행들은 중앙아시아와 아프리카, 남미 등지의 개발도상국에 자원구득과 현지 인프라 개발을 위해 많은 투자를 하고 있다. 중국 정부는 중국기업들이 이들 지역에 적극 투자하도록 권유하고 서방국가들이 인권유린 정부로 비난하는 국가와도 거래하였다. 예컨대, 2002년 앙골라의 부패한 정권에 중국의 수출입은행은 IMF보다 좋은 조건으로 대부해 주는 조건으로 대중국 원유수출을 얻어냈으며, 2005년 카자흐스탄과 우즈베키스탄의 가스관 건설에 투자하였으며, 캄보디아의 훈센 독재정부에 경제 원조를 하였고, 민간인을 학살한 수단 독재정부, 짐바브웨의 독재정부와도 경제거래를 하였다.[106] 서방국가들로부터 독재국으로 지탄받고 경제제재를 받는 국가들에게 빠짐없이 중국의 투자와 원조의 손길이 확대되었다.

인권개선이나 정치적 민주주의 없이도 경제적으로 부흥할 수 있다는 메시지를 이들 개발도상국 정부들은 읽어낼 것이며 중국식 모델이 그들이 따라야 할 귀감으로 확산될지도 모른다. 최근 국가자본주의가 글로벌 경제에 더욱 확산되고 있는 추세이다.

이런 관점에서 중국모델은 성공적인 국가자본주의 모델의 귀감으로 인정되며, 워싱턴 컨센서스를 대체할 발전모델로서 '베이징 컨센서스'는 존재한다고 볼 수도 있다. 중국이 매우 성공적인 국가자본주의 모델로 불릴 수 있는 것은 다른 독재 개도국과 달리 중국 공산당 정부의 리더십이 지금까지는 꽤 훌륭한 평가를 받을 수 있다는 의미이기도 하다.

모든 개발도상국의 과제인 빈곤퇴치의 단순 기록 면에서 보아도 중국의 성과는 경탄할 만하다. 70년대 말 중국의 개혁개방이 시작되었을 때 유엔이 정한 극빈층의 기준인 하루 1달러 미만의 생활비로 살아가는 절대빈곤층이 중국인구의 80퍼센트였다. 그런데 30여년 후 그 비율은 12퍼센트로 드라마틱하게 감소했다.[107] 빈곤퇴치에 있어서 역사상 가장 빠르고 대단한 기록이다. 유엔개발계획(UNDP)의 2015년 추산에 따르면 중국이 세계 빈곤퇴치 사업에 기여한 비중은 76%에 이른다. [108]

중국 공산당은 중국발전을 리드하는 선도적 역할을 하며 경제와 정치 변화의 핵심에 서 있어왔다. 덩샤오핑의 개혁개방 이래 중국 공산당은 점진적인 개혁을 이루어왔다. 마오쩌둥 시대의 제도화의 결핍과 자의적 권위에 대한 견제력의 부재를 넘어 리더십의 제도화를 추진하였다. 최고 지도자의 임기와 은퇴연령을 규정하고, 당내 민주화를 위해 정책결정 과정에서 집단 리더십과 규범적 규칙의 정립을 추진하여 비공식적, 자의적 권력행사의 소지를 과거보다 많이 줄였다.[109] 그러나 중국은 중국식의 개혁을 할 뿐 서구의 기준과는 다르다. 중국식의 정치개혁이 서구의 자유주의적 다원주의로 변화하는 일은 없을 것이라고 공산당 정치국원 우방궈가 전국인민대표대회 상임위원장으로서 말한 바도 있다.[110] 중국 정부는 공산당원의 수를 파격적으로 확대하고 지방분권화 확대와 지배체제의 규칙 정비 등을 통해 중국식 정치개혁을 이루어 왔다. 그러나 서구의 자유주의와 다당제, 삼권분립 같은 것을 모방하지 않는다는데 중국 정치엘리트들의 합의가 존재한다.

중국의 점진적 정치변화가 경제의 발전과 어떤 조화를 이룰 수 있을지는 중국이 시행할 거대한 역사적 실험이다. 현재 중국정부는 공산당 지배체제와 시장경제가 조합된 국가자본주의 모델을 유지, 발전시켜 나가는 것을 기본 방향으로 삼고 있다. 중국의 투자를 유치하고 경제거래를 하는 세계의 많은 개발도상국들에게 중국모델의 성공은 그들이 모방할 발전전략으로 받아들여질 것이다. 그런 의미에서 보면, 서구의 자유시장과 민주주의체제와는 구별되는 새로운 국가자본주의 모델로서, 베이징 컨센서스는 존재한다고 주장할 수도 있다.

2) 모방가능한가?

베이징 컨센서스가 대안적 발전이론으로 존재하려면 다른 개발도상국들이 모방할 수 있어야 한다. 중국이 가진 특수한 조건이 여타 국가들에게도 적용될 수 있을까. 중국은 다른 발전도상국들과 비교해 부존자원과 노동력, 그리고 시장의 규모에서 막대한 가능성을 가졌다. 이런 조건들로 인해 개혁개방 이후 중국은 발전도상국 중 최대의 해외투자가 모여들게 되었고, 막대한 외국인 직접투자는 중국의 수출산업을 일으키는데 핵심적 역할을 하였다.[111] 해외 자본과 기업이 중국의 수출산업에 선두주자의 역할을 하였고, 중국의 거대한 저임노동력이 세계의 공장(global workshop)으로 등장하는데 필수적이었다. 동남아나 아프리카, 남미의 어떤 발전도상 국가들도 중국과 같은 규모의 자원과 시장 잠재력 그리고 경제성장의 의지를 가진 정부, 이 모든 것을 동시에 갖춘 나라는 없다고 해도 과히 틀린 말이 아니다.

자원과 잠재적 시장 규모보다 더 중요한 것은 경제발전의 의지를 가지고 잘 정비된 관료제 조직을 가진 유능한 정부가 필요하다는 것이다. 장하준 교수는 '나쁜 사마리아인'에서 발전도상국들이 경제개발을 시작할 때 국가주도 발전모델이 유효함을 역설한다. 국가주도 발전모델은 독일 근대국가로부터 시작하여 아시아의 발전주의 국가, 동아시아 모델의 국가들까지 아우를 수 있으며 후발 국가들의 성공 방식이었다. 그런데 문제는 개발도상국들이 다 이런 유능한 정부를 가진 것이 아니라는데 있다. 개발도상국의 정부들 중 부패하거나 유능하지 못한 경우가 허다하다.

동아시아의 중앙집권적 국가주의 전통을 가진 국가들이 하나같이 경제성장에 성공한 것은 우연이 아닐 것이다. 물론 동아시아 모델이 성공할 수 있었던 것은 냉전과 GATT체제라는 국제체제의 환경이 있었기에 가능했다. 사회주의와의 대결에서 미국의 동맹국인 자유주의 진영을 지키려는 미국의 전략적 의도와 정책이 동아시아의 경제발전에 중요한 배경적 조건이었다. 그러나 여기에 더해 이들의 국가주의 전통도 중요한 역할을 하였다. 신중상주의의 선두주자 일본이나 '용'들(한국, 대만, 싱가폴, 홍콩)은 모두 중앙집권적 국가주의의 전통을 가졌다. 일본은 19세기 후반 명치유신 이후부터 강한 중앙집권적 국가 주도로 근대화를 이룩하였고 나머지 동아시아 국가들도 관료제와 국가주의의 전통을 가진 나라들이다. 싱가폴은 다민족 도시국가이지만 싱가폴의 국부라 할 수 있는 리콴유의 선조가 중국 본토 출신이며 리콴유는 영국식 비즈니스 마인드와 중국의 전통을 결합하여 싱가폴 특유의 유능한 국가시스템을 이 도시에 건설했다. 중국의 발전 모델은 마틴 자크도 그의 저서 〈중국이 세계를 지배하면〉에서 파악하였듯이 중국역사의 관료제 국가의 전통에 뿌리가 닿아있다고 본다. [112]

아시아의 국가들은 대부분 권위주의 정치체제와 시장경제가 결합한 형태로 국가주도의 발전에 성공하였다. 고속 성장기에는 민주주의가 유보되었고 때로 가공할 정치적 탄압을 자행하기도 하지만 경제적 성취로 이를 보상하였다. 중국도 이런 부류에서 예외가 아니다. 중국 공산당 정부의 권위주의 통치는 개혁개방 이후 이데올로기의 힘에 의해서 만이 아니라 높은 경제적 성과에 의해 정당화되어 왔다. 이런 점에서 중국모델은 동아시아모델과 공통점을 지닌다.

이에 비해 많은 다른 개발도상국들의 경우 권위주의이면서 유능하지 못한, 그리고 부패한 정부를 가진 경우가 허다하다. 중국과 동아시아모델이 가진 국가주의와 관료제의 전통을 갖지 못했다. 그런 많은 나라들이 중국모델을 모방하기는 쉽지 않다. 이 점은 배리 노튼(Barry Naughton)의 중국 발전에 대한 분석에서도 찾아볼 수 있다. 그는 중국모델이 성공한데는 중국의 고유한 제도적 특징과 정책이 작동하였다고 한다.[113] 예컨대, 중국정부는 국유기업과 민영기업을 혼합운영하면서 국유기업이 선제적 지위에서 활동하여 민영기업의 성장에 도움이 되게 했다는 것이다. 국유기업 간에 일정한 경쟁요소를 도입하고 그들의 과점적 지위에서 나온 높은 이윤을 시장에 재투자하게 하였다. 국유기업의 인프라 투자를 통해 민영기업에게 혜택을 주어 시장의 성장 견인에 중요한 역할을 하였다. 그리고 공산당 정부의 위계조직을 통하여 국유기업 경영자의 실적을 효과적으로 감시·감독 하였다는 것이다. 요약하면, 중국 정부가 국유기업의 경영과 감시에 있어 유능하였고 시장의 성장을 성공적으로 견인했다는 것이다. 개발도상국들이 중국의 이런 제도적 특징과 정책적 경험을 답습할 수 있을지는 확신하기 어렵다.

3) 민주주의 결핍의 베이징 컨센서스

베이징 컨센서스가 발전모델로서의 보편성을 획득하려면 그것이 추구하는 가치가 무엇인가에 대한 공감대가 형성되어야 할 것이다. 워싱턴 컨센서스는 개발도상국들의 보편적 공감과 지지를 받지 못했다. 자본주의 4.0은 실패한 신자유주의를 떠나 자유주의를 다시 재건하는 것으로 볼 수도 있다. 자본주의 4.0이 말하는 정부의 시장에 대한 적절한 개입과 시장의 자유 등은 스미스(Adam Smith)와 밀(J.S. Mill)의 고전적 자유주의에서 신고전파 경제학에 이르기까지 자유주의 경제학의 유산을 배경으로 한다. 자유주의 정치경제학은 자유주의라는 커다란 정치사상적 뿌리에 닿아 있으며, 자유주의는 잘했든 못했든 자유와 인권의 가치가 저변에 놓여있다. 자유와 인권의 가치는 민주주의 정치제도를 발전시킨 사상적 원동력이다. 따라서 자유주의 시장경제와 민주주의는 짝을 이루어 발전해 온 것이 서구역사의 자연스런 흐름이었다.

이에 비해 중국은 정치적 사회주의를 유지한 채 자본주의 시장경제를 받아들였다. 베이징 컨센서스는 이념적 실용성을 중시한다. 자본주의냐 사회주의냐의 이념이 중요한 것이 아니라 경제성장을 달성할 수 있느냐, 14억 인구를 빈곤에서 탈출하게 할 수 있느냐의 실용적 효용이 중요하였다. 사회주의 정치체제와 자본주의 경제의 조합이란 중국의 특이한 실험은 지금까지 매우 성공적이었다. 그러나 이것이 언제까지 지속될 것인지는 다시 생각해볼 문제이다.

칼레츠키는 자본주의 3, 즉 신자유주의 모델이 실패했지만 민주주의의 유연함과 탄력성이 서구의 시장경제를 회생시키고 자본주의 4.0 이후의 시대가 열릴 것이라 주장한다. 자유주의에 기초한 민주주의와 시장경제가 가진 본원적 생명력은 경쟁과 창의력이다. 이것이 발휘될 수 있다면 시장경제를 한 단계 높은 차원으로 발전시킬 것이란 주장이다.

중국모델은 어떨 것인가. 중국 모델은 지금까지는 매우 효율적으로 작동하였지만 미래에도 그럴 것이라고 낙관할 수 없는 이유가 있다. 권력의 독점으로 인한 비효율과 부패의 문제에서 자유롭지 못하기 때문이다.

먼저 비효율의 문제를 보면, 중국 정부는 동아시아모델 국가들보다 훨씬 더 직접적으로 경제활동에 참여하였다. 많은 거대 국유기업들을 통해 직접 경제의 주체로 활동하였다. 그 결과 국유기업들이 안고 있는 과잉투자와 부실 문제는 중국 경제의 골칫거리가 되었다. 중국의 국유기업들은 부실경영과 고부채의 고질적 문제를 안고 있고 국유은행들과 지방공사들은 부실채권의 위험에 노출되어 있다. 이렇게 되기까지 부동산 경기 과열도 한 몫 하였다. 지방정부가 수입원으로서 부동산 건설에 나섰던 것이 과열되어 부동산 가격을 상승시키고 서민 경제를 압박하였다. 경제의 저성장 국면이 계속되면 누적된 과잉투자와 금융부실이 언젠가 한꺼번에 문제

로 터질 수 있다는 진단이 심심찮게 나온다.[114]

경제적 문제를 악화시킨 것은 관료의 부정부패이다. 거대 국유기업과 공산당 간부들을 중심으로 권력의 부정부패가 심화되었다. 시진핑은 집권 후 부패와의 전쟁을 선언하고 대표적인 부패 관료들을 대대적으로 숙청하기도 했다. 그러나 공산당이 권력을 독점하고 시장을 지배하며 거대 국유기업을 통해 권력을 행사하는 한 근원적으로 부패 문제를 해결할 수 있을까 의문이다. 민주주의 수준이 높은 국가는 부패와 독점에 대한 감시와 견제의 기능이 제도적으로 작동한다. 이에 비해 권력이 한 곳에 독점되어 있는 곳에서는 시민사회의 감시와 견제가 제한적이고 잘 작동하지 않는다.

지금까지의 중국 모델이 안고 있는 비효율과 부패의 문제는 공산당 정부가 권력을 독점하고 있는 한 근원적으로 해결하기 힘들 것이다. 중국 공산당 정부는 지금까지는 상당히 효과적이고 유능하였지만 앞으로도 그럴 것이라 낙관하기 어렵다. 지속적 발전을 위해서는 권력의 분산과 민간의 자율성을 증대시키는 방향으로 전환해 가는 것이 순리일 듯 하다.

국내소비시장이 발달하면 개인과 민간기업이 창의력을 발휘하고 자유롭게 경제활동을 하려는 요구가 증가한다. 이에 대응하여 성숙한 시장경제가 발전하려면 공산당 간부와의 '꽌시'(關係)가 아니라 이해 당사자 간의 자유롭고 합법적인 계약으로 경제활동이 이루어지도록 법과 제도가 더욱 발전해야 한다. 동아시아모델 국가들의 경험으로 보면 시장경제가 성숙단계에 이르러서 국가는 전반적인 규칙과 제도를 만드는 일에 더욱 주력해야 한다. 정부는 시장의 규칙과 제도를 정비하고 시민사회와 시장의 다양한 주체들이 서로 자유롭고 공정하게 경쟁할 수 있는 체제를 만들어야 한다. 중국의 다음 단계 성장을 위해서 민간영역의 확대와 개인의 자유와 공정경쟁, 그리고 법치의 확대와 정착화가 필수적이다.

시장에서의 공정경쟁과 개인의 창의력이 만개할 수 있는 사회와 경제 시스템의 구축은 권력이 민간으로 더욱 분산화, 분권화 되어야 함을 의미한다. 베이징 컨센서스가 좀 더 권력이 분산되고 민주주의가 도입된 베이징 컨센서스 2.0이 되어야 할지도 모른다는 것이다. 중국이 좀 더 자유롭고 분권화된 사회로 전환할 수 있을까에 많은 이들이 회의적이다. 그런 점에서 어떤 이들은 심지어 중국과 인도를 비교하여 향후 인도의 우세를 전망하기도 한다. 지금까지는 중국의 성과가 우세하지만 향후에는 민주주의 제도가 시행되는 인도가 중국을 앞설 것이란 전망을 하는 것이다.[115] 인도의 교육받은 노동력이 민주주의 제도라는 인프라 안에서 자유롭게 힘을 발휘할 때 시장경제가 중국보다 더 잘 발전할 수 있으리란 것이다.

중국식 모델과 인도식 모델의 비교 결과가 어떻게 판가름 날지 좀 더 두고 보아야 할 일이지만 성숙하고 발전된 시장경제는 민주주의가 보장하는 자유와 법치, 공정경쟁의 토양 위에서 잘 자란다. 중국이 이 단계로 어떻게 진화해 갈 수 있을지에 앞으로 중국 경제와 사회의 지속적 발전이 달려있다 해도 과언이 아닐 것이다. 이런 점에서 볼 때 베이징 컨센서스는 앞에서 지적했듯이 아직 미완의 숙제로 남는다. 중국은 사회주의와 시장경제를 접목하는 거대하고 새로운 실험에 상당히 성공하였다. 이제부터 권력의 분산과 자유의 확대 및 법치의 문화를 육성하는 실험에 도전할 시간이 올 것이다. 그리고 이제부터의 실험은 지금까지보다 어려운 과제일지도 모른다.

4) 미완의 베이징 컨센서스

중국이 서구의 민주주의를 그대로 수용하지 않는다 하더라도 세계인이 공감할 수 있는 중국의 가치는 무엇인가는 답할 수 있어야 한다. 민주주의에 관해 서구에 비견할 수 있는 중국적 가치체계의 정립과 그에 기초한 정치제도화가 이루어져야 베이징 컨센서스가 그 이름에 합당한 지위를 획득하고 지속가능할 것이다.

중국을 포함하여 동아시아는 대체로 민주주의에 관해 취약한 편에 속한다. 동아시아는 민주주의를 유보하고 경제성장에 매진한 결과 세계가 놀랄만한 성장은 이루었지만 정치적으로 그에 걸맞은 지위에는 오르지 못하고 있다. 놀라운 학습능력으로 경제성장은 이룰 수 있었지만 정치적으로는 세계 보편의 기준을 제시하지 못하는 서구의 추수(追隨)자의 위치에 머무르고 있다.

아시아 외환위기 당시 IMF의 경제식민지 상태에서 치욕과 분노에 젖은 아시아인들은 '아시아적 가치' 논쟁을 벌였다. 당시 IMF로 대표되는 서구는 아시아의 취약한 민주주의 제도와 정경유착이 외환위기를 불러온 주범이라고 준엄하게 아시아인들을 꾸짖었다. 이에 대해 아시아적 가치 논쟁의 핵심은 서구의 가치기준으로 아시아를 재단하여 비판하지 말라는 것이었다.

당시 주목을 끌었던 대조적 두 가지 입장이 있었는데, 한국의 김대중 대통령은 아시아에서 보편적 민주주의의 가능성을 주장한데 비해, 싱가폴의 리콴유 총리는 아시아적 가치를 주장하였다. 서구와 다른 아시아의 문화와 역사에서 나온 아시아적 가치란 무엇인가? 리콴유가 옹호한 아시아적 가치는 실체가 다소 모호하였다. 예컨대 유교나 충효사상과 같은 것들이 언급되었으나 그것은 아시아의 문화적 특수성일지언정 투명하고 자유로운 시장경제를 위한 가치는 아니다. 따라서 세계적인 보편적 공감대를 얻기도 힘들다. 권위주의와 봉건적 잔재를 엄호하는 것이 아시아적 가치일 수는 없다.

관료의 부정부패가 심하고 가난하던 싱가폴을 세계 수위의 청렴한 정부와 서구 선진국 수준의 국민소득을 가진 경제로 끌어올린 리콴유의 리더십은 탁월하다.[116] 중국의 지도자들이 싱가폴식 일당 지배 하의 경제성공 모델에 매료되어 싱가폴 모델을 많이 연구하였다.[117] 그러나 중국이 싱가폴 같이 될 수 있을까? 싱가폴 같은 작은 도시국가는 한 탁월한 지도자에 의해 부패를 일소하고 효율적인 시장경제를 일구어 낼 수 있었다. 그러나 14억 인구를 가진 중국은 한 지도자나 정당에 의해 그렇게 되기 힘들다. 권력의 분산과 정치적 민주화, 권력에 대한 감시감독이 가능한 자유로운 시민사회가 발전해야 싱가폴 같은 투명하고 효율적인 국가 시스템을 만들 수 있다. 도시국가 싱가폴과 G2의 반열에 오른 거대한 국가 중국이 같을 수는 없다.

중국모델이 진정한 베이징 컨센서스란 이름에 합당하려면 중국이 지향하는 발전의 궁극적 목표와 가치는 무엇인가에 답할 수 있어야 한다. 인도태생 노벨 경제학자 아마티야 센은 '자유로서의 발전'을 주장하였다. 경제발전의 궁극적 목표가 인간을 자유롭게 하는 것이라고 센은 보았다. 가난과 저발전 속에서는 개인의 천부적 권리인 자유가 보장될 수 없기 때문이다.[118]

자유란 무엇일까. 프랭클린 D. 루즈벨트에 따르면 언론과 의사표현의 자유, 신앙의 자유, 결핍으로부터의 자유, 공포로부터의 자유를 포함한다. 지금의 중국에는 결핍으로부터의 자유는 상당수의 인구에게 실현되었고 외부의 침략으로부터 안전할 자유도 확보되었다. 그러나 나머지 부분은 어떤가. 중국의 경제발전이 더욱 진전되었을 때 나머지 부분에서의 자유가 얼마만큼 실현될 수 있을까.

베이징 컨센서스가 추구하는 목표가 무엇인가. 서구식 민주주의가 아니라면 중국식의 인권과 민주주의는 어떤 것이며 어떻게 세계 보편적 울림을 가질 수 있을 것인가. 권력의 분산과 민주주의가 발전하지 않고도 자유와 창의를 원동력으로 하는 시장경제의 발전이 지속될 수 있을까? 시민사회의 감시감독이 제한적인 체제에서 부정부패가 근본적으로 뿌리 뽑힐 수 있을까? 현재로서 이런 물음에 긍정적인 답을 할 수 없다. 따라서 베이징 컨센서스는 아직 미완이며, 그 완성의 가능성은 아직 알 수 없다.

III. 비판과 전망

5장
베이징 컨센서스와 신실크로드

1. 신실크로드 구상의 목적
2. 험난한 실크로드
3. 신실크로드와 베이징 컨센서스

01 신실크로드 구상의 목적

1) 신실크로드 서밋과 포스트 브레튼우즈

2017년 5월 14일, 국제협력을 위한 일대일로(一帶一路)포럼, 즉 신실크로드 서밋(summit)이 베이징에서 개최되었다. 세계 130개국 대표와 29개국 정상이 아시아, 아프리카, 유럽 등지에서 참석하였다. 2008년 베이징 올림픽 이후 베이징이 다시 대대적으로 전 세계의 이목을 집중시켰다.

개회식에서 시진핑은 실크로드가 2000년 전 아시아와 유럽을 연결하였으며 상품과 아이디어의 교류를 통해 고대제국이 번성하였듯이 개방과 교류를 통해 민족과 문명이 번성한다는 인상적인 연설을 하였다. 폐막식에서도 그는 일대일로 구상을 통해 글로벌 경제성장의 동력을 제공하고, 발전의 새로운 플랫폼을 건설하며, 세계화의 재균형을 통해 인류가 공동운명체로 더 가까이 다가오게 되기를 희망한다고 뜻깊은 연설을 하였다. 이 포럼에서 시진핑은 1240억 달러를 신실크로드 구상을 위해 투자 하겠다고도 하였다.[119]

시진핑의 이런 선언은 미국의 트럼프 대통령이 '미국 우선'을 외치며 환태평양경제동반자협정(TPP) 탈퇴를 선언하고 대미 무역 흑자국들을 비난하는 것과 매우 대조적으로 비쳤다. 중국은 신실크로드 구상을 통해 개발도상국들에게 새로운 발전전략의 프레임을 제시하고 세계정치경제의 지도를 새로 그리는 나라로 자리매김하려는 듯 보였다. 서구의 비평가들은 세계정치경제의 무게중심이 대서양으로부터 중국을 중심으로 한 유라시아 대륙으로 이동하였고, 포스트 브레튼우즈(Post-Bretton Woods) 체제가 시작되었다고 말하였다. 그리고 포스트 브레튼우즈 체제의 성공을 위해 미국과 서구는 중국과 협치하여 공존해야 한다고 주장하기도 하였다.[120]

브레튼우즈 체제는 2차대전 후 서유럽과 아시아가 폐허가 된 가운데 세계 최강의 경제적, 군사적 실력을 보유한 미국이 주도하여 건설한 자유주의 국제정치경제 체제이다. 자유무역의 규칙과 제도, 국제 통화금융 시스템, 그리고 이를 유지하기 위한 세계은행(World Bank), 국제통화기금(IMF), GATT같은 국제기구로 구성되어 있다. 브레튼우즈 회의에 참석한 영국 대표 케인즈 경은 전후 세계 정치경제 질서 수립을 위한 대안을 제시했지만, 미국 대표인 화이트(Harry Dexter White)는 그를 묵살하였고 브레튼우즈 체제의 질서는 미국이 주도하는 대로 만들어졌다. 영국의 해는 이미 기울었고, 미국은 새로 떠오른 해였다.

전후 세계경제의 발전을 견인한 브레튼우즈 체제는 1970년대에 그 원형이 붕괴되었다. 그러나 미국의 중심적 역할은 여전히 유지되었고 브레튼우즈 체제의 국제기구들도 여전히 존재한다. 세계 금융위기 이후 미국의 경제적 위상이 더욱 하락하고 중국이 부상하는 것을 보면서 많은 이들이 영국과 미국의 세력교체기 역사의 경험을 떠올렸다. 이제 중국이 중심의 위치에 자리한 포스트 브레튼우즈 시스템이 등장할 것을 전망하며 미국과 서구의 적절한 대응이 시급하다는 것을 알리고 싶었을 것이다.

그러나 중국 중심의 포스트 브레튼우즈 체제가 어떤 모습일까를 벌써 전망하는 것은 성급하다. 중국의 영향력과 지분이 상당히 확대된 새로운 체제가 될 것이지만 미국과 중국의 경쟁과 협력관계가 어떻게 전개되는가에 따라 구체적 모습이 형성될 것이다.

중국 정부가 무엇이라 하든 신실크로드 구상의 중요한 목적의 하나는 중국의 세계적 영향력을 확장시키기 위한 것이다. 신실크로드 구상과 함께 중국식 발전모델을 아시아의 이웃국가들을 비롯하여 실크로드가 지나는 곳에 확산하려는 의도가 엿보인다. 중국은 개방과 개혁(opening and reform)을 통해 경제성장을 달성한 중국식 발전모델을 성공적인 것으로 자부한다. 그리고 개방과 개혁의 발전모델인 '베이징 컨센서스'가 일대일로(一帶一路) 구상을 통해 개발도상국들에게 전해져서 그들에게 발전의 기회를 제공할 수 있다고 생각한다.[121] 베이징 컨센서스와 일대일로 구상을 별개의 것으로 볼 수 없다. 일대일로 구상은 베이징 컨센서스의 발전 연장선 상에서 나온 것으로 볼 수 있다.

'베이징 컨센서스'가 처음 주목을 받기 시작할 때 서구의 전문가들은 적잖이 경계와 우려의 시선을 보냈다. 일대일로 구상(Belt and Road Initiative)에 대해서는 더욱 경계와 비판의 반응을 보였다. 중국식 모델 '베이징 컨센서스'가 신실크로드를 타고 세계의 개발도상국으로 전파될 것인가? 일대일로 구상에 대해 많은 서구 전문가들이 우려하는 것 중의 하나가 이것이다. 일대일로 구상의 내용과 그것을 통해 중국이 추구하는 목적이 무엇일까 좀 더 구체적으로 분석해보고, 베이징 컨센서스와 일대일로의 전망에 대해 논해볼 필요가 있다. 우선 일대일로의 내용과 중국의 목적을 분석해보자.

신실크로드 구상은 일대일로(一帶一路) 구상이라고도 부르며 영어 명칭은 'Belt and Road Initiative' 또는 'One Belt, One Road'이다. 일대일로 구상은 철도, 도로, 항만, 발전소, 송유관, 가스전, 통신망 등 대규모 인프라를 건설하여 유라시아와 아프리카까지 잇는 경제권을 형성하고 이 지역의 경제발전을 도모하며 그 중심에 중국이 위치하는 전략이다. 육상 경제실크로드는 중국에서 중앙아시아를 지나 모스크바를 거쳐 유럽까지 철로로 연결된다. '21세기 해상 실크로드'는 인도네시아, 싱가포르 등 동남아와 스리랑카, 몰디브 등 인도양을 거쳐 아프리카와 지중해를 지나 유럽에 이르는 해상 교역로를 구상하자는 구상이다(그림 5-1). 이는 그 규모로 보면, 65개 국가를 포함하며 세계 인구의 70퍼센트, 세계 에너지 자원의 75퍼센트, 세계 재화와 서비스 생산의 25 퍼센트를 포함하는 장대한 스케일이다.[122] 이 광대한 지역에 중국이 주도하여 인프라를 건설하고 시장을 연결한다는 것이다.

〈그림 5-1〉 중국의 신실크로드, 일대일로(One Belt, One Road)

일대일로 구상의 목적이 기본적으로는 중국의 이익을 위한 것이라 할지라도 그에 포함된 중앙아시아와 아프리카 등지의 국가들에게 이 전략은 새로운 발전의 기회를 의미한다. 중앙아시아, 아프리카, 동남아의 여러 국가들은 낙후된 오지로 인프라가 빈약하고 국제경제기구나 투자은행의 큰손들의 혜택을 많이 받지 못하였다. 중국이 이 지역의 대규모 인프라 건설에 투자하고 개발한다는 것은 이 지역 국가들에게 오랜 가뭄에 단비와 같다. 세계시장에 연결되고 경제발전의 기회가 생기는 것이다.

예를 들어 보면, 〈그림 5-1〉에서 보이는 중국과 카자흐스탄 국경 지역에 위치한 소도시 호르고스(Khorgos) 의 경우를 보자. 이곳은 고대 실크로드의 경유지였고, 고대 그리스의 역사학자 헤로도토스가 사자 몸통에 독수리의 머리와 날개를 가진 괴물이 황금보물을 지키고 있는 곳이며 '북풍이 시작되는 곳'이라 기록하였던 곳이다. 이곳은 타클라마칸 사막의 가장자리에 자리 잡고 있으며 지구상의 어느 대양에서부터도 가장 먼 지점, 외진 벽촌이었다. 얼마 전까지 라벤더가 우거진 한가한 시골이었던 이곳이 지금은 유라시아의 동서를 연결하는 교통과 물류의 요충지로 세계의 주목을 받으며 거듭나고 있다.[123] 중국이 철의 실크로드의 거점지역으로 삼아 호르고스를 물류, 에너지의 허브로 재개발하고 있다. 중앙아시아의 천연가스를 수송하는 파이프라인을 건설하고, 아시아와 유럽을 연결하는 철도가 지나가며 고속도로도 뚫었다. 이 철도를 통해 중국의 공산품들이 러시아를 거쳐 독일 동부 지역 뒤스부르크까지 수송되고 있다. 중국 정부는 2012년에 호르고스에 자유무역지대를 설립해 2014년 당시까지 200억위안(약 21조7000억원)을 투자하였다.[124] 중국의 투자가 중앙아시아의 지도를 바꾸는 것이다.

철의 실크로드와 해상실크로드는 모두 중국의 중심부를 유라시아, 아프리카, 중동 등을 지나 유럽과 연결한다. 실로 13세기 징기스칸의 군대가 유라시아를 휩쓸며 유럽까지 진격하였던 이래 가장 빠르고 큰 규모로 추진되고 있다. 중국정부가 정확한 정보를 제공하지 않으므로 일대일로 사업의 규모와 액수를 정확하게 파악하기는 어렵다. 서구의 한 컨설팅

기관(RWR Advisory Group)에 따르면 2013년부터 총액으로 약 1조1200억달러에 달하는 2200개 사업으로 구성되었다고 한다.[125] 일대일로는 중앙아시아의 지도만 바꿀 뿐 아니라 아프리카의 지도도 바꾸고 있다. 케냐의 라무(Lamu) 심해항을 개발하고 철도와 도로를 건설하여 이를 내륙인 남수단과 연결할 계획이며, 홍해와 아덴만이 보이는 지부티에 항만을 개발하여 에티오피아의 아디스아바바까지 철도로 연결하였다.[126] 일대일로가 꾸준히 추진되면 앞으로 세계 경제지도에는 더 많은 변화가 생겨날 것이다.

2) 중국의 목적

중국이 일대일로 구상에서 추구하는 목적은 다음 세 가지로 요약해 볼 수 있을 것이다.

첫째는, 중국의 지속적인 경제성장을 위한 전략이다.[127] 고속성장 단계를 벗어난 중국 경제가 앞으로도 정체되지 않고 계속 성장하기 위해 추진되는 경제전략으로 볼 수 있다.

둘째는 중국의 아시아 패권 추구 전략이라는 것이다. 중앙아시아와 남아시아 및 서아시아와 인도양 일대의 지역에서 중국의 영향력을 확대하여, 미국과의 경쟁에서 중국의 영역을 확보하려는 것이다.

셋째는 장기적으로 중국의 세계적인 헤게모니 파워를 구축하려는 것이다. 시진핑은 19차 당대회에서 중국공산당 정부 100주년이 되는 2049년까지 사회주의 강대국을 만들겠다는 것을 선언하였다. 이런 맥락에서 보면 일대일로 구상의 실천을 통해 세계적으로 중국의 경제력과 정치적 영향력을 확대하려는 의도가 엿보인다. 고대 실크로드를 통한 무역이 활발했을 때 중국이 누렸던 중화문명의 위치를 다시 회복하려는 의도에서 신실크로드 구상을 추진하는 것으로 볼 수 있다.[128]

이 세 가지 전략적 관점을 하나씩 좀 더 살펴보자.

전략 1. 지속적 경제발전

중국은 거대인구를 부양하고 내륙의 빈곤인구들을 구제하기 위해 지속적으로 성장하지 않으면 안된다. 2010년 이후 중국의 성장률은 두 자리 수에서 한 자리 수로 떨어져 연평균 6%대를 기록하고 있다. 중국 정부는 이런 상태를 뉴노멀, '신창타이'(新常態)로 인정하고 지속적 경제성장을 위한 새로운 성장엔진으로 일대일로를 추진하는 것으로 볼 수 있다. 중국의 대기업들, 특히 건설장비, 철강, 조선, 시멘트 등과 같은 분야의 기업들은 과잉설비와 과잉축적 상태로 현재 가동률이 저하된 상태다. 중국의 고속성장 시대에 건설경기를 타고 급성장한 이 분야의 대기업들은 해외로의 출구가 필요하다. 일대일로로 중앙아시아, 남아시아, 아프리카 등 해외에 많은 대형 인프라 건설사업이 추진되므로 이들에게 절호의 기회이다.

중국의 국유기업들은 그동안 에너지, 통신, 항공, 운송, 전력 등의 핵심 전략산업을 독점하며 거대한 글로벌 기업으로 성장하였다. 이들은 중국정부의 막대한 외환보유고와 국부펀드의 지원으로 거침없이 해외투자 활동을 한다.[129] 일대일로 구상으로 중국의 거대 국유기업들의 해외활동이 더욱 본격화하였다. 2017년 현재 페트로차이나, 국가전력망, 차이나모바일을 포함한 총 47개 국유기업이 1,676개의 일대일로 프로젝트에 참여하고 있다. 이에 따라 이들의 해외 매출도 크게 상승했는데, 2014-2015년 중국

전력건설은 26%, 중국건축은 25%, 중국교통건설은 18%, 중국철도건설은 16% 증가한 것으로 알려졌다.[130]

일대일로는 중국의 경제성장에 필수불가결한 석유, 천연가스 등의 에너지와 광물자원의 해외 조달을 용이하게 한다. 중국경제가 발전할수록 에너지와 천연자원에 대한 수요는 더욱 커졌으나 중국 내에서 자급자족이 불가능하다. 세계 도처에서 필요한 자원을 구득하는 것이 중국 경제의 지속적 성장을 위해서 필수불가결하며 중국경제의 사활이 걸려있다 해도 과언이 아니다. 따라서 에너지 공급원과 수송로를 확보하는 것이 일대일로 건설 사업의 핵심적 부분이다.

중국은 최근 미국을 제치고 세계 최대의 석유수입국이 되었는데 전 세계에서 석유를 수입하고 있다. 중동지역이 최대 수입처이지만(52%) 아프리카지역이 그 다음을 차지하는데, 최대 수입국 앙골라를 비롯하여 남수단, 콩고, 리비아, 가나 등을 포함하여 10여개 국에서 총 원유수입 중의 23%를 수입하고 있다.[131] 아프리카에서의 자원개발과 에너지 확보 및 안보전략을 위해 지부티에 군사항을 건설하고 케냐의 라무에 심해항을 개발하는 것이 일대일로 사업의 중요한 부분이다.

중앙아시아와 동남아에 가스관이나 송유관을 건설하고 이를 수송하기 위한 인프라를 구축하는 것도 일대일로의 중요한 프로젝트 중 하나이다. 중국은 천연가스와 석유의 매장량이 풍부한 중앙아시아의 카자흐스탄, 타지키스탄, 투르크메니스탄, 우즈베키스탄 등의 국가에 유전을 개발하거나 가스전, 송유관을 건설하여 천연가스, 석유를 중국 본토로 끌어오고 있다.

중국이 세계 1위의 무역대국임을 생각하면 육상 실크로드 철로건설을 통해 유럽까지 육상물류 수송을 가능케 하는 것은 물류비용을 낮추고 중국의 수출시장을 더욱 확대하는데 필요하다. 현재 중국 저장성의 이우시와 스페인의 마드리드를 잇는 '이신어우' 화물전용 열차는 2015년 2월 개통되었는데 '21세기 실크로드'의 상징이다. 중국 최대의 생필품 산지 이우에서 신장을 거쳐 카자흐스탄, 모스크바를 경유하고 벨라루스, 독일, 폴란드, 프랑스를 지나 마드리드에 이르는 13,000km 세계 최장의 철도이다.[132] 이 외에도 충칭, 청두, 정저우 등 중국의 여러 도시와 유럽도시를 잇는 컨테이너 화물열차가 다니고 있다.

중국이 투자한 인프라 사업, 중앙아시아의 철도와 가스관 공사에 중국기업이 진출하고 중국산 기자재를 구입하는 것이 조건인 경우가 왕왕 있다. 런던 소재 한 은행의 조사결과에 따르면 중국 수출입 은행과 같은 정책은행으로부터 차관을 받은 해외공사의 70퍼센트는 중국산 상품을 구매하는 것이 조건으로 붙는다는 것이다.[133]

중앙아시아와 남아시아의 인프라 개발에 투자하는 것은 중국이 수년 전부터 공들여온 인민폐(RMB) 국제화의 진전을 가속하는 기회도 된다. 중앙아시아와 남아시아 등지의 지역에 달러가 아닌 인민폐가 주요 거래 통화로 유통되는 시장을 구축하는 것이다. 이런 모든 점에서 볼 때 일대일로 전략은 중국의 지속적 경제성장을 위한 해외 팽창 전략으로 볼 수 있다.

전략 2. 아시아 패권추구

일대일로 구상은 중국의 지속적 경제성장을 위한 전략이면서 동시에 패권추구 전략으로 볼 수도 있다. 우선 아시아 지역에서 패권을 추구하려는 의도에 대해 살펴보자. 어느 국가이든 먼저 주변 지역에서 세력을 형성하지 않고 국제정치체제에서 강대국이 되기는 어렵다.[134] 특히 중국이 아시아에서 강대국의 지위를 확고히 하지 않고 세계적 강대국이 될 수는 없다. 중국은 아시아에서 14개국과 국경을 접하고 있으므로 이들과 관계를 우호적이고 안정적으로 관리하는 것이 안보와 경제성장의 필수적 조건이다. 중국의 역사는 변방의 '오랑캐'들을 중국문화에 동화시키거나 중국의 힘에 복종하도록 관리하면서 중국이 중심적 위치를 유지하려는 노력으로 일관되어 왔다고 해도 과언이 아니다. 중화(中華)제국의 천하는 중국을 중심으로 하고 겹겹의 동심원을 그리고 있는 주변의 오랑캐 국가나 부족들로 구성되어 있었다. 서구의 논평가들이 일대일로 구상을 보며 과거 중국의 '조공제도'를 떠올린 것은 이런 역사를 기억했기 때문이다. 21세기에 과거의 조공제도를 부활시킬 수는 없다. 그러나 중국의 경제력으로 아시아 지역 국가들을 무역과 물류의 네트워크로 연결하여 중국이 중심이 되는 경제권을 형성하여 아시아의 패권적 위치를 수립할 수는 있다. 일대일로 구상의 파트너들은 중앙아시아, 동남아시아, 서남아시아 등 아시아 전역에 걸쳐있다. 대다수가 도로, 철도, 항만, 발전소 등 인프라의 수준이 낮고 해외 투자를 환영하는 입장이다. 중앙아시아 지역의 카자흐스탄, 우즈베키스탄, 키르기즈스탄, 타지키스탄, 투르크메니스탄 등의 지배 엘리트들은 과거 소련의 영토였던 바 정치적으로는 러시아에 보다 가깝지만 경제적으로는 중국의 투자를 쾌히 받아들인다. 해상실크로드가 경유하는 동남아시아의 한 지점인 라오스의 경우 70억 달러 규모의 철도공사가 이 나라 국내총생산(GDP)의 거의 절반에 해당한다. 그리고 파키스탄에 대한 550억 달러의 투자는 전기와 에너지가 부족한 이 나라에 21개의 발전소를 건설하여 경제의 생산력을 높이고 주민들의 삶의 질을 바꿀 것으로 기대되었다.[135]

해상 실크로드와 육상 실크로드 경제벨트를 건설하는 것은 중국의 지속적 경제성장을 위한 것이기도 하지만 미국과의 경쟁관계에서 중국의 파워 확대를 추구하는 것이기도 하다. 중국은 태평양에서 미국과의 충돌을 피하여 서쪽으로 진출하여 미국의 봉쇄로부터 자유로운 세력권을 구축하려는 것이다. 오바마 정부 당시에 추진했던 환태평양경제동반자협정(TPP)이 태평양 지역 12개국을 연결하고 세계 GDP의 40퍼센트를 아우르는 대규모 경제협정이었지만 중국은 제외되었다. 군사적으로 보아도 태평양에는 미국을 중심으로 한 일본, 필리핀, 호주로 이어지는 군사동맹이 존재하고 있어 유사시에 중국은 미국에 봉쇄당할 수도 있다는 위협을 느낀다. 태평양에서 미국의 이런 정책들에 대해 중국정부는 미국의 냉전식 봉쇄작전이라고 인식하고 있다. 따라서 시진핑은 시선을 유라시아 대륙으로 돌리고 "접근성에 있어 병목지역을 없애는 것"을 목표로 하게 되었고, 광대한 유라시아를 중국의 경제권으로 만들어 중국의 주도권을 구축하는 야심찬 계획을 시작하게 되었다는 것이다.[136]

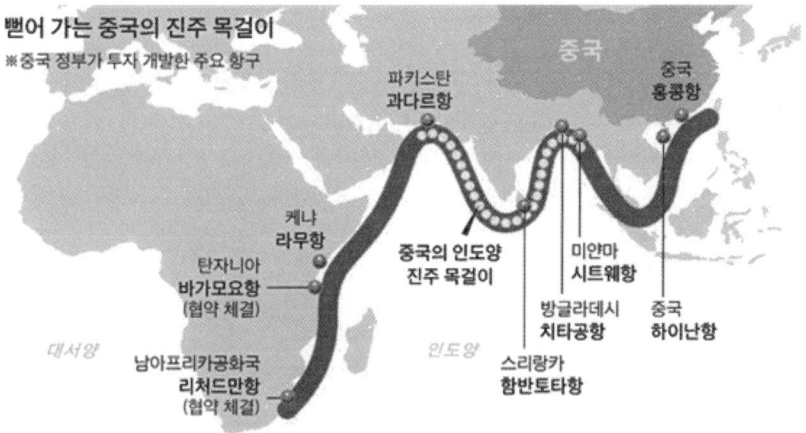

〈그림 5-2〉 중국의 진주목걸이
출처: "중국, 아프리카 물류항 확보... 길어지는 진주목걸이", 중앙일보 2013. 3. 29.

해상 실크로드의 경우 인도양에서 '진주목걸이' 형태로 거점항을 건설하여 미국의 해군력에 대응할 수 있는 중국의 제해권을 확보하려는 의도가 포함된다. 인도양과 남중국해에서 유사시에도 미해군의 제약을 받지 않고 중국으로 안전하게 원유를 수송할 수 있는 루트를 확보하는 것이 중요하다. 파키스탄의 과다르항이나 미얀마의 짜욱퓨항, 스리랑카의 함반토타항 등은 중국의 인도양 '진주목걸이' 전략의 주요한 거점이다.

중국의 AIIB설립도 중국이 미국에 대응하는 아시아 지역 경제 패권을 추구하는데 중요하다. 중국이 주도한 AIIB는 미국이 주도하는 세계은행(World Bank) 미국과 일본이 주도하는 ADB(아시아개발은행)에 경쟁적 카운터파트의 위치에 있다. 세계은행이나 ADB보다 개발도상국의 개발 프로젝트에 더 많은 투자를 할 수 있다. 미국경제의 위상이 하락하고 중국이 국민총생산에서 미국을 맹렬히 추격하는 현실에서 중국 주도의 국제개발은행이 생기는 것은 어쩌면 자연스런 일이다. 신실크로드 전략은 미국과의 경쟁 구도 속에서 중국이 새로운 공간, 새로운 접근법으로 아시아의 패권을 추구하려는 전략으로 보인다. 그러나 여기서 멈추지 않고 일대일로는 아시아의 패권을 지나 그를 기반으로 중국의 글로벌 헤게모니 확대를 추구하는 전략으로 볼 수도 있다.

전략 3. 글로벌 헤게모니

시진핑은 2017년 신실크로드 서밋에서 글로벌 공동체의 비전을 설명하였다. 일대일로를 통해 글로벌 경제성장의 동력을 제공하며 발전의 새로운 플랫폼을 건설하고 경제적 세계화의 재균형을 이루어 인류가 공동운명을 향하여 나아가게 하기를 희망한다는 것이다.[137] 경제력의 세계적 확대를 통해 중국의 영향력을 확산하고 미국에 비견할 수 있는 강대국으로 부상하려는 시진핑의 의지가 담겨 있다. 힘의 외교가 아니라 경제력 확산을 통해 글로벌 헤게모니를 추구하는 장기적인 전략으로 볼 수 있다. 중국의 경제력 확산을 통하여 개발도상국을 포함하여 세계의 여러 나라에 경제발전이 촉진된다면 중국의 영향력이 커지지 않을 수 없을 것이다.

2017년의 서밋 이전에도 시진핑은 그의 실크로드 관련 일련의 연설에서 중국의 비전을 설명하였다. 중국은 이를 통해 패권을 추구하지 않으며, 이웃나라의 주권에 간섭하지 않으며, 파트너십 강화로 윈-윈할 것이라고 말하였다.[138] 그리고 중국이 제공하는 경제 열차에 어떤 나라든 동참하여 무임승차해도 환영한다고 언급하였다.[139] 중국은 최대한 다자주의적으로 기존의 국제질서를 존중하며 세계경제발전의 원동력이 될 의사를 수차 표명하였다. 2017년 5월 베이징 신실크로드 서밋에 참가한 국제기구의 수장들도 이에 긍정적으로 화답하였다. 구테헤스 유엔 사무총장, 피터 톰슨 71차 유엔총회 의장은 일대일로 이니셔티브가 유엔의 지속가능한 개발을 위한 2030 어젠다와도 부합하므로 협력하겠다고 하였으며, 세계은행과 국제통화기금 총재도 일대일로 이니셔티브의 실행을 지원하겠다고 하였다. WTO 사무총장, 세계경제포럼(WEF) 슈밥 회장도 중국의 역할에 큰 기대를 표명하였다.[140] 이처럼 중국의 구상에 국제기구들이 지지와 협력의 뜻을 표명함으로써 2017년 베이징 실크로드 서밋에서는 포스트 브레튼우즈 체제의 새로운 한 축이 세워지고 있는 것 같았다.

중국이 실크로드 주변지역에 철도와 도로 등의 교통과 물류망을 건설하고 무역을 증진함으로써 이 지역 경제발전에 기여하고 개발도상국들에게 새로운 발전의 플랫폼을 제공한다면 해당지역이나 세계경제에도 긍정적인 면으로 볼 수 있다.[141] 발전의 손길이 미치지 못한 중앙아시아의 내륙지방에서 인프라 건설에 투자하여 철로와 도로를 연결하고 물류를 개척함으로써 이 지역들의 경제가 일어설 수 있는 기반이 건설될 수 있다. 예컨대, 카자흐스탄의 자르켄트(Zharkent)는 한미한 지역이었으나, 호르고스 자유무역지대에 가까워 세계 굴지의 다국적기업들- BASF, 휴렛패커드, 토요다, 그리고 중국의 알리바바와 같은 회사들- 이 모여들게 되었다. 일자리를 찾아 외지로 떠났던 청년들이 다시 고향에 돌아와 대도시에 부럽지 않은 꿈에 그리던 직장을 갖게 되었다고 한다. 구소련의 영토였던 조지아(그루지야)의 쿠타이시(Kutaisi)는 얼마 전까지는 몰락한 소련의 러스트벨트에 속했다. 그러나 여기에 중국의 화링그룹이 들어와 쓸모없게 된 구소련의 자동차 공장에 3천만 달러를 투자하여 지역경제를 바꾸었다. 지역경제에 생기가 돌고 젊은이들과 주민들이 일자리를 가지게 되었다 한다.[142] 이곳은 중국기업이 투자하지만 총고용의 75퍼센트를 현지인으로 채우도록 계약되어 있다고 한다.

일대일로 전략은 중국기업만 투자하는 것이 아니라 외국기업들에게도 참여의 문이 열려있다. 실제로 미국의 GE는 천연가스관, 전력시설 등을 건설하는데 투자하고 있다.[143] 중국기업이 도로를 놓고 인프라 건설 프로젝트를 수주하면 미국이나 유럽기업이 거기에 상품을 수출하고 건설에 참여할 일도 많이 생길 수 있다.

이 전략 실현을 통해 중국이 세계경제의 낙후된 지역 발전에 기여하는 공공재 제공의 역할을 하게 된다면 이것은 긍정적으로 평가하지 않을 수 없다. 우호적 논자들은 중국의 배타적 국가이익 추구가 아니라 투자와 무역, 소통과 교류를 통해 함께 발전해 갈 수 있는 중국의 장기적 지역통합 전략으로 평가하기도 한다.[144]

<표5-1> 중국 일대일로(一帶一路) 핵심이념

정책소통(政策沟通)	- 정책교류 확대를 통한 지역협력 기반구축 - 국가간 발전전략 협의, 조정
인프라 연결(设施联通)	- 육로, 수로, 항만, 에너지 파이프라인 등 인프라 협력 확대 - 주요 거점별 교통 인프라 구축 및 자원확보를 위한 인프라 구축 - 국가간 기초설비건설계획 및 기술표준시스템 연계강화
무역원활화(贸易畅通)	- 공동자유무역구 건설 확대 - 무역, 투자 협력확대를 위한 규범 마련 - IT, BT, 신에너지, 신소재 등 첨단산업 영역 협력확대
금융융통(资金融通)	- 아시아 통화 안정을 위한 금융협력시스템 강화 - AIIB, BRICs 개발은행, 실크로드 기금, ADB 등 국제금융기구 확대 - '일대일로' 참여국 정부 및 기업의 중국내 채권 발행 확대
민심소통(民心相通)	- 문화, 관광, 교육 등 교류 확대 - 교육, 의료, 빈곤구제 등 개선을 통한 민간단체 교류 추진 - 관광, IT, 기술 등 공동연구센터 설립

(출처: KIEP 북경사무소 브리핑, "중국의 '일대일로' 추진 현황 및 평가와 전망," 2017년 5월12일 vol. 20. no. 11, 4-5쪽)

일대일로의 핵심이념을 보면 '5통(通)' - 정책소통(政策沟通), 인프라 연결(设施联通), 무역원활화(贸易畅通), 금융융통(资金融通), 민심소통(民心相通)- 으로 구성되었다(표 5-1). 경제개발의 근간인 인프라 건설에서 시작하여 자유무역, 금융협력을 포함한 종합적인 공동경제권을 추구한다.[145] 이에 더해 정부 간 발전정책의 조정 및 민간교류 확대 등을 통해 중국의 돈과 상품 뿐 아니라 정책과 아이디어, 문화와 사람이 모두 전파되는 것이다. 중국을 중심으로 한 경제통합이 서서히 진행된다면 중국의 글로벌 영향력도 따라서 커질 수 있다. 이는 매우 야심찬 전략이 아닐 수 없다.

고대의 실크로드가 번성했던 중국의 한(漢)나라와 당(唐)나라는 중앙아시아와 유럽에 열려있는 부유한 문명제국이었고 실크로드의 출발지인 수도 장안(長安, 또는 Xian)은 번영하는 대제국의 수도였다. 당나라 전성기 장안은 그 규모에서 동로마제국의 수도 콘스탄티노플과 견줄 수 있는 세계적 도시였다. 명(明)나라 초기(1405-1433의 기간) 정화(鄭和)는 인도양과 아프리카 동해안을 종횡무진 누비며 수차례 해외원정을 단행하였다. 그러나 명 황실은 정화(鄭和)의 함대를 갑자기 중단시키고 폐쇄적 정책으로 전환하였다. 대륙에만 몰두한 청나라는 '대항해 시대' 이후 바닷길을 개척하여 세계 도처에 식민지를 건설하고 세계를 지배한 서구에 뒤지게 되었다. 근대 말 현대 초 중국은 대제국에서 서구열강의 침탈 대상으로 추락하였다.

정화의 옛 원정길은 그 루트가 21세기 해상 실크로드와 매우 흡사하다. 육상 실크로드 경제벨트는 고대 실크로드의 영광을 떠올리게 한다. 잠자는 호랑이에서 깨어나 떠오르는 중국은 이제 다시 열린 세계제국으로의 회귀를 꿈꾸는 것일까? 아마도 그럴 것이다.

마틴 자크는 그의 저서 "중국이 세계를 지배하면"에서 중국은 자신을 단순한 의미의 국가이기 보다 하나의 '문명'으로 인식한다는 것을 여러 차례 지적하였다.[146] 중국 문명은 수천년을 내려온 것이며 그 안에는 여러 이민족과 변방의 나라들이 속해 있었다. 중화(中華)의 세계는 하나의 우주와 같았다. 변방의 나라들은 중국 천자에게 조공을 바쳤고 천자는 그 댓가로 여러 가지 중국의 문물들을 하사하였다. 천하의 질서는 중국의 헤게모니 아래에 있었다.

시진핑의 일대일로 구상이 과거 중화문명의 재건을 꿈꾸는 것인가란 질문은 끊임없이 제기될 수 밖에 없다. 그것이 얼마만큼 성공할 수 있을지 현재로서는 예단하기 어렵지만 아마도 중국의 영향력이 세계적으로 확대되어 21세기 중화문명제국을 실현하는 것이 일대일로의 궁극적 목적이 아닐까 추정해본다.

　21세기에 중화제국의 부활을 꿈꾼다면 시대착오적인 것이 될 것이다. 그러면 경제적 대국으로 떠오른 중국이 21세기의 국제질서에서 그에 맞는 영향력을 가진 국가가 되려면 어떻게 해야 할까? 이것은 다음 질문으로 바꿔 볼 수도 있을 것이다. 어떻게 하면 일대일로가 시진핑의 표현대로 개발도상국들에게 발전의 새로운 플랫폼을 제공하고 세계화의 수혜를 받지 못한 나라들에게 발전의 기회를 제공하는 역할을 하게 될까? 아마도, 우선은 일대일로 구상을 선전하는 화려하고 장엄한 미사여구를 좀 내려놓는 것이 필요할지도 모른다. 해마다 신실크로드 서밋을 소집하고 화려한 외교적 수사로 일대일로의 의미를 전 세계에 설득시키려 하는 것은 중국의 팽창주의를 의심케 하고 오히려 경계심을 높이게 할 수 있다. 그보다 좀 더 내실있고 조용한 경제활동으로 범위를 조정하는 것이 좋을 듯하다. 그리고 중국의 전략적 목적을 우선으로 하기보다 피투자국들의 의사를 존중하고 그들의 필요에 부응하는 방향으로 추진해 가는 것이 필요하다. 시진핑의 중국은 일대일로를 추진함에 있어서 덩샤오핑의 도광양회(韜光養晦) 정신을 버리지 않는 것이 좋을 듯하다.

02
험난한 실크로드

신실크로드 전략으로 베이징 컨센서스가 확산될 것인가? 일대일로의 앞길이 평탄하지는 않을 전망이다. 그 이유를 몇 가지로 정리해보자.

첫째는, 중국의 세력확대에 서구 뿐 아니라 주변국가들도 의혹과 경계의 시선을 거두지 않고 있기 때문이다. 이웃국가들은 중국의 세력확대와 자국이 중국에 과다의존하게 되는 것을 경계한다. 예컨대 중국과 지정학적으로 경쟁관계인 인도의 경우 '21세기 해양실크로드'를 중국이 인도양을 통제하려는 전략으로 의심하며, 모디 수상은 중국이 이웃국가의 주권을 약화시키려 한다고 비판하면서 실크로드 서밋에 참가하지 않았다.[147] 중국이 파키스탄과 570억 달러에 달하는 무역회랑(trade corridor)을 개발하는 것에 대해 불쾌해 하기도 하였는데, 무역회랑이 인도와 파키스탄의 영토분쟁이 있는 지역을 지나고 있기 때문이다.[148]

중국 자본에 목마른 중앙아시아에서도 그런 경우가 발생한다. 중앙아시아에 확산되고 있는 중국 공산품을 수송하기 위해 키르기즈스탄과 우즈베키스탄간의 철도 건설에 중국이 지대한 관심을 가지고 추진하였을 때, 주변국의 우려로 많은 어려움을 겪었다. 러시아 주도의 유라시아 철도를 계획하는 러시아, 중국의 세력확산을 견제하려는 미국, 그리고 우즈베키스탄 내 내국인들의 반중국 정서 등이 함께 작용하여 사업의 추진을 수년간 정체시키며 어렵게 했다.[149] 이 사업은 상하이협력기구(SCO)에서 유라시아 횡단 철도와 교통허브 건설의 의제로 부각되고, 2016년 마침내 키르기즈스탄이 건설에 합의하여 중국 주도로 타당성 검토에 들어갔다.[150] 그리고 다음해에 우즈베키스탄과 키르기즈스탄의 대통령이 만나 중국과 이들 나라를 잇는 철도 연결을 가속화 할 것을 합의하였다.[151]

동남아시아에서 미얀마도 중국에 지나치게 의존하는 것을 경계하여 2014년 테인 세인(Thein Sein) 정부가 2011년 중국과 합의한 쿤밍-쨔욱퓨(Kyaukpyu)간 고속철도 건설 계획을 취소하였다. 미얀마의 쨔욱퓨 항구는 석유, 천연가스 등 자원이 풍부하고 인도양과 동남아, 중국을 잇는 요충지이며 중국 일대일로 전략에 없어서는 안될 지역이다. 미국과 중국 사이의 균형을 취하려는 아웅산 수치 정부의 정책전환으로 마침내 2017년 4월 중국의 쿤밍에서 미얀마 쨔욱퓨 항구를 연결하는 송유관을 개통하고, 항구의 다수지분을 인수하기 위해 미얀마 정부와 협상을 시작하였다.[152] 2017년 4월 마침내 중국과 미얀마 간 쨔욱퓨 특별경제구역 건설이 합의되고 수년간 지체되어 온 송유관이 가동되었다.[153] 그러나 다시 2018년 6월 수치 정부는 산업단지 개발과 쨔욱퓨의 심해항 개발에 들어가는 막대한 비용을 고려하여 사업을 재검토하기 시작하였다. 스리랑카의 함반토타항의 경우처럼 채무를 감당할 수 없을 경우 쨔욱퓨항의 소유권이 중국으로 넘어갈지도 모르는 우려 때문이었다.[154]

둘째, 부패나 미덥지 못한 거버넌스 능력으로 특징지어지는 이 지역의 많은 권위주의 정부들과의 인프라 건설사업이 얼마나 효과적으로 이루어질까에 대한 의구심이 항상 존재한다. 이 지역의 정정이 불안하고 정부 부패정도가 높으므로 투자가 낭비되거나 효과적으로 운영되지 못할 것을 우려하여 서방의 자본들은 투자를 꺼린다. 한 미국연구기관(미국 기업연구소, American Enterprise Institute)의 자료에 따르면, 2005년부터 2014년 사이 중국기업의 해외투자와 건설 및 엔지니어링 프로젝트의 사분의 일 정도, 액수로는 2460억 달러에 해당하는 사업이 혼란상태에 있거나 실패로 종결되었다 한다.[155] 또 다른 한 분석가에 의하면 중국 관리들은 중앙아시아 투자의 30퍼센트 정도, 파키스탄의 경우 80퍼센트 정도는 유실될 것으로 각오하고 있다는 것이다.[156] 미국 컬럼비아대학 해리만 연구소 쿨리(Cooley) 소장에 의하면, 파키스탄에서 중국이 개발하는 광산과 건설 프로젝트가 폭도의 습격을 받아 반정부 분리주의자들의 손에 들어갔고, 타지키스탄에서는 지방정치 엘리트가 중국 자본으로 건설한 고속도로를 자기 주머니에 현금이 계속 들어오는 유료도로로 만들었다고 한다.[157] 현지의 부패한 정치인의 개입과 부실한 경영으로 투자가 낭비되거나, 시설이 건설된 후에도 효율적 운영으로 수익을 내지 못한 채 해당국 정부는 빚더미에 올라앉을 가능성도 항상 존재한다.

셋째는 부채의 누적으로 인한 위기발생의 문제이다. 일대일로의 인프라 건설사업으로 부채를 누적한 국가들이 최근 IMF에 구제금융을 신청하거나 부채위기에 놓인 상황이 허다하게 발생했다. 대표적으로 스리랑카의 경우 부채상환의 부담을 감당할 수 없어 중국의 투자로 건설한 함반토타항을 중국에 99년간 양도해 버렸다. 중국의 인도양 진주목걸이 전략의 핵심 거점의 하나인 스리랑카에 중국은 60억달러 차관을 주어 함반토타항을 비롯하여 신항만, 고속도로, 발전소 등의 인프라를 건설하게 하였다. 스리랑카는 중국 부채를 제외하고도 외채가 많았다. 총부채 중 대중국 부채는 10% 정도이며, 나머지는 일본, 아시아개발은행, 세계은행

등에 대한 것이다. 국내총생산 대비 부채율이 워낙 높았던 스리랑카는 외채상환의 곤경을 겪었고 11억달러의 부채를 탕감하는 대신 함반토타 항을 중국에 장기 임대해 주었다.[158] 그 이후 중국의 투자가 스리랑카를 빚더미에 몰아넣어 그 댓가로 항구를 조차했다는 이야기가 세계적인 뉴스가 되었고, 중국의 일대일로 건설 사업에 대해 더욱 경각심이 높아지게 되었다.

중국-파키스탄 경제회랑 건설 사업(China-Pakistan Economic Corridor)은 일대일로 사업 중 가장 대표적이고 규모가 큰 것으로 항만, 도로, 발전소, 철도, 댐 등을 건설하여 파키스탄의 열악한 인프라를 획기적으로 개선할 것으로 기대되었다. 그러나 그동안 누적된 과다한 외채를 견디지 못해 파키스탄 정부가 2018년 10월 IMF에 구제금융을 신청하였다. 파키스탄은 중국-파키스탄 경제회랑 사업 이전에도 수차 IMF에 구제금융을 받은 전력이 있다. IMF의 대주주 미국은 파키스탄이 중국으로부터 받은 차관의 목록을 상세히 작성하여 제출하지 않으면 구제금융을 주지 못하도록 해야 한다고 IMF에 요구하였다.[159]

사하라 이남의 아프리카 국가들에서도 대중국 부채가 증가하였다. 아프리카에 대한 중국의 차관은 2013년 시진핑의 일대일로 구상의 공식 출범 이후 큰 폭으로 증가하였다. 앙골라, 카메룬, 에티오피아 등의 경우 대외부채 30-40%가 대중국 부채이며, 잠비아, 케냐, 모잠비크, 우간다 등도 총부채의 20-30%가 대중국 부채이다.[160] 가나, 앙골라, 잠비아, 나이지리아 등은 대중국 부채의 이자상환에 정부 수입의 20퍼센트 이상이 소요된다.[161]

일대일로의 건설 사업으로 과다한 부채를 안게 된 국가들이 사업을 취소하는 예도 나타났다. 말레이시아의 경우 92세의 노장 마하티르 총리가 부패한 나집 라작을 몰아내고 권좌에 복귀해 전임 나집 라작 정부가 중국과 벌인 철도와 파이프라인 공사계약을 취소하였다. 말레이시아 정부에 과다한 부채를 지우며 현재 불필요한 사업이란 이유였다. 그리고 나집 라작은 중국으로부터 유입된 자금에서 대규모 비자금을 빼돌린 혐의로 기소되었다.[162]

　일대일로 사업이 개발도상국들에게 과도한 부채를 안겨서 부채위기를 초래할 가능성이 높다는 것에 대해 미국과 IMF는 수차 경고하였지만 아프리카의 가난한 저발전국들이 중국의 투자에 등을 돌리기는 현실적으로 어렵다. 서구 부유한 나라들로부터 외면당한 이들이 인프라 건설과 자원개발을 위해 중국에 도움을 요청할 수밖에 없다는 것이다. 세계의 최빈국들이 몰려있는 사하라 이남 아프리카 국가들의 사십 퍼센트는 거의 부채위기에 직면하고 있는 실정이지만 이들은 공항과 도로와 철도, 발전소와 댐을 짓기 위해 중국의 투자에 손을 내밀지 않을 수 없다. 최근 서부 아프리카 최빈국 중 하나인 시에라레온의 경우 신임 대통령 비오가 당선되고 나서 제일 먼저 한 일이 신국제공항을 건설하기 위한 중국의 투자를 거절한 것이었다. 그러한 그의 행동에 중국을 경계하는 서구 분석가들이 찬사를 보냈다. 그러나 수일 후 그는 그 결정을 철회하였고 다리와 공항을 건설하기 위해 중국에 더 많은 투자를 다시 요청하였다.[163]

　일대일로 사업이 개발도상국의 부채위기 발생 위험을 가중시키며 중국의 일방적 필요에 의해 추진된다는 비판에 대해 중국은 동의하지 않으며 적극 부인한다. 그러나 개발도상국들이 점차 부채의 늪에 빠지게 되어 IMF에 구제금융을 신청하거나 스리랑카의 경우처럼 항구를 양도해 버리는 일이 다시 발생한다면 일대일로는 더욱 거센 국제사회의 지탄을 받을 수도 있다.

03
신실크로드와 베이징 컨센서스

베이징 컨센서스가 신실크로드를 타고 세계로 확산될 것인가? 아마도 그럴 것이다. 중국의 경제적 영향력이 세계로 확산되는 중이며 이를 통해 중국식 발전모델 베이징 컨센서스를 확산시키는 효과를 가져올 가능성이 높다. 신실크로드가 지나는 지역의 많은 권위주의 정부와 정치엘리트들에게 중국은 매력적인 모델일 것이다. 경제성장을 통해 정치적 정당성을 유지하고 민주주의를 유보할 수 있기 때문이다. 그러나 그들이 중국 정부처럼 유능하게 경제발전을 달성할 수 있을 것인가? 중앙아시아와 아프리카 등지의 정부들 상당수가 중국처럼 권위주의 체제이다. 그러나 이들이 중국처럼 효율적 거버넌스를 시행할 수 있는가 하는 것은 문제이다. 4장에서 언급하였듯이 중국은 오랜 문명국이었으며 국가주의의 전통을 가졌고, 중국 공산당은 역대 왕조의 관료제와 통치조직의 경험적 유산을 가지고 있다. 많은 경우 중앙아시아와 아프리카 여러 정부가 중국 공산당 정부만큼 효율적이지는 않을 것이다. 그러나 그들도 지금까지 없었던 경제성장의 기회를 어느 정도 누릴 수는 있을 것이다. 현지의 여러 정부들이 적잖이 중국의 영향력 확대를 우려하면서도 중국과의 교류를 통해 혜택을 보기를 원한다.[164] 중국의 인프라 투자가 일거에 모두 효과를 내지 않더라도 시간을 두고 변화하며 확대될 수도 있다.

국가자본주의 모델로서 베이징 컨센서스는 중앙아시아에서 아프리카까지 확산되는 중이다. 4장에서 언급하였듯이 중국은 아프리카 독재국가들에도 서방국가들과 달리 정치적인 간섭없이 관대하게 투자해왔다. 프리덤 하우스가 '자유가 없는'나라로 분류한 아프리카의 많은 독재국에 병원, 학교, 다리, 공장, 수력발전소, 도로, 방송국 등 무수한 사회기반시설들을 지어주었다.[165]

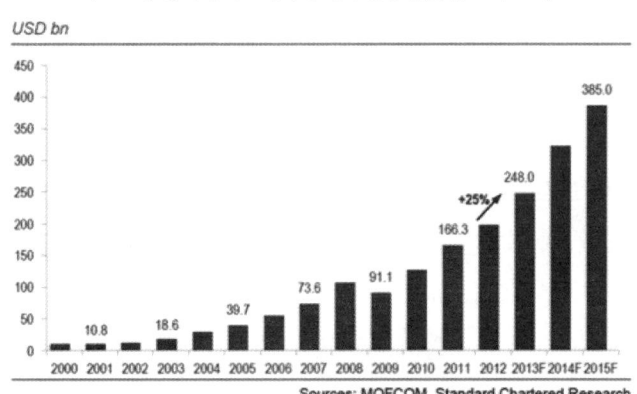

〈표 5-2〉 중국과 아프리카 무역의 성장세(단위 US $10억)

출처: https://eastwindwave.wordpress.com/2014/12/11/chinas-21st-century-maritime-silk-road-the-4th-media/

위의 〈표 5-2〉에서 보이듯이 중국의 대 아프리카 무역도 급속히 신장되어 왔음을 알 수 있다. 21세기 해양실크로드가 동남아와 인도양을 지나 아프리카까지 연결되며 대 아프리카 무역과 투자는 앞으로도 계속 신장될 전망이다.

아프로바로미터 리서치 네트워크(Afrobarometer Research Network)가

발표한 바에 따르면 2014년-2015년 사이 36개국에서의 설문조사 결과, 평균 63퍼센트 정도의 응답자가 중국이 자기 나라에서 다소, 또는 매우 긍정적인 영향을 미친다고 대답하였다 한다. 중국을 선호하는 이유는 중국이 지어준 사회기반시설, 중국의 개발투자 그리고 중국제품의 싼 가격 등을 이유로 들었다. 호의적인 인식은 중국의 투자를 더 받은 동아프리카, 중앙아프리카, 서아프리카에 더 강했다. 비판도 많았는데 중국이 아프리카의 자원개발과 땅에 눈독을 들이고 있다는 것, 중국의 인프라 건설사업에 중국인들이 주로 고용된다는 것, 그리고 중국산 제품의 질이 조악하다는 것 등을 지적했다. 긍정과 비판이 섞인 가운데 전반적으로는 중국의 개발투자에 대해서는 긍정적인 반응이었으며 자기 나라의 발전 모델로서 닮고 싶은 나라로 미국이 1위, 중국이 2위였다.[166]

중국이 아프리카에서 존재감을 키워가고 있는 이유는 하퍼(S. Halper) 교수의 지적처럼 서구가 이 지역에서 실패했기 때문이다.[167] 아프리카 국가들의 빈곤과 저발전이 식민시대의 유산에서 비롯된 것은 부정할 수 없다. 서구 식민주의가 약탈하고 지배하고 나간 자리에 중국이 들어와 두말없이 사회기반시설을 건설하고 자원개발에 투자하고 저렴한 공산품으로 이들의 수요를 채워준다. 일대일로의 건설사업이 아프리카 여러 나라와 라오스, 스리랑카, 파키스탄, 인도양의 몰디브 같은 나라들을 부채위기로 몰아넣는 것에 대해 미국과 IMF를 비롯하여 서방의 언론들이 여러 차례 비판하였다. 그러나 세계 가난한 나라들의 부채위기는 중국의 일대일로 사업으로 인해 처음 발생한 현상은 아니다. 아프리카의 경우 대개의 가난한 나라들은 이미 대외부채의 수준이 매우 높았다. 특히 사하라 이남의 아프리카에는 고부채 빈곤국들이 몰려있다. 이미 높은 부채율과 빈약한 인프라로 인해 대외 투자를 받기 어려운 나라들이어서 빈곤과 저발전의 늪을 빠져나오기 어렵다. 그들은 중국이 서구와 같이 까다로운 조건을 달지 않고 차관을 주고 자원개발에 투자하는 것을 거부하기 어렵다.

그러면 서구는 육상과 해상의 신실크로드 전략을 통한 중국모델의 이러한 확산에 어떻게 대응해야 할까? 중국모델, 베이징 컨센서스 확산에 대해 미국과 서구는 불안해하고 염려한다. 그렇다고 중국의 확산을 저지하고 봉쇄할 방법도 없다. 10억이 넘는 인구를 가진 이 거대한 국가가 다시 부흥하겠다는 것을 어떻게 막을 수 있단 말인가.

중국모델의 확산에 대해 서구가 일방적인 비판에만 머물러 있을 수는 없다. 방관과 비판보다는 개입과 참여, 협력을 통해 공동의 이익을 도모하면서 국가자본주의를 발전적으로 극복해 나가는 포용(engagement) 전략이 필요하다. 미국은 중국 주도의 AIIB 설립에 의혹의 눈초리를 보내며 동맹국들에게 불참을 강요하였으나, 현실적으로 서유럽을 비롯한 동맹국들이 참여하는 것을 막을 수 없었다. 최근에는 서유럽 국가 중 이탈리아도 일대일로에 참여한다는 의향서에 서명하였다. 이처럼 중국의 경제력의 확산은 막을 수 없는 것이니 비판과 방치보다는 개입하여 협력하는 것이 더 현실적이다. 발전계획을 수립하고 투자의 타당성을 검토하는 서구의 경험과 노하우가 중국의 자본력과 협력하는 것이 수혜국들에게 도움이 된다. 유라시아 대륙의 인프라 건설에 미국기업을 비롯한 세계 다른 나라의 기업들이 참여하는 것이 좋다.

중국도 다른 나라들의 참여를 환영 한다는 입장인데, 서구 기업들의 참여를 위해서는 투명성이 보장되어야 할 것이다. 서구기업의 참여를 독려하기 위해 투명성을 제고하는 과정에서 중국식 모델도 더 개선되기를 기대할 수 있다. 투명성을 조건으로 서구와 미국은 중국과 함께 세계경제의 새로운 프론티어 건설에 나서서 세계의 발전에서 뒤처진 오지의 나라들에 발전의 기회를 열어주어야 한다.

헨리 키신저는 그의 저서 세계질서(World Order)에서 이차대전 후 세계를 주도해 온 미국의 외교정책의 특징을 한편으로는 자유와 민주주의의 보편적 가치를 수호하고 전파하려는 이상주의(理想)와 다른 한편으로는 미국의 힘(power)을 확대하려는 현실주의적 요구 사이의 긴장과 조화로 파악하였다. 미국이 세계의 헤게몬으로서 특별했던 것은 전자 때문이다. 왜냐하면 후자의 속성은 모든 국가들이 가졌기 때문이다.

자유시장경제를 대표하는 미국이 국가자본주의를 대표하는 중국보다 우월할 수 있는 것은 전자의 힘이다. 자유와 민주주의의 가치가 세계 시장경제에도 확산되어 자리잡게 하는 길은 힘으로 누르는 것보다 참여하고 협력하는 것이다. 중국모델이 확산하고 있는 곳에 미국과 서구도 적극 참여하여 21세기 거인으로 떠오른 중국이 가장 발전적으로 세계정치경제에 기여할 수 있도록 유도하는 방법은 없을까 강구해보아야 한다.

중국이 몰고 오는 국가자본주의 조류에 미국과 서유럽은 당분간 익숙해지는 시간이 필요할 것이다. 미국과 서유럽이 주도해오던 세계정치경제 질서에 중국의 존재는 불편하고 낯설게 느껴진다. 중국모델도 완성된 것이 아니라 변화하는 중에 있다고 본다. 14억의 인구가 가난에서 벗어나 먹고 살만한 '샤오캉'(小康)의 상태에 이르게 하는 거대한 역사적 실험에 중국은 매우 성공적인 결과를 보이고 있는 중이며 우리는 어쨌든 이를 높이 평가하지 않을 수 없다. 적어도 이점에서는 성공한 중국의 실험이 세계의 다른 낙후된 곳에서도 효과를 낼 수 있도록 하는 것이 좋지 않을까?

전망. 2018년 5월, 상하이포럼

필자는 일대일로 구상(Belt and Road Initiative)을 주 테마로 하는 매머드급 국제학술회의인 '2018년 상하이포럼'에 참여하였다. 마르코 폴로의 나라인 이탈리아를 비롯하여 중동부 유럽의 작은 국가들에서도 많은 학자들이 참여하였다. 이들은 중국의 투자를 환영하면서도 생소한 중국의 제도와 관습에 대해 불만을 표출하였다. 중국의 돈은 환영하나, 아직 중국의 문화와 제도는 낯설고 받아들이기 힘든 정서를 유럽인들은 가진 듯 보였다.

유럽뿐이 아닐 것이다. 신실크로드가 지나는 65개국들 중 여러 곳에서 문화충돌과 소통곤란의 문제가 생길 것이다. 일대일로 전략의 실현 과정에서 중국식 문화와 관념이 다양한 나라들, 특히 이질적인 유럽의 문화와 화합할 수 있을까? 그렇지 못하면 베이징 컨센서스는 보편성을 획득하기 어려울 것이다. 정말 실크로드를 통해 유럽문화와 중국문화가 서로 조화롭게 공생하는 과정이 일어날 수 있을까? 현재로서 상상하기 쉽지는 않다. 그러나 앞으로 매우 중요하고 흥미로운 관찰대상임은 확실하다.

III. 비판과 전망

6장
자본주의 4.0의 과제:
불평등 극복의 정치

1. 무엇이 문제인가
2. 시장근본주의 신화의 극복
3. 국가는 무엇을 할 것인가

01 무엇이 문제인가

1) 문제는 정치이다.

칼레츠키는 자본주의 시장경제가 미국발 금융위기로 발생된 세계경제 위기를 극복하고 자본주의 4.0으로 변모할 것이라 주장하였다. 자본주의 시장경제를 관찰하는 그의 시각은 자유시장경제의 적응력과 회생능력에 대한 낙관적인 믿음을 가지고 있다. 칼레츠키는 자본주의 3.0-3.2 시대까지는 세계화와 경제성장이 함께 한 시대였고 3.3 시기의 지나친 시장만능주의가 문제였다고 지적했다. 시장만능주의에 대한 교조적 믿음으로 미국 정부가 금융위기 발생의 조기 수습 기회를 놓친 것이 결정적 문제였다고 진단했다. 자본주의 4.0 이후의 시대에는 정부는 시장에 개입하지 말아야 한다는 도그마에서 벗어나 정부가 좀 더 탄력적으로 시장에 필요한 역할을 할 수 있도록 정부와 시장의 관계가 변화해야 할 것이라 하였다. 자본주의 2 시대의 큰 정부나 자본주의 3 시대의 작은 정부로 돌아가는 것이 아니라 정부가 선별적으로 큰 역할을 하기도 하고 작은 역할을 하기도 하는 새로운 관계의 설정이 필요하다는 것이다. 그의 이런 처방은 기본적인 방향의 제시에 있어서 타당하지만 구체적 실현

과정에서 개별 국가에 따라 많은 논란이 있을 것이다.

3장에서 언급하였듯이 칼레츠키는 다루지 않았지만 자본주의 3 시대의 가장 큰 문제는 불평등, 세계적인 현상인 소득의 양극화 문제이다. 칼레츠키의 자본주의 4.0론에서는 양극화의 극복을 위해 정부가 무엇을 해야 하는가에 대한 논의가 없다. 이 문제가 그의 '자본주의 4.0' 주장이 가진 최대의 취약점으로 보인다. 양극화의 문제를 극복하려는 노력이 없으면 자본주의 4 시대는 정치적 갈등으로 점철되어 안정적인 발전을 하기 어려울 것이다. 자본주의 경제의 발전은 정치적 안정 없이는 불가능하다. 자본주의 4.0 이후의 시대는 자본주의 3 시대의 문제를 치유하고 자본주의 4 이후의 시대를 만들어갈 새로운 정치가 필요하다.

자본주의 3 시대에 자유시장경제에 만연한 소득불평등과 양극화로 중산층이 무너지고, 이와 함께 서구 여러 국가에서는 기성 정치가 위기에 봉착했다. (도표 6-1)에서 보여주듯이 유럽 대부분의 국가에서 신자유주의 시기 동안 중산층이 감소하였다. 그중 미국과 영국의 앵글로색슨 모델 국가가 가장 현저한 변화를 보인다. 기성 정치권에 대한 지지율은 하락하고 극우파세력에 대한 지지가 증가세를 탔다 (도표 6-2). 극우파 정당들은 배타적 민족주의와 이민노동자 배척을 공통의 특징으로 한다. 세계화로 인한 일자리 상실과 이민노동자 유입으로 인한 문화충돌로 유럽 각국에 '작은 트럼프'들이 곳곳에 등장하게 된 것이다.[168]

〈도표 6-1〉 일부 서유럽 국가의 중산층 비중 감소 추세(1980년대 초반 ~ 2010년)

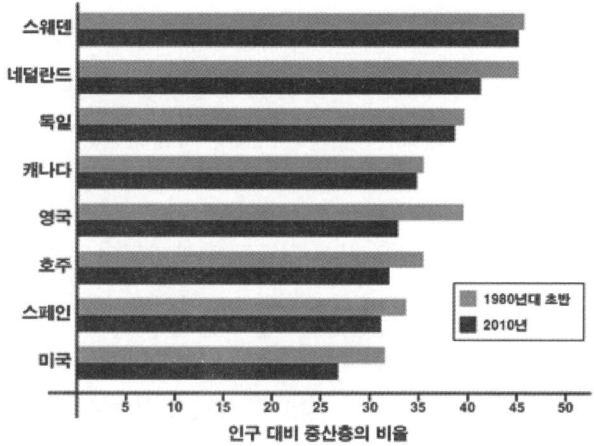

* 이 표에서 중산층은 해당국가 1인당 가처분소득에서 중위소득의 하위 25%와 상위 25%에 있는 사람까지를 말한다.
*출처: 룩셈부르크 소득연구센터 데이터베이스에서 추출; 브랑코 밀라노비치(2016) p. 266에서 재인용.

〈도표 6-2〉 유럽의 극우정당 지지도 조사

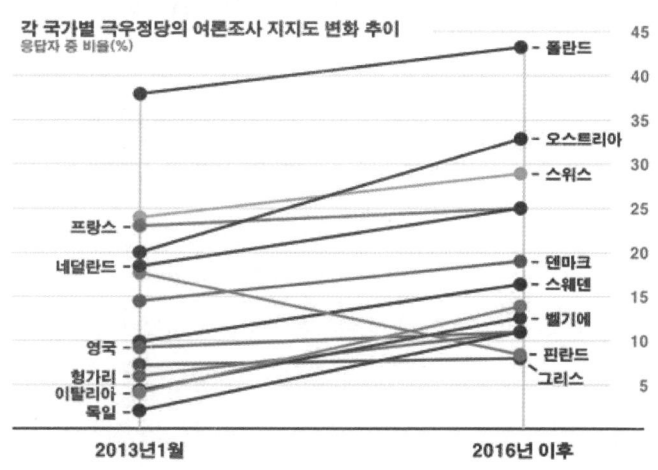

출처: Economist 2016, May 24th(http://www.economist.com/blogs/graphicdetail/2016/05/daily-chart-18)

기성정치에 대한 불만이 가장 극적으로 나타난 곳은 프랑스이다. 프랑스의 사회당의 몰락은 극적이며 공화당의 위세도 대폭 축소되었다. 신생 정당 앙 마르슈(En Marche!)의 마크롱이 새 대통령으로 당선되고 의회의석의 60퍼센트를 석권하게 된 것은 이 시대 서유럽 정치의 상징적 사건이다.

서구 자본주의 세계의 많은 기성 정당들은 불평등의 증대를 필두로 한 현재의 문제에 잘 대처하지 못했고, 새로운 정치를 원하는 대중들의 불만이 기성정당에 대한 지지율 저하, 극우정당에 대한 지지율 상승으로 나타났다. 문제는 정치이다. 어떤 정치가 필요한가? 자본주의 4.0시대 이후를 준비하는 정치는 어떤 것이어야 하나? 칼레츠키는 자본주의 4.0 시대에 탄력적이고 민활한 정부를 전망한다. 그런데 이는 정부 관료들의 각성으로 하루아침에 생기는 것이 아니다. 유능하고 탄력적인 정부는 새로운 정치의 기반 위에 탄생한다. 그리고 새로운 정치의 목표 중 중요한 것은 소득 불평등을 극복하고 중산층을 회복시키는 것을 빼놓을 수 없다.

소득 불평등은 자본주의 경제성장에 불가피한 속성이 아니다. 어떤 소득분배를 가져오는 성장방식인가 하는 것은 선택의 문제이며, 법칙으로 주어진 것이 아니다. 이것은 2차 대전 후 세계경제의 성장기간 동안 어떤 일이 일어났는지 보면 알 수 있다. 이 기간 미국과 서구 자본주의 경제에는 사회 최상위층으로 돌아가는 몫보다 하층으로 귀속되는 몫의 증가율이 더 커졌다. 경제성장과 함께 소득분배가 전쟁 전보다 더 평등해지고 따라서 중산층이 두터워졌으며 이 중산층이 민주주의 정치의 견고한 기반이 되었다. 이는 크루그먼, 피케티, 스티글리츠 등 모든 학자들이 공통적으로 지적하듯이 새로운 정치사회적 연대를 구축한 정치의 변화와 정부의 정책에 기인한다. 부자들에 대한 상속세와 소득세를 대폭 증가시키고 공정거래를 보장하기 위해 대기업의 횡포를 규제하고 사회복지 정책을 증대하는 등의 정책이 있었기 때문이다. 최상층 부자들에 대한 과세와 규제가 가능했던 것은 전쟁 수행과 그 이후의 복구과정이란 정치적 환경 때문이기도 하였다.

이 시대의 문제인 불평등의 심화, 정치적 포퓰리즘의 확산, 이민 노동자에 대한 차별과 문화충돌, 이와 같은 문제들을 해결하기 위한 새로운 정치가 필요하다.

2) 금융자본주의와 앵글로색슨 모델의 극복

새로운 정치세력을 구성하기 위해 극복해야 할 이전 시대의 유산들이 있다. 전 시대의 이데올로기들은 세계 경제위기를 겪고도 아직 사라지지 않았고, 새로운 경제성장을 위해서는 이들이 여전히 필요하다고 주장하는 목소리가 아직 존재한다. 여기서 논하려는 것은 금융자본주의와 앵글로색슨 모델의 극복이다.

2장에서 금융자본주의에 대해 논하였지만 부의 불평등 분배를 가져오는데 금융자본주의와 앵글로색슨 모델의 기여가 매우 크다. 앵글로색슨 모델은 미국식의 주주자본주의 모델(share-holder model)을 말하는데, 금융자본주의와 함께 이 둘은 서로 밀접히 연관되어 부의 불평등 분배를 가져오는데 기여했다. 주주자본주의 모델은 기업의 주가 상승을 통해 주주의 이익을 최대화하는 것이 기업경영의 가장 중요한 기준이다. 주가 상승을 위해서는 기업의 단기 실적이 중요하고 이를 위해서는 고용을 탄력화 하여 인건비를 감축하고 장기적 투자보다 단기적 실적을 올리는 일에 우선순위를 둔다. 단기 이윤을 올리기 위해 기업의 본래 기능과는 관계없는 부동산과 금융자산 투자, 기업의 M&A 같은 것도 마다하지 않는다. 기업의 CEO는 기업의 장기적 미래에 투자하기보다 단기적 실적 올리기에 급급하고 그 결과로 얻어진 단기성과를 대주주들과 함께 푸짐하게 나누어 가지는 것에 반해, 다수의 하층 노동자들은 해고와 불완전 고용의 압박에 노출 되었다. 앵글로색슨 모델의 가장 대표적인 국가인 미국에서는 로버트 레이쉬 교수가 분개하였듯이 CEO와 최고 경영진들이 자기 기업 근로자들의 평균연봉의 수 백 배에 달하는 연봉을 가져가는 일이 자연스런 관행이 되었다. 최고 경영진과 평균적 근로자들의 이런 무지막지한 연봉 차이는 신자유주의 시대에 더욱 두드러진 현상이다(1장).

주주자본주의와 함께 금융자본주의는 부자들의 소득을 막대한 부로 더욱 급속히 증식시키는데 기여했다. 부의 지나친 금융화는 자본이 생산적 투자보다는 금융투기에 더욱 몰두하게 하였다. 기업에게는 기술에 대한 장기적 투자, 노동자들의 사기(morale), 기업의 사회적 기여도와 같은 무형의 자산보다 주식의 액면가로 표시되는 금융자산이 더욱 가치 있다. 그리고 거액의 보수를 받는 기업경영진들은 주식이나 채권, 금융파생상품 등의 각종 유가증권 투자로 부를 더욱 증식시킨다. 금융자본주의가 주도하는 경제에서는 기업의 효율이나 생산성 제고를 통해 이윤을 추구하는 것보다 금융상품 투자를 통해 이익을 남기는 금융투자가 성행하게 된다. 금융소득은 소수의 금융자산가의 재산을 더욱 불려주며 부의 양극화에 기여한다.

금융자본주의의 융성은 국가경제의 생산력 기반을 만드는 것보다는 돈을 버는 일에 치중하게 한다. 금융자본주의는 아리기(Giovanni Arrighi)

의 주장과 같이 자본축적의 마지막 단계에서 나타나며 역사적으로 헤게모니 경제의 몰락기에 해외 자본투자와 금융자본주의가 융성하였다.[169] 영국의 팍스 브리태니커 시대가 저물어가고 1차 대전을 목전에 둔 시점 영국의 해외 금융투자는 세계 총액의 44퍼센트에 달했다. 이에 비해 제조업 생산능력은 산업혁명기에는 총량의 32퍼센트로 세계 1위였으나 1913년 무렵에는 14퍼센트로 떨어졌다.[170] 오늘날 미국의 헤게모니도 유사한 싸이클을 밟으려는 것일까. 금융자본주의의 최상층에 있는 소수의 슈퍼리치와 선진국 중 가장 적은 비중의 중산층과 가장 높은 소득불평등 구조를 가진 미국이 이 구조를 개혁하지 않고서는 머잖아 과거의 영광이 사라지지 않을까 우려된다.

산업생산력의 발전에 기초하지 않은 금융자본의 성장은 한 국가의 장기적 발전을 기약하지 못한다. 다시 말해 단기적 돈벌기에 급급한 경제모델은 국가경제의 장기적 발전기반을 취약하게 한다.

금융자본주의의 전횡을 통제하고 경제의 건전한 생산력 발전을 장려하기 위해 금융에 대한 적절한 규제가 필요하다. 워싱턴 정가에서는 트럼프와 공화당 의원들이 '닷-프랭크'법안을 무력화시키고 금융규제를 회피하는 정책을 추진하였다. 미국을 꾸준히 하락하게 만든 미국의 기득권 정치가 워싱턴에 계속 자리 잡고 있는 한 개혁이 어렵다.

앵글로색슨 모델의 주주자본주의가 아니라 이전 유럽식의 이해관계자 모델(stake-holder model)을 참고하여 새로운 이해관계자 모델로의 전환을 도모해야 한다. 과거 독일의 이해관계자 모델은 자본과 노동, 그리고 은행이 모두 당사자로 포함되어 단기적 이익보다 장기적 안정과 발전, 이해관계자 모두의 이익을 도모하는 방식으로 운영되었다. 21세기형 자본주의 4.0 시대의 이해관계자 모델의 개발이 필요하다.

오늘날 미국경제를 황폐하게 만든 앵글로색슨 모델과 금융자본주의를 버리고 새로운 경제모델 실현이 필요하다. 미국의 저명한 지식인들은 부자의 자본소득세와 상속세 증세, 다국적기업에 대한 증세, 교육과 공공재에 대한 투자, 복지재원 증대, 금융자본의 규제 등과 같은 여러 정책적 제안을 내놓고 있다.[171] 그러나 워싱턴의 기득권 정치인들은 이런 목소리에 귀를 기울이지 않는다. 언제가 될지 모르나 분노한 유권자들이 그들을 모두 집으로 돌려보내는 날이 개혁의 시작일 것이다.

02
시장근본주의 신화의 극복

1) 칼 폴라니와 자기조정적 시장

칼레츠키의 자본주의 4.0은 시장근본주의를 경계하고 국가가 적절하게 시장에 관여해야 한다고 주장한다. 그러나 시장에 적절히 개입해야 한다는 것은 이해집단의 관점에 따라 현실적으로 다른 정책으로 나타나기 쉽다. 거대기업과 금융자본은 여전히 탈규제가 시장을 살리는 만능의 수단이며 시장의 방만함으로 위기가 발생했을 시 공적자본으로 구제해 주는 것은 당연하다고 주장할 것이다.

앞에서도 논했듯이 시장에 어떻게 개입해야 하는가는 정치적 선택의 문제이다. 신자유주의의 시대를 완전히 떠나 21세기의 시대적 상황에 맞는 자유주의 정치경제 발전모델은 어떤 것일까?

국가와 시장의 새로운 관계를 설정함에 있어 20세기 초 칼 폴라니가 목도한 자유시장경제의 위기를 돌이켜보면 유용할 것이다. 폴라니는 그의 저서 〈거대한 전환: 우리시대의 정치경제적 기원〉에서 시장이 자동조정기능을 가진 기구라는 믿음을 가지고 자유시장 경제를 재건하려고 한 서유럽 정부들의 노력이 어떻게 실패로 끝나고 파시즘이 등장하게 되었는지 분석하였다. 신자유주의 시장경제와 워싱턴 컨센서스가 실패하고 극우파 세력이 약진하는 현재의 서구 정치의 모습이 폴라니가 그린 20세기 초와 흡사한 면이 있다.[172]

폴라니는 1920년대의 서유럽의 정치경제를 시장기구에 대한 맹신으로 인해 자유주의 경제 뿐 아니라 정치까지 파탄에 이르게 한 상황으로 설명하였다. 일차대전이 끝나고 1920년대 유럽국가들은 질서의 회복과 함께 자유시장경제 체제와 자유무역체제를 재건하고, 또 그 기반으로서 금본위제를 복구하려고 하였다. 금본위제는 자기조정적시장 메커니즘의 상징적 존재로서 자유시장과 자유무역 체제 복구를 위해 필수적인 것으로 간주되었다. 각국의 통화가치 회복과 고정환율이 금본위제의 필수요소이다. 각국은 금의 가치에 일정 비율로 고정된 자국의 통화가치를 회복하기에 사활을 걸었다. 그러나 현실적으로 이는 많은 긴장과 갈등을 동반하였다.[173] 예컨대, 금본위제의 선두국이던 영국에서 금본위제를 복구하기 위한 노력은 두 가지 양립하기 힘든 선택의 딜레마를 의미하였다. 즉, 통화가치의 안정을 위해 임금삭감과 정부지출의 축소 및 재정균형을 택할 것인가, 또는 통화가치의 하락을 감수하면서 임금을 인상하고 각종 사회서비스 개선을 위해 지출을 확대할 것인가의 선택이었다. 이를 오늘날의 맥락으로 비춰보면, 통화주의의 처방에 따라 긴축재정을 시행하고 임금을 삭감할 것인가, 또는 다소의 인플레이션을 감내하면서 임금을 인상하고 공공복지 재정 지출을 늘리는 재정확대 정책을 시행할 것인가의 선택으로 바꾸어 볼 수도 있다. 신자유주의의 초창기 레이거노믹스는 통화주의 경제학의 처방에 따라 전자를 택했고, 워싱턴 컨센서스와 IMF 구조조정 패키지도 개발도상 채무국에게 전자를 처방하였다. 그 결과 워싱턴 컨센서스의 처방은 개발도상국의 잠재적 발전 능력을 훼손했다는 평가를 받았다.

오늘날도 그렇지만 1920년대에 이 문제는 단순히 경제학의 법칙에 따라 해결할 수 있는 문제가 아니었다. 현실적으로 이 문제는 당시 정치사회적으로 더욱 벌어지고 있던 자본가와 노동자 계급간의 갈등의 확대를 의미하였다. 1920년대 당시 영국과 유럽의 노동당들은 이런 딜레마에 봉착하여 통화가치의 안정을 택했다가 권좌에서 쫓겨났다고 폴라니는 기술하였다. 1923년 오스트리아에서, 1926년 벨기에와 프랑스에서, 1931년 독일에서, 각국의 노동당은 모두 '통화가치를 구출'하기 위해 권력에서 물러나야만 했다는 것이다.[174]

그러나 당시의 통화주의 해법은 경제를 안정시키지도 정치사회적 갈등을 진정시키지도 못했다. 노동당이 물러나고 통화가치 안정정책을 지지하는 편이 정치적으로 우위를 잡았다고 해도 실제 성과는 신통치 않았다. 예외 없이 통화가치의 불안을 겪게 되었을 뿐 아니라, 자본가와 노동자, 그리고 그 사이에서 이리저리 왔다 갔다 하는 여러 집단들 간의 정치적 갈등은 증폭되었다. 노동계급의 임금인상 주장과 노조의 파업에 대해 반시장적 행위로 간주하고 배척하는 인식도 확산되었다.[175]

통화가치의 안정과 금본위제를 회복하려던 국가들의 노력은 결국 아이러니하게도 자유시장경제의 원칙을 떠나 시장개입과 보호주의로 치달았다. 이 와중에 동반된 정치사회적 계급갈등과 불안의 증폭상황은 자유주의 국가의 기초를 약화시키고, 경제적 불안과 정치적 불안의 상승작용으로 마침내 파시즘이 등장할 수 있는 토양이 조성되었다.[176] 폴라니의 말처럼 디플레이션으로 통화가치를 안정시킨다는 10년간의 헛된 노력으로 자유시장은 회복되지 않고 자유정부만 희생되었다.

영국은 1931년 마침내 금본위제를 탈퇴하게 되었고 프랑스, 벨기에 등도 1936년에, 미국과 이탈리아 등은 1933년에 탈퇴하여 금본위제는 사라졌다.[177] 1930년대 독일, 이탈리아에 파시즘이 득세하고 동유럽 여러 국가에서도 일당독재정권이 등장하여 자유주의 국가의 이상이 무너졌다. 그리고 마침내 유럽은 또 다른 전쟁으로 치달아가게 되었다.

폴라니의 분석에 따라 우리가 여기서 알 수 있는 것은 시장기구에 대한 맹신이 결국 자유민주주의 정치를 파국에 이르게 했다는 것이다. 당시의 금본위제에 대한 믿음은 오늘날 시장을 자유롭게 하면 경제는 저절로 잘 돌아갈 것이라는 믿음과 유사하다. 이것은 경제결정론이며 이런 사고에서는 정치와 국가의 역할은 축소되며 시장에 종속된다. 경제결정론의 사고는 사회계급적 갈등을 조정하기 위한 지혜와 방법을 제시하기에 매우 취약하다. 시장경제가 발전함으로써 더욱 커진 자본과 노동의 갈등, 거대기업과 영세 자영업의 갈등을 조정하는 것은 정치와 국가의 영역이다. 그러나 경제우위의 신념체계에서는 정치적 갈등 조정이 존재할 공간이 매우 협소하고, 자본과 노동의 갈등은 옆으로 치워버려야 할 부작용 정도로 인식한다.

당시 자유주의 국가체제가 무너지고 파시즘이 등장했던 것처럼 오늘날 서구 민주주의 정당들은 배타적 민족주의와 타문화 배척을 주장하는 극우파 정당들에게 자리를 조금씩 빼앗기고 있다. 정도의 차이는 있으나 시장기구에 대한 맹신이 시장의 실패를 가져왔을 뿐 아니라 정치 불안을 배태했다는 것은 그때나 지금이나 유사한 맥락일 듯하다.

2) 불평등의 세계화와 시장

1930년대 자유시장경제와 자유주의 국제체제의 파국을 목도하면서 그 소용돌이의 진원지에서 폴라니가 끄집어냈던 것은 자기조정적 시장 메커니즘에 대한 교조적 믿음이었다. 그러면 우리는 여기서 묻지 않을 수 없다. 우리 시대는 자기조정적 시장의 유토피아에 대한 동경을 완전히 극복하였는가? 그렇지 않다. 신자유주의가 지배하던 지난 40년간 우리는 시장이 최적의 자원분배기구이며 시장의 자유가 세계를 부유케 하리라는 믿음을 강고하게 쌓아올리지 않았는가.

신자유주의가 주류로 등장하면서 시장이 최적의 자원분배기구라는 확신이 강하게 전파되었으며, 시장의 개방과 통합을 통한 세계시장의 단일화가 유토피아로 등장했다. 신자유주의적 세계화는 세계 곳곳의 시장을 가차없이 완전 개방하여 세계시장을 통합하는 것을 제일의 목표로 하였고, 시장개방이 주도하는 세계화가 탈냉전 시대 세계질서를 주도하는 흐름이었다.

19세기의 유럽에서 세력균형의 국제질서를 지지하는 역할을 한 것은 거대 금융자본, 오트 피낭스(haute finance)들이었다. 그들은 그들의 자금동원력과 방대한 네트워크로 유럽 군주들의 재정적 필요에 부응하고 유럽의 세력균형의 국제질서를 지탱하는 매개 역할을 하였다. 이와 유사하게 21세기의 초국적 거대금융자본들과 초국적 기업들도 그람치(Gramsci)적 '초국가적 역사적 블록'[178]에 속한 세계 여러 국가의 정치지도자들에게 시장개방이 주도하는 세계화(globalization) 질서를 수립하도록 주문하고 인도하였다. 초국적 거대 금융자본과 초국적기업들은 세계화의 선두주자이며 최대의 수혜자들이다. 이들은 또 이들에게 이론을 제공하는 '초국가적 역사적 블록'에 속한 지식인과 학자들에게 시장의 개방과 세계화가 시대의 대세임을 알리는 수많은 글들과 이론들을 쏟아내도록 재정적 후원을 하였다. 국경을 허문 자유무역의 확대와 시장통합이 더 많은 부(富)를 창출할 것이란 믿음은 이 시대 부동의 믿음으로 자리 잡았다. 시장이 최적의 분배기구이니 국경을 허물고 시장을 통합하여 더 많은 부가 산출되고 유통되게 해야 한다는 이론이 신자유주의 시대의 지배적 독트린으로 등장하였다.

그리하여 시장은 세계화 되었지만 그를 규제할 세계적 규모의 거버넌스 체제는 정비되지 못하고, 지난 사십 년 간 세계화 과정에서 많은 비용과 갈등이 발생하였다. 80년대 이래 세계 곳곳에서 발생한 크고 작은 금융위기들이 그 대표적인 예이다.

더 이상 방치할 수 없이 벌어진 전세계적인 소득의 양극화 현상도 그 예이다. 브랑코 밀라노비치의 말처럼 세계화의 이득은 평등하게 분배되지 않았다. 그의 연구에 따르면 세계화의 최고 승자는 전 세계 최상위 1퍼센트에 속하는 사람들이다. 1988년부터 2008년까지 세계 최상위 1퍼센트의 소득은 67퍼센트 증가한 반면, 같은 기간 선진국 중하위층의 소득증가율은 1퍼센트에 불과하다. 동일 기간 전 세계 소득증가분을 100이라 칠 때, 절대적 증가분 중 44퍼센트가 세계 상위 5퍼센트의 손에, 약 20퍼센트가 최상위 1퍼센트의 손에 들어갔다고 한다. 이에 비해, 하위 90퍼센트는 소득 증가액 중 39퍼센트를 나누어 가졌을 뿐이다.[179] '글로벌 신흥중산층'으로 등장한 중국을 필두로 한 아시아 신흥국의 국민들도 세계화의 수혜자로서 소득이 증가하였다. 하지만 이들의 소득증가분은 모두 합하여 12~13퍼센트에 불과하다. 그리고 이들은 소득이 증가했지만 서구 중산층에 비하면 상대적 열위이며 고소득국가의 중산층과 비교되지 않는다.[180] 결론적으로 신자유주의 세계화의 승자는 세계 최상위 1퍼센트와 5퍼센트의 부자들이다. 시장개방의 세계화를 설득하던 그 수많은 이론과 글들이 누구를 위한 것이었는지 묻지 않을 수 없다.

세계화의 혜택을 좀 더 평등하게 나누는 방법을 찾아내지 않으면 분노한 대중들은 기성 정치권을 더욱 외면하게 될 것이다. 최근 영국의 Brexit 결정과 유럽 각국에서 나타나고 있는 국수주의적 우파정당들의 약진은 신자유주의적 세계화 체제의 심상치 않은 균열을 의미한다. 미국과 서유럽의 대중들이 이민노동자를 배척하는 극우파 정당들을 지지하는 것은 사실 분노의 대상을 잘못 짚은 것이다. 극우정당들은 소득이 줄어들고 일자리가 사라지는 것에 분노한 대중들에게 엉뚱한 희생양을 제공함으로써 오히려 문제의 본질을 오도하고 있다. 이것은 트럼프도 마찬가지이다. 미국 러스트 벨트의 노동자들이 분노해야 할 대상은 멕시코 이민노동자들이 아니라 월가의 금융자본과 거대기업의 경영진들 그리고 그들의 이익을 대변하는 정치인들이다. 밀라노비치의 연구에 따르면 세계 최상위 1퍼센트에 미국국민의 12퍼센트가 속한다.[181] 워싱턴의 정치인들은 피츠버그의 분노한 백인노동자들과 세계 최상위 1퍼센트에 속하는 미국 최상위층 12퍼센트 사이의 엄청난 간격을 어떻게 메꾸어야 할 것인지 지혜를 모아야 한다.

시장이 최적의 배분기구이니 정부는 최대한 축소하고 시장의 자유를 최대한 확대해야 한다는 이론은 더 이상 답이 아니다. 그것은 그로 인해 최대의 이익을 올리는 상층 자본가들의 이론이다. 우리가 폴라니의 19세기 문명 해석에서 배울 수 있는 교훈은 신자유주의 세계질서 균열의 파열음이 더 커지기 전에 시장만능주의 믿음의 허구성을 깨달아야 한다는 것이다.[182]

03
국가는 무엇을 할 것인가

　신자유주의 시대가 남긴 문제는 불평등과 공공재의 위축이다. 불평등을 극복하고 무너진 공공재를 구축하기 위해 국가는 어떻게 해야 하나. 자본주의 4.0 이후 시대의 국가는 시장에서 공정한 게임의 규칙을 만들고 전략적 과학기술 투자 분야에서는 주도적 역할을 하는 국가이다. 이런 의미에서 큰 국가이지만 자본주의 2.0 시대의 국가와는 달리 민간과의 협력 구조 속에 더욱 민활하게 민간과의 협력체제를 만드는 국가이다. 전 시대가 남긴 불평등 구조를 해소하고 동시에 4차 산업혁명 시대를 대비하는 것이 국가의 일이다.

1) 불평등 극복을 위하여

제안 1. 게임의 규칙

　신자유주의 시대의 소득불평등은 경제학의 불가피한 법칙 때문이 아니라 신자유주의의 주인공인 '초국가적 역사적 블록'의 자본가와 정치인들이 만든 공정하지 못한 게임의 규칙 때문이다. 노벨 경제학자인 스티글리츠는 현재의 미국 자본주의 경제를 정상적 시장경제가 아니라 '모조

자본주의'(ersatz capitalism)라 지칭했다.[183] 왜냐하면 정상적으로 경쟁이 이루어지는 시장이 아니기 때문이다. 애덤 스미스가 〈국부론〉에서 그렸던 시장은 특권과 기득권이 없는 공정한 경쟁이 이루어지는 시장이었다(2장). 그러나 현재의 시장은 최상위 부자와 대기업이 나머지 국민들을 착취하는 왜곡된 시장이며 이 시장의 경기규칙을 만드는 것은 현재의 미국 정치이다. 이것은 스티글리츠 뿐 아니라 미국 내 많은 진보적 자유주의 학자들이 지적한 것이며, 미국의 진보적 자유주의 학자들은 공통적으로 정치개혁이 필요하다고 주장한다. 정치개혁이 있어야 개혁적 정책을 실현할 수 있기 때문이다.

높은 성장과 공정한 분배가 동시에 이루어질 수 있으려면 게임의 규칙을 바꾸어야 하고, 게임의 규칙을 바꿀 새로운 정치가 필요하다. 스티글리츠는 미국에 필요한 것으로 다음과 같은 정책을 주문하였다. 미국 최상위 부자들의 엄청난 수익원인 자본이익(유가증권, 부동산 등에서 나온)에 대한 증세, 상속세 인상, 반독점법의 강화와 엄격한 적용, 최고경영자의 천문학적 고액연봉이나 스톡옵션을 제한하는 기업 거버넌스 개혁, 은행을 비롯한 금융기관 규제 등이 그것이다. 이런 정책들은 전혀 새로운 것이거나 혁명적인 것이 아니다. 신자유주의 시대 만들어진 것들을 다시 그 전의 모습으로 돌려놓거나 수정하는 수준의 것들이 많다. 이 만큼만 하여도 현재의 불평등이 현저히 개선되리라는 것이다.

현재 미국 최상위층의 부의 독점과 왜곡된 정치모습은 폴 크루그먼의 지적처럼 미국 역사 상 19세기 말의 '도금시대'(Gilded Aged)를 연상케한다. 독점대기업의 횡포와 착취, 그들과 야합한 정치의 부패, 이민노동자에 대한 차별, 이런 것들이 지금의 미국 정치에서도 비슷하게 다시 재연되고 있는 듯하다. 대공황과 이차 세계대전을 겪으면서 미국은 새로운 정치사회적 합의인 '뉴딜 합의'를 만들어내고 그 바탕 위에 좀 더 공정한 분배와 대중의 풍요로운 삶이 가능한 경제발전을 실현하였다. 다시 그런 정치사회적 합의가 가능할 것인가는 정치의 문제이다. 그러나 현재의 워싱턴DC를 보면 전망이 그리 밝다고만 볼 수 없다.

제안 2. 사회보장제도

신자유주의 세례를 받은 대부분의 서구 국가들에서 사회보장제도가 약화되고 위축되었다. 사회보장제도의 약화로 중산층이 가장 큰 피해를 입는다. 그들이 사회보장제도의 가장 큰 후원자이고 수혜자이기 때문이다. 공교육 지원 축소, 국민건강 서비스 삭감, 각종 정부서비스 이용료 인상, 연금혜택 삭감 등과 같이 사회보장제도의 혜택을 감축하는 제도로 중산층이 피해를 입었다. 그들이 공교육이나 무상의료, 국민건강보험, 연금 등의 혜택을 가장 많이 받으며 이런 제도의 도움으로 아래로 추락하지 않고 중산층의 생활을 유지할 수 있었다. 그리고 두터운 중산층의 존재가 민주주의 정치에 필수적이다.[184]

자본주의 4.0 시대에 노동시장의 유연화는 어쩔 수 없이 계속될 것이다. 로봇 생산, 디지털 경제와 같이 생산기술의 획기적 발달로 인간 노동력 수요의 감소는 불가피하다. 자본주의 2.0시대와 같이 조직화된 강력한 산별노조를 통해 임금과 각종 혜택을 포함한 노동의 몫을 보장받는 일이 점점 사라진다. 이런 상황에서 사회보장제도의 안전망이 없으면 중산층은 아래로 떨어지고 이들이 정치적 포퓰리즘과 극우파의 지지자로 돌아서거나 정치적 냉소주의로 돌아선다. 사회보장제도는 중산층을 보호하고 민주주의를 보호하는 최소의 안전장치이다.

노동의 유연화가 진행될수록 사회보장제도의 강화는 시급하다. 사회보장제도의 재원을 위해 증세하는 것에 대해 칼레츠키는 회의적이었지만(3장), 위에서 본 것처럼 신자유주의 시대에 왜곡된 과세제도를 수정하여 최상층 부자들에게 증세하고 독점 대기업의 초과이윤에 과세하는 시스템을 만든다면 가능할 것이다. 부자증세와 법인세 인상에 대해 미국 공화당 정치인이나 기업인과 보수적 인사들은 반대한다. 부자의 자본소득세와 상속세, 기업의 법인세를 인상하면 투자의욕을 상실하게 만들 것이란 그들의 주장은 입증되지 않은 상투적 변명에 불과하다. 로버트 레이쉬 교수가 지적하였듯이 세금을 과세하지 않아도 부자들의 천문학적 부는 생산적인 재투자로 연결되기보다 부동산이나 유가증권, 보석, 고가의 미술품 구매와 같이 개인적 치부를 위해 사용되었다. 기업의 법인세를 인상하면 투자의욕을 꺾을 것이라는 것도 사실이 아니다. 대기업들은 법인세 인하로 축적된 자본을 대부분 최고경영진의 스톡옵션 지급이나 자사주 매입 등으로 소비하며 생산적 투자가 더 증가하지는 않았다.

중산층과 하층의 세금부담을 덜어주고 상위 소득 계층에 세율을 높이는 누진세제의 실시도 필요하다. 칼레츠키는 누진세제에 대해서도 회의적이지만, 소득이 높아질수록 높은 세율이 적용되어도 이들이 지는 부담은 중산층 이하의 사람들이 지는 부담과 비교해서 아무것도 아니다.

신자유주의 시대에 더욱 널리 확산된 이데올로기 중의 하나가 개인의 소득에 국가가 지나치게 과세하는 것은 타당하지 않다는 것이다. 부자들의 부는 개인의 소유물이므로 국가가 개입하여 높은 세금을 매기는 것이 옳지 않다는 것이다. 이런 생각은 자유지상주의적(libertarian)이며, 신자유주의 시대에 널리 통용되었다. 이것은 한마디로 잘못된 것이다. 소득과 부의 생성은 개인적인 것이 아니라 사회적 과정을 통해 이루어진 것이다. 그러므로 소득에 대한 과세도 사회적 과정에 의해 결정되어야 한다. 마이클 샌델 교수는 그의 〈정의란 무엇인가〉에서 마이클 조던의 고수입에 과세하는 것이 옳은가의 질문을 던졌다. 마이클 조던과 같은 탁월한 스포츠 선수가 천문학적 수입을 올렸을 때, 그에 대해 높은 세율의 세금을 부과하는 것은 옳다. 왜냐하면 그가 그토록 많은 소득을 올린 것은 그의 농구 능력을 높이 평가하는 사회 덕분이며, 그 사회 시스템에서 제도적으로 결정되는 소득세를 내는 것이 타당하다. 만일 마이클 조던이 농구가 각광받고 돈이 몰리는 스포츠가 아니었던 100년 전에 태어났거나, 농구를 즐기지 않는 다른 나라에 태어났다면 그는 지금처럼 많은 돈을 벌 수가 없었을 것이다.

또 다른 예로, 빌 게이츠와 같은 기업인의 경우를 들어 보자. 빌 게이츠가 세계 1, 2위의 부자가 된 데는 당연히 그의 천재성과 노력이 있었지만, 그의 천재성이 빛을 보게 한 사회적 배경과 제도의 덕도 있다. 그가 만든 컴퓨터 운영체제와 소프트웨어를 사용하는 많은 비즈니스와 개인 수요자들이 존재하는 덕분이며, 그의 랩에서 소프트웨어를 개발하는 젊은이들을 초등학교부터 대학까지 교육시키고 공급한 국가의 시스템이 있었기 때문에 가능하다. 따라서 빌 게이츠의 부는 사회적 과정에서 생성된 것이며, 그의 탁월한 천재성에 부응하는 대가를 지불하면서도 동시에 사회에 돌아가야 할 몫을 높은 비율의 세금으로 부과하는 것은 정당한 것이다.

결론적으로, 모든 개인의 부는 순수하게 개인적인 것이 아니라 사회적 시스템 속에서 사회적 과정을 통해 생성되는 것이다. 부동산으로 돈을 벌었건, 주식투자로 벌었건, 또는 기업경영으로 벌었건, 마찬가지이다. 부의 생성과정이 사회적이므로 그에 대해 합당한 세율을 정하고 세금을 부과하는 것은 사회의 정치적 과정을 통해 이루어짐이 타당하다. 부자에게 높은 비율의 세금을 부과 하는 것이 옳지 않다는 지극히 개인주의적인 논리는 타당하지 않다.

신자유주의 시대에는 이런 개인주의적 믿음이 광범위하게 확산되었다. 신자유주의 시대에 만연한 개인주의 이데올로기를 수정하고 국가공동체의 윤리를 회복해야 한다. 신자유주의 시대 만연한 개인주의 이데올로기의 근원을 마이클 샌델 교수는 미국 자유주의 계보 중 자유지상주의(libertarianism)에서 찾는다. 샌델 교수는 그의 저서 〈정의란 무엇인가〉와 〈민주주의의 불만〉 등에서 자유지상주의(libertarianism)가 득세하면서 얼마나 미국 민주주의의 기초가 붕괴되었는지를 설명한다. 최소한의 국가와 개인의 무한한 자유를 주장하는 자유지상주의가 레이건 시대 이후 지배적 주류가 되면서 미국 민주주의의 기반이 붕괴되고 국가 공동체가 피폐해졌다는 것이다.

제안 3. 기초자본의 불평등 감소: 공교육 혁신

밀라노비치의 연구에 의하면 오늘날 부유한 계층이 자본소득이 많을 뿐 아니라 근로소득도 다른 계층보다 더 많이 벌어들이는 현상이 일어나고 있다고 한다. 부유한 계층 출신이 더 고소득 직종에 종사하는 경향이 높아지고 있기 때문인데, 그는 이런 현상이 나타나는 시대를 신자본주의라 칭하였다. 기왕에 부유한 사람이 그렇지 못한 사람보다 더 고소득 직업을 가지고 더 많은 돈을 버는데, 이런 패턴이 자녀 대에도 계승된다. 지금부터는 개인의 직업과 사회적 위치가 개인의 노력보다 가족의 부와 배경에 의해 더 많이 영향을 받으며, 개인의 노력으로 자기의 조건을 개선하는 것이 예전보다 더 어려워지는 시대가 된다. 이미 그런 현상이 나타났으며 현 정치경제 체제를 개혁하지 않으면 이런 현상은 더욱 구조적으로 고착될 것이다.

크루그먼의 지적처럼 이미 지금 미국의 대다수 젊은 세대는 자기 부모 세대가 누린 것보다 더 높은 수준의 부와 복지를 누릴 수 없는 미국 역사상 최초의 세대가 되었다. 아시아의 성공한 국가인 한국의 경우에도 이와 유사한 현상이 일어나고 있다. 많은 젊은이들이 부모세대가 '한강의 기적' 시대 경험했던 신분상승의 사다리를 기대할 수 없는 '흙수저'임을 자조하고 있다. 이대로 가면 개인의 능력과 노력보다 가족의 부와 배경, 그에 따른 인맥과 행운이 운명을 좌우하는 시대가 된다. 부유한 가족의 자녀가 부를 물려받을 뿐 아니라 부모와 유사한 고소득 직업을 가지거나 정부나 기업의 고위직을 차지할 확률이 높다. 일찍부터 부모의 관심과 교육투자로 고급교육을 받아 명문 대학에 진학하며 고소득 직업을 가지게 될 가능성이 가난한 가정의 자녀보다 높은 것이다. 부와 사회적 신분이 고착되고 부와 사회적 관계를 대물림하는 신신분사회가 될 수 있다.

미국에서 이러 현상이 고착화되어 가는 현상을 브루킹스 연구소의 리처드 리브스(Richard Reeves)박사는 그의 책 『Dream Hoarder』에서 분석하였다. 한국어로 『20 vs 80의 사회』로 번역된 이 책의 원제는 『꿈의 축적자들: 미국의 중상위 계층이 어떻게 다른 계층들을 크게 앞지르나』이다. 여기서 그는 미국의 상위 20퍼센트가 부와 직업, 사회적 지위를 자녀 세대에 물려주는 계층의 고착화가 진행되고 있다고 한다. 사회적 계층의 고착화를 일으키는 가장 큰 매개가 교육이다. 상위 20퍼센트에 속하는 부모가 자녀교육에 더 투자하고 상류층 자제가 명문대학에 진학할 확률이 월등히 높다. 미국 최고 명문대학 재학생의 2/3가 소득 상위 20퍼센트 가정 출신이란 것이다.[185] 이처럼 신자본주의, 신신분사회가 고착화되면 민주주의의 뿌리가 훼손되고 고사할지도 모른다.

밀라노비치는 이런 불평등의 고착을 수정하기 위해 교육개혁, 평등한 교육의 분배를 통한 개인의 기초 자본(개인의 부와 기술)에서의 불평등 완화를 주장한다.[186] 개인의 기초자본의 불평등을 수정하기 위해 국가가 할 수 있는 일은 교육평등 외에도 부자들의 상속세를 인상하는 방법도 있다. 상속세를 인상해야겠지만 교육평등이 더 확실한 방법이다. 왜냐하면 상속세를 인상한다 해도 한계가 있으며 원천적으로 부자의 자녀가 재산을 물려받는 것 자체를 금지할 수는 없다. 상속세 세율을 인상하고 탈세방지를 위한 각종 정책을 동원하고 나아가 교묘하게 법을 피해 우회상속 할 수 있는 길을 엄히 차단한다 하여도 원천적으로 부의 상속을 막을 수는 없다. 따라서 자본주의 사회에서 출발선에서의 불평등을 치유하는 가장 최선의 길은 교육의 평등분배이다.

'평등한 교육분배'란 단순히 모든 사람에게 동일한 교육기간을 의무교육으로 보장한다는 의미가 아니다. 보다 '의미있는' 실질적인 의미의 동등한 교육 접근기회를 말한다. 예컨대, 오늘날 대한민국에서처럼 고등학교까지를 의무교육으로 하고 누구나 4년제 대학을 진학할 수 있도록 학자금 융자나 국가장학금 제도를 만들었다 하자. 이것도 상당한 발전이기는 하지만, 안타깝게도 형식적 평등에 그칠 가능성이 높다. 실질적으로는 고소득 부모를 둔 자녀가 더 좋은 교육을 제공하는 비싼 명문고와 명문대를 나오고, 결과적으로 더 고소득 직장에 취직할 확률이 더 높다. 고소득의 부모는 자녀를 명문 학교에 진학시키기 위해 학교교육 이외 고액 사교육을 시킬 수 있고 명문학교 진학에 도움이 되는 기타 여러 경험과 자격증 취득 등을 재정적으로 부담 할 수 있기 때문이다.

이런 구조를 바꾸려면 공교육 시스템을 완전히 재정비 하여 누구나 평등하게 양질의 교육을 받을 수 있도록 해야 한다. 평등하게 양질의 교육을 제공하려면 공립학교의 대대적 개혁이 필요하다. 공립학교 교육의 품질을 고급화, 상향평준화해야 한다. 대개 평준화 정책은 하향평준화의 결과를 가져오기 쉽다. 따라서 부유한 부모들은 비싼 등록금을 지불하더라도 질 높은 교육을 제공할 수 있는 사립학교를 선호한다. 공립이 사립에 비해 수준이 낮아서는 교육개혁이 이루어진 것으로 볼 수 없다. 공립학교의 수준이 획기적으로 개선되어야 한다. 부모의 소득과 관계없이 개인의 노력에 따라 누구나 최고 양질의 교육을 받을 수 있도록 학교 간 수직적 차이가 없는 상향평준화를 실현해야 하는 것이다.[187] 이것은 국가가 교육투자를 대폭 늘리지 않으면 불가능하다.

『20 vs 80의 사회』저자 리처드 리브스는 미국의 가난한 동네의 공립학교에 더 우수한 교사를 보내는 프로그램을 실현해야 한다고 주장한다. 가난한 동네에서 근무하는 우수 교사에게 더 많은 금전적 인센티브를 제공하고, 이들이 전문적 교수법을 개발할 수 있도록 지원하는 방법도 실천할 것을 제안한다.[188]

신자유주의 시대 미국에서는 공립대학에 대한 재정지원을 대폭 줄였다. 미국의 4년제 대학의 경우 숫자로는 사립대학의 수가 더 많지만 재학생 비율로 보면 약 1.5배 정도 공립대학 학생이 많다. 더 많은 학생들이 진학하는 공립대학이 재정확보에 급급하다 보면 교육의 품질을 담보하기 어렵다. 미국이 가진 소프트 파워 자산 중 중요한 것이 대학교육 시스템이다. 세계의 많은 젊은이들을 미국으로 불러들이고 미국에서 일하게 하는 브레인 유치의 기능을 했다. 하버드 같은 명문 사립대학들도 있지만 우수한 주립대학들이 있었기 때문에 미국대학 교육의 평균적 품질이 유지되었다. 이민자의 자녀들이 좋은 교육을 받고 아메리칸 드림을 이룰 수 있었던 것도 공교육 시스템의 덕분이다. 경쟁력 강화란 미명으로 교육을 시장원리에 맡기고, 교육재정과 각급 공립학교에 대한 지원을 줄이는 것은 불평등을 고착화시키고 민주주의의 기반을 훼손하는 근시안적인 정책이다.

리브스도 부유한 사립대학들에 대한 너그러운 조세 혜택을 철폐하고, 공립대학과 커뮤니티 칼리지에 대한 지원을 늘려야 한다고 주장한다.[189]

자본주의 4.0의 시대 국가는 교육제도 개혁과 교육시스템 운영의 재정적 지원에 있어서는 '큰 국가'가 되어야 한다. 자본주의 경제의 불평등을 치유하는 가장 확실한 방법은 교육에 대한 국가의 투자이다. 신자유주의 시대 작아졌던 국가는 전략적 분야에서는 다시 커져야 하는데(3장) 교육이 바로 그 핵심적인 전략적 분야의 하나이다. 전략적 분야에 대한 국가의 투자 효과는 단기적으로 수년 사이에 나타나는 것은 아니다. 장기적 안목을 가지고 국가 주도적으로 기획하고 투자하며 민간을 주도해야 한다. 공립학교와 공교육에 대한 획기적 투자증대는 자본주의 4.0 이후 시대 국가가 해야 할 가장 중요한 일의 하나이다.

2) 공공투자 국가: 4차 산업혁명 시대

방법 1. 과학기술 투자

4차 산업혁명 시대 국가는 전략기획 분야에서 큰 국가이며 새로운 기술경제 패러다임을 설정하고 시장을 인도해야 한다. 첨단지식과 정보로 무장하고 방향 설정과 원천지식 연구에 있어서는 민간분야를 리드하며, 구체적 기술개발에서는 민간기업과 협업할 수 있다.[190]

4차 산업혁명 시대를 맞아 국가는 자본주의 3 시대보다 능동적으로 전략기획 분야를 설정하고 시장을 인도하는 역할을 해야 한다. 로봇과 인터넷 등으로 생산기술이 발전하고, 4차 산업혁명 시대에 맞는 정보통신, 환경보호, 농생명, 의학, 재생에너지 등의 분야에서의 신기술에 대한 수요가 높아진다. 국가는 이런 분야의 기초연구와 원천기술 개발을 위해 장기적 안목으로 투자해야 한다. 민간기업들에 비해 단기 수익에 구애받지 않고 장기적 안목으로 투자할 수 있는 것이 국가이며 이것이 사회전체의 생산력을 높이는데 기여할 수 있다. 민간 거대기업들도 신기술 개발에 투자하지만 원천적인 지식과 기술개발보다는 상업적 이윤을 얻는데 치중함에 비해, 국가는 국가사회 전체의 경쟁력을 높이는 방향으로 투자할 수 있다. 국가의 투자가 사회전체의 생산력을 높일 수 있다는 것을 재생에너지의 경우에서 살펴보자.

화석연료와 원자력 에너지에 이권을 가진 이해당사자들은 재생에너지가 고비용을 요하며 경제성을 확보할 수 없다고 주장하지만 이것은 사실이 아니다. 제레미 리프킨에 의하면 태양력과 풍력 등의 재생에너지 개발은 지수효과로 발전하고 있으며, 태양열 및 소형 풍력발전으로 에너지 수확 기술이 십오 년 안에 휴대전화나 노트북컴퓨터만큼 가격이 싸질 것이라 한다. 이것은 인터넷 통신의 예를 들어보면 쉽게 이해된다. 인터넷 커뮤니케이션은 인프라를 구축하는데 초기 비용이 엄청나게 들어가지만 일단 사용단계에서 정보를 유통하고 생산하는데 드는 한계비용은 거의 제로에 가깝게 된다. 인터넷 커뮤니케이션처럼 재생에너지 생산도 처음 연구, 개발 및 배치에 드는 고정비용을 해결하면 점차 가격이 무제한 내려갈 것이란 것이다.[191]

지수효과로 발전한다는 것은 일견 생각하는 것보다 더 놀라운 속도로 가격인하를 가져온다. 리프킨의 설명에 따르면 2011년 이미 태양광 에너지 생성 가격이 그전 2년에 비해 절반으로 하락했다. 그 이후 2년 간 다시 절반으로 떨어지고 이것이 거듭되면 애초 상상 이하로 가격이 인하되어 2028년경이면 태양열 시대로 들어선다고 한다.

풍력도 마찬가지이다. 지난 25년간 풍력발전용 터빈의 생산성이 100배 증가했고, 1998년과 2007년 사이 터빈의 평균용량이 해마다 30퍼센트 넘는 성장률, 즉 이년 반마다 용량이 두배 증가하는 속도로 발전했다고 한다.[192] 이런 속도로 발전하면 풍력에너지가 보편화되는 것은 그리 긴 시간이 걸리지 않을 것이다. 태양열과 풍력 에너지 뿐 아니라 바이오매스, 조력, 지열 에너지도 가까운 시일 내 이런 흐름을 타게 될 것이라 한다. 이렇게 재생에너지 개발이 지수흐름을 타고 발전하면 2040년이 되기 전에 재생에너지 비중이 전체 에너지의 80퍼센트 가량이 될 수 있다고 리프킨은 말한다.[193]

재생에너지는 우리가 현재 생각했던 것보다 낮은 비용으로 보편화될 수 있을 것이며 이는 환경문제, 자원고갈 문제 등에 대한 해법이 될 뿐 아니라 사회 전체적으로 생산성을 대폭 높일 수 있을 것이다. 이런 미래지향적 방향으로의 전환은 민간기업들에게만 맡겨서는 가능하지 않다. 현재 민간 에너지 기업들과 미국정부는 셰일가스 개발에 많은 투자를 했는데 이는 현재 채굴에 점점 더 많은 비용을 필요로 하며 곧 대안으로서의 가치를 잃어버릴 것이라 한다. 그리고 대기업들의 로비로 전성기를 지난 화석연료와 원자력 발전이 아직 재생에너지보다 과도한 정부보조금을 받고 있다고 한다.[194] 정부는 이런 민간의 논리를 이길 수 있을 만큼 전문성과 첨단지식과 정보로 무장해야 할 것이다. 선견지명이 있는 정부가 재생에너지 원천기술 개발에 꾸준히 투자하여 사회 전체적으로 생산성이 증대하게 되면, 오랫동안 화석연료와 원자력에 기대고 재생에너지 분야에 뒤처진 국가는 경쟁력을 상실할 것이다.

다음으로 민간기업을 뛰어넘어 국가가 해야 할 일은 4차 산업혁명 시대의 새로운 지식과 기술을 적용하고 보급하여 상대적으로 경쟁력이 취약한 부문과 계층을 끌어올려야 하는 것이다. 4차 산업혁명 시대는 전통적 제조업에 종사하던 블루컬러 노동자들이 대거 일자리를 잃고 생산기술을 혁신하지 못하는 중소기업들도 위태로워진다. 초국적 거대기업들은 4차 산업혁명에 대비한 장기적 연구개발에 투자할 수 있지만 중소기업, 노동자 및 여타 분야들은 개별적으로 대책을 세우기 어렵다. 이들이 4차 산업혁명 시대에 새로운 효율성을 가지고 생산활동에 참여할 수 있도록 도울 수 있는 인프라를 구축하는 것이 국가가 할 일이다. 이런 면에서 사물인터넷과 3D 프린팅 기술 발전, 그리고 재생에너지를 저렴하게 보급할 수 있는 마이크로그리드 에너지 인터넷망 구축 같은 것들을 생각해 볼 수 있다. 3D 프린팅 기술은 현재 대형 상업용 건축물에 들어가는 패널을 제작하여 콘크리트보다 얇고 가볍게 건물을 지을 수 있는 단계에 이르게 되었다고 한다.[195] 3D 프린팅 기술이 발전하여 기계나 또는 제조에 필요한 자재와 부재료 등을 생산할 수 있게 되고, 이것이 마이크로그리드 인터넷 재생에너지 공급망과 연결되면 저비용으로 새로운 부가가치를 창출할 수 있는 영역들이 생겨날 것이다. 오픈 소스 3D프린팅 기술, 빅데이터에 대한 접근, 사물인터넷 기술 적용 확산 등에 대한 국가의 투자와 보급을 통해 중소, 영세기업들이 새로운 부가가치 생산자로 거듭날 수 있도록 도울 수 있어야 한다.[196]

빅데이터와 사물인터넷 보급은 농업경영에도 획기적 도움을 줄 수 있다. 빅데이터에 의해 기후변화에 대한 정보, 농산물의 수요와 공급에 대한 정보, 새로운 농업기술에 대한 정보 등이 자영농에게 체계적으로 공급되면 생산량과 작물을 결정하고 수급을 조절하는데도 큰 도움이 된

다.[197]

스페인의 바르셀로나는 사물인터넷의 커넥티드 시스템으로 시의 물 관리와 폐기물 관리 시스템, 대중교통 시스템, 주차관리 시스템 등을 개선하여 대폭적 비용절감을 가져오고 시민의 삶의 질 개선을 가져왔다고 한다. 가우디의 건축물과 카탈루냐의 문화적 유산들이 즐비한 이 도시를 스마트 시티로 변모시킴으로써 도시 전체의 생산력과 경쟁력이 더욱 상승했다는 것이다.[198] 이런 아이디어는 바르셀로나 뿐 아니라 3차 산업혁명 시대를 지나 경쟁력을 상실한 다른 도시들에게도 교훈을 줄 수 있다. 도시의 경쟁력을 상승시킴으로써 새로운 투자와 인구유입을 불러오고 새로운 일자리도 창출될 수 있도록 국가의 중앙정부와 지방정부의 혁신적 리더십이 필요하다.

결론적으로, 국가의 과학기술 투자의 목적은 첫째, 첨단 분야 투자로 국가의 경쟁력과 생산성을 높이는 것, 둘째, 신기술과 인프라 보급으로 상대적 취약지대에 있는 경제 주체들이 창의력을 발휘하고 경쟁력을 가질 수 있도록 도와주는데 있다.

방법2. 사회안전망 구축

로봇생산, 사물인터넷, 인공지능과 자동화, 이런 모든 것들로 인간노동에 대한 수요와 일자리의 안정성이 감소하는 것은 불가피하다. 이런 시스템을 디자인하고 프로그래밍 하는 소수의 고급노동력과 소프트웨어 개발자 같은 직업의 사람들 외에 단순한 일을 반복적으로 관리하는 사무직이나 제조직은 점점 사라질 것이다. 일방적인 기술의 발달과 패러다임의 전환으로 극소수의 수퍼스타 뿐 아니라 벤처 아이디어로 행운을 쥐는 사람도 많이 생기지만 실업자가 되거나, 생계유지를 위해 불완전 고용상태에서 몇 개의 시간제 잡(job)을 갖고 더 많은 시간을 일해야 하는 사람도 허다하다.

생산기술의 발달이 다수의 인간의 삶을 더 불행하게 한다면 이것은 올바른 방향이 아니며 지속가능하지도 않다. 기술의 발달로 인간이 더욱 복지를 누리며 여유롭게 사는 삶이 가능하도록 사회는 새로운 패러다임을 만들어야 한다. 정부의 적극적인 고용정책과 사회복지 안전망의 필요성이 더욱 커진다.

일반적으로 복지국가는 자본주의2 시대에 존재하였고 정부의 재정적자의 과중한 세수부담으로 더 이상 가능하지 않다는 논지를 펼치는 사람들이 많다. 이는 복지국가가 일 하지 않는 사람들을 부양하는 적자 시스템이란 인식을 갖게 하는 잘못된 이해이며, 자본주의 4.0 이후의 시대에는 고용과 복지가 조화된 모델을 만들어야 한다.

복지국가의 필요성이 더욱 커지는 가운데 노르딕 국가(북유럽의 노르웨이, 스웨덴, 덴마크, 핀란드, 아이슬랜드)들의 '유연안전성'(flexible security) 개념 위에 세워진 복지국가 모델들은 많은 시사점을 준다. 정부가 보건서비스, 주택, 교육훈련 같은 것을 기본적으로 보장해주고 노동시장의 유연성을 기업의 자유에 내주는 방식이다. 정부가 노동규제를 해제하여 기업이 경제적 논리에 따라 채용과 해고에 관한 결정을 하여 기업의 효율과 역동성, 생산성이 발휘될 수 있도록 하고, 그 대신 국가는 복지정책으로 유연하고 훈련된 높은 생산성을 가진 노동력을 유지할 수 있도록 지원하는 역할을 하는 것이다.[199] 기업활동의 자유와 노동의 기본 생존권이 함께 보장될 수 있는 방식을 설계한 것이다. 이것은 국가의 복지안전망이 있기 때문에 가능하다.

스웨덴 복지모델의 예를 보면 정부의 적극적 고용정책 및 사회보장 정책과 함께 시장원리의 보장으로 기업의 생산성 향상이 병행하는 선순환의 모델 설계가 가능하다는 것을 알 수 있다. 스웨덴은 90년대 스웨덴 경제의 위기 시 연금제도의 과중한 부담을 개혁하여 가입자가 임금에서 납부한 연금보험료와 이자만으로 연금액을 결정하게 했다. 노후 복지를 위해 더욱 열심히 노동하게 하는 유인을 만들고, 적극적 노동시장 정책으로 중고령자, 실업자 등에게 전직훈련, 고용보조금 지원 정책 등을 활용하여 노동시장으로 재진입하게 했다.[200]

잘 짜인 사회보장정책 덕분에 노동은 기업의 경영에 대해 저항이 크지 않고 기업은 철저히 시장원리에 따라 경영을 한다. 기업은 노동의 저항이 없이 혁신과 구조조정이 가능하며, 국가는 이 과정에서 생긴 실업노동자들이 다시 근로자로 복귀할 수 있도록 공공훈련, 소득보장, 고용서비스 등으로 뒷받침을 한다.[201] 그 덕분에 스웨덴의 국가 경쟁력은 항상 최상위 그룹에 속한다.

시장의 활력과 근로자의 복지가 함께 선순환을 이루며 공생하는 시스템을 만드는 것이 현재 국가가 해야 할 일이며 스웨덴을 비롯한 노르딕 모델이 귀감이 된다. 4차 산업혁명 시대에는 고용이 점점 줄어갈 것인데 직장과 급여에 연동된 연금제도만으로 보장이 충분하지 않을 수 있다. 최저생활을 보장하는 기초생활보장제도와 취약계층에 일정액의 기본소득이 보장되게 하는 것도 필요하다. 정부는 적극적인 고용정책을 실행하고 직업훈련과 우수한 공교육 서비스를 제공하여 생산력 있는 노동력을 만들어내는 역할을 해야 한다. 동시에 국가가 제공하는 각종 공공서비스, 예컨대 복지, 의료, 학교 교육, 직업훈련, 등등의 분야에서도 고용을 늘려 복지증진과 고용증진을 함께 도모할 수 있다.

불평등 연구의 대가 앤서니 앳킨슨 교수는 사회 안전망 구축을 위해 최저 임금을 주는 공공부분의 고용을 보장할 것, 모든 어린이에게 자녀 수당을 지급할 것, 사회보험을 새롭게 하여 급여 수준을 높이고 적용 대상을 넓힐 것, 모든 성인에게 기초 자본을 지급할 것 등을 주장하였다. 이런 복지 정책을 위한 정부 재원을 확보하기 위해서는 국부펀드를 운영하는 공공투자기관 설립과 함께 누진적 세제 실시를 주장한다. 누진적 소득제와 한계세율을 65퍼센트까지 올릴 것, 누진적 재산세, 증여재산에 대한 누진적 평생 자본 취득세 체계에 따른 과세 등과 같이 혁신적 누진 세제를 제안하였다. 불평등을 해소하고 사회안전망을 구축하기 위해 이런 제안들을 현실적으로 고려할 필요가 있다.[202]

3) 맺는 말

간단히 요약하면, 자본주의 4.0 이후 시대의 국가가 해야 할 일들은 다음과 같다.

    1. 불평등을 치유하기 위해 시장의 공정한 게임의 룰 만들기
    2. 공교육을 혁신하고 교육투자를 증대
    3. 복지안전망 강화와 적극적 고용정책
    4. 4차 산업혁명 시대를 선도하는 새로운 기술경제 패러다임으로의 인도와 과학기술 투자

국가는 자본주의 3 시대와 같이 시장에 개입하지 않고 물러서 있는 작은 국가가 아니라 시장의 공정한 경기규칙을 만들고 4차 산업혁명 시대를 대비하여 시장을 주도하고 협력하며 공존하는 민활하고 유능한 국가여야 한다.

III. 비판과 전망

7장
자본주의 4.0과 베이징 컨센서스를 넘어: 진보적 자유주의 국제질서

1. 베이징 컨센서스의 도전과 국제질서
2. 정의로운 자유주의 국제질서를 위해

신자유주의의 쇠퇴 이후 새로운 발전을 위한 대안 모델은 무엇인가? 자본주의 4.0인가, 베이징 컨센서스인가? 어느 하나가 지배적인 모델이 될 것이라고 단언하기 어렵다. 적어도 많은 개발도상국에서는 베이징 컨센서스의 영향력이 확대되어 갈 가능성을 무시할 수 없다. 민주주의와 경제발전의 수준이 높은 나라에서는 자본주의 4.0이 모순과 갈등을 넘어 4.1, 4.2의 시대로 변화할 것인가? 베이징 컨센서스와 자본주의 4.0 중 아직 어떤 것도 지배적 대안으로 자리 잡은 것 같지 않다. 아마도 우리는 보다 바람직한 미래를 위해 베이징 컨센서스와 자본주의 4.0을 모두 넘어야 할 것이다.

신자유주의가 남긴 불평등과 양극화 문제의 해결을 위해 진보적 자유주의 질서의 건설을 제안한다. 여기서 진보적 자유주의라 함은 어떤 철학적 이론이기보다 앞의 6장에서 논의한 진보적 입장에 선 자유주의의 획기적 수정을 말한다. 진보적 자유주의 학자들은 공통적으로 불평등과 양극화 문제의 심각성을 지적하고 이를 해소할 정치경제적 개혁이 필요함을 주장하였다.

서론에서 제기하였듯 자유주의 질서가 쇠퇴하면서 포퓰리즘과 금권정치가 득세하기 시작하였다. 경제사회적 지위에서 밀려난 대중들은 포퓰리즘의 구호에 열광하고, 이와 대조적으로 최상층의 슈퍼리치들은 세계화 질서를 넘나들며 더욱 많은 부를 축적할 수 있게 되었다. 그리고 서구의 최상위 1퍼센트들은 기득권을 유지하기 위해 정치권력과 결탁하는 금권정치 세력이 된다. 미국 트럼프 정부는 배타적 국수주의로 국제적 자유주의 질서를 허물었고, 포퓰리즘과 금권정치로 미국 민주주의의 쇠퇴에 기여한다. 자유주의 질서가 이렇게 타락하면 베이징 컨센서스도 더욱 권위주의적, 독재적 형태로 발전할 가능성이 높다. 자유주의가 심화되는 양극화 구조를 해소하고 국제적 차원에서 민주주의 질서를 회복할 때 권위주의 베이징 컨센서스의 도전을 이길 수 있다. 서구 자본주의 국가들과 국제질서에서 진보적 자유주의가 수립된다면 그와 경쟁 상황의 베이징 컨센서스도 좀 더 투명하고 합리적인 체제를 갖추어야 한다는 압력을 받게 될 것이다. 진보적 자유주의 질서를 건설하기 위해 무엇을 해야 할까?

이 장에서는 베이징 컨센서스의 도전에 직면한 자유주의의 쇄신을 위해 진보적 자유주의 국제질서에 대해 논하기로 한다. 다음 8장에서는 진보적 자유주의를 위한 민주주의의 회복에 대해 논할 것이다.

01
베이징 컨센서스의 도전과 국제질서

1) 헤게모니 부재와 베이징 컨센서스의 도전

자본주의 4.0은 그 이전 시대의 문제점을 모두 해결하고 안정된 체제가 아니라 전 시대의 모순을 안고 변화의 와중에 있는 불안한 체제이다. 칼레츠키는 자본주의 4.0 시대에 글로벌 정치는 당분간 더 혼란스럽고 많은 갈등이 나타나게 될 것이며, 국제무역의 불균형과 대립이 더 심화될 수 있고 금융거품이 다시 생기고 터질 수도 있다고 하였다.[203] 그의 말대로 지금 세계는 무역전쟁을 벌이고 있는 미국과 중국의 갈등 심화로 불안이 심화되는 와중에 있다. 미국과 중국의 갈등으로 앞으로 세계질서에 어떤 변화가 생길지 정확히 예측하기는 어렵다. 그러나 앞으로의 서구는 베이징 컨센서스의 도전을 받아들이고 인정하지 않을 수 없다는 것은 확실하다. 미국과 서구유럽이 세계질서를 주도하던 대서양 연합의 시대는 지나갔다. 새로운 질서에는 중국과 아시아가 더 큰 몫을 하게 될 것이다.

로버트 길핀(Robert Gilpin) 교수의 '헤게모니 안정이론'에 따르면 국제질서는 정치적, 경제적 주도권을 쥐고 다른 국가들을 추종하게 만드는 헤게몬(패권국가)이 있을 때 가장 안정된다.[204] 그의 이론이 적용되는 시기는 대개 이차대전 후부터 1970년대까지가 될 것이다. 헤게모니의 전성기가 지난 후 국제질서는 어떻게 유지되는가에 대해 로버트 코헤인(Robert Keohane) 교수는 국제제도를 지목했다. 헤게몬을 중심으로 만든 국제제도들을 통하여 그 이후에도 협력과 질서가 유지된다는 것이다.[205] 그의 대표적 저서의 제목이 "After Hegemony"(헤게모니 이후) 이다.

지금의 세계질서는 '헤게모니 안정'도 '헤게모니 이후'도 아니고, '헤게모니 부재'의 시대라 불러야 할 듯하다. 미국이 자국우선의 국수적 입장으로 선회하면서 세계 정치와 경제에서 일으키고 있는 불안정 때문이다. 미중 무역전쟁으로 미국과 중국의 경제성장률도 둔화되고 세계경제 불안과 침체가 야기되었다. 미국의 동맹인 서유럽 국가들과도 마찰이 계속되고 전후 국제질서를 주도해온 대서양 연합에 균열이 가게 되었다. 난민 문제, 이민 노동자 문제, 지구온난화, 환경파괴와 생물자원 고갈, 등과 같이 세계 공동체가 함께 풀어야 할 문제를 두고도 미국의 리더십은 거의 실종상태이다. 자유주의 국제질서를 주도해온 미국의 리더십이 사라져가고 대서양 연합의 지배력도 약화되었다.

자유주의 국제질서는 쇠퇴할 것인가의 질문이 제기되지 않을 수 없다. 파리드 자카리아(Fareed Zakaria)나 조셉 나이(Joseph Nye)교수를 비롯한 논자들은 여러 가지 도전에도 불구하고 미국이 가진 소프트 파워의 우월성으로 인해 여전히 국제질서의 중심적 역할을 할 것이라고 주장한다.[206] 하지만 이것은 미국이 트럼프 정부의 국수주의적 행태를 벗어나 변화했을 때라야 가능하다. 미국의 위상이 어찌되었든 앞으로의 세계에서 중국의 도전은 피할 수 없고 중국의 자리를 인정한 새로운 세계질서가 형성되지 않을 수 없다. 자유주의 질서 속에서 혜택을 잘 받지 못한 세계의 개발도상국들에 중국의 영향력은 더 커질 전망이다.

중국모델 베이징 컨센서스는 '일대일로' 전략을 통해 아시아, 아프리카, 중동유럽까지 확산 중이다. 동유럽의 구 공산주의 국가들과 구유고연방의 국가들로 구성된 중동유럽의 작은 16개 국가들도 중국의 일대일로에 참여하고 있다.[207] 서유럽의 부자 이웃들에게 그다지 큰 관심과 투자를 받지 못한 이들 신생 작은 국가들은 중국의 인프라 건설 투자를 환영한다. 재정위기를 겪은 남유럽의 국가들도 비슷하다. 재정 위기로 IMF의 구제금융에 손을 내밀었으나 IMF의 엄격한 구조조정 정책에 반발하며 그렉시트를 외쳤던 그리스의 경우를 보자. 그리스는 아테네 근처 그리스 최대의 항구인 피레우스 항 지분의 과반을 중국에게 넘겼다. 피레우스 항을 지중해 최대의 항구로 키우겠다는 야심을 중국 측은 표명하였다. 중국 언론은 '고대의 두 대표 문명이 피레우스 항에서 다시 만났다'고 하며 자못 역사적인 의미를 부여하였다.[208] 이탈리아의 우파 정부도 프랑스, 독일 등 서유럽 국가들의 비판을 아랑곳 하지 않고 일대일로에 참여하겠다고 중국과 합의하였다. 고대 실크로드가 유럽과 중국을 연결하였던 것처럼 일대일로로 다시 중화제국의 영향력을 유럽으로 확산시키고 있다.

일대일로를 통한 베이징 컨센서스의 확산은 경제적 영향력 뿐 아니라 정치적 권위주의의 영향력이 확산될 가능성도 내포하고 있다. 중국을 위시하여 러시아, 그리고 중국의 일대일로가 미치고 있는 중앙아시아의 친소 국가들, 헝가리를 비롯한 중동유럽의 여러 나라들은 민주주의보다 권위주의에 더 익숙하기 때문이다.

자유민주주의체제가 국수주의나 권위주의체제보다 바람직한 체제라는 것은 더 말할 필요가 없다. 아무리 경제가 발전해도 자유민주주의를 경험한 시민들은 권위주의와 독재정치를 참지 못한다는 것을 최근에는 홍콩의 시민들이 보여준다. 자유체제에서 나고 자란 홍콩 시민들은 권위주의나 독재로 회귀하는 것을 용납할 수 없다. 그러나 자유와 민주주의를 직접 경험하지 못한 많은 개발도상국 국민들, 민주주의가 실패하고 극우파가 세를 확대하는 국가의 시민들은 오히려 독재정부가 약간의 경제적 성과를 내면 더 큰 지지를 보낼 수도 있다. 권위주의와 독재정치가 경제성장을 빌미로 더 세력을 확장할 가능성을 배제할 수 없다. 자유주의 국제질서가 새로운 방향을 잡지 못하고 실패의 늪에서 침체해 있다면 권위주의와 우파 독재 같은 것들이 더욱 상승세를 탈 것이다. 권위주의의 확산에 대응하기 위해 자유주의 국제질서를 어떻게 변화시켜야 할까?

2) 미-중 갈등, 포용과 타협

베이징 컨센서스가 개발도상국에서 빈곤의 구제와 경제발전에 기여하고 이 나라들이 세계시장에 참여하여 더 향상된 기회를 가지게 된다면 이는 좋은 일이다. 그동안 세계화의 혜택에서 소외된 나라들에게도 기회와 부의 확산이 필요하기 때문이다. 그러나 경제발전을 빌미로 권위주의와 독재정치가 함께 확산되는 것은 전혀 바람직하지 않다. 베이징 컨센서스가 권위주의 정치문화의 확산이 아니라 경제적으로 보다 바람직한 성과를 내게 하기 위해서 어떻게 해야 할까? 중국의 발전이 계속될수록 중국의 도전을 인식하는 미국의 초조함이 증가할 것이고 미중 갈등은 더욱 심화될 것이다. 갈등을 넘어 타협을 통해 중국을 공정한 경쟁질서의 장으로 끌어들여 포용할 수 있는 방법이 필요하다. 여기서 두 가지를 제안한다.

첫째, 무역과 환율 문제, 기술이전 문제 등에서 중국과의 갈등의 심화를 제어하고 대화와 협상을 통해 미중이 상호 준수할 수 있는 타협안을 도출해야 한다. 둘째, 중국의 일대일로 정책을 차단하고 봉쇄하려하기보다는 서구의 국제기구와 자본 및 기업들도 참여하고, 일대일로의 인프라 건설 사업들이 세계정치경제 질서 안에서 투명하게 실행될 수 있도록 관찰, 감시한다.

우선 중국과의 대화와 협상을 통한 무역분쟁 해결에 대해 설명해보자.

일단 결론부터 말하면, 미국과 중국은 중국이 처음 개혁개방을 시작하고 2001년 WTO에 가입했던 때와는 달라진 중국의 위상을 서로 인식하고 대화를 통해 현실적인 타협안을 찾아야 한다. 미국은 보호주의적 조치를 철회하고, 중국은 개발도상국이 아니라 G2의 위상에 맞게 행동해야 한다. 미국이 무역불균형을 시정하기 위해 중국에 고율관세를 부과하며 무역전쟁을 시작한 것은 문제의 해결책이 아니다. 미국 스스로 자유무역 질서를 훼손하며 보호주의의 확산을 가져올 것이다. 이미 미국의 여러 경제학자들은 미국이 중국 수출품에 고율의 관세를 부과하면 결국 미국 소비자와 생산자가 이 비용을 지불하는 결과가 된다고 지적하였다.[209] 중국에서 조달되던 부품에 관세가 부과되면 미국 생산자와 소비자가 그 값을 지불하지 않을 수 없다. 글로벌화된 생산 네트워크에서 중국에게만 피해를 입힐 수 있는 방법을 찾기란 거의 불가능하다. 중국산 수출 완제품에 부가관세를 높이면 중국에 부품을 수출하는 다른 나라에도 영향을 미친다. 예컨대, 중국에서 생산된 아이폰에는 미국산 앱 프로세서와 무선통신 부품, 한국산 디스플레이와 반도체, 영국이나 싱가폴산 집적회로 등이 장착된다. 이들 부품이 차지하는 부가가치가 중국자체에서 창출된 부가가치보다 높다. 중국의 수출품에 보복관세를 매기는 것은 다른 나라의 수출에도 타격을 주는 결과를 가져온다. 중국의 수출이 위축되면 예컨대 중국에 생산기계를 수출하는 독일의 무역에도 타격을 준다. 이와 같이 효과는 연쇄적이다. 미중 무역 전쟁으로 세계경제의 동반 하락을 경험하고 있으며 장기적으로 세계경제의 침체를 가져올 수 있다고 우려하는 목소리가 높다.[210]

중국의 기술발전에 미국이 제동을 걸겠다는 것도 장기적으로 효과적 전략이 아니다. 중국이 사이버해킹으로 미국의 안보나 산업 기밀에 접근한다거나 중국에 진출한 미국과 서구 기업에 첨단기술 이전을 강요한다거나 하는 문제는 이전부터 미국이 제기해왔다. 최근 중국의 IT 기술이 더욱 발달하여 화웨이의 5G 기술처럼 독보적 지위에 오를 수도 있게 되자 미국은 더욱 조급해졌다. '세계는 평평하다'의 저자 토마스 프리드먼은 중국은 더 이상 개발도상국이 아니며, 그동안 묵인되었던 미국과 서구기업의 지적 재산권 침해, 기술이전 강요, 국유기업에 대한 보조금 지급, WTO 규칙 위반 등의 문제에 대해 정식으로 미국의 트럼프 대통령 같은 사람이 문제제기를 할 때가 되었다고 한다. 시진핑 시대의 중국정부는 '중국 제조 2025' 계획으로 슈퍼컴퓨터, 인공지능, 신소재, 3-D프린팅, 안면인식기술, 로보틱스, 자율주행차, 5G통신기술 등의 첨단기술 분야에서 중국기업들이 세계의 선도자로 부상할 수 있도록 지원, 육성하겠다는 계획을 수립했다.[211] 다른 나라에 대한 첨단 기술의존도를 줄이고 첨단 분야에서 미국과 서구의 기업과 경쟁하겠다는 것이다. 이런 수준에 오른 중국이 과거 불공정 무역행태로 지목받던 행동을 계속한다는 것은 미국에게 용인될 수 없다.

그러나 중국과 계속 제로섬의 대결을 지속하는 것은 해결책이 아니다. 중국의 과학기술 발전 속도는 놀랍게 빠르며 중국의 실리콘 밸리인 중관

춘을 중심으로 창의적인 기업생태계가 이루어져 자체적인 기술개발이 이루어질 수 있다. 미국이 계속 화웨이에 제동을 걸고 안드로이드와 구글의 사용을 금지시키면 중국은 결국 독자적 표준을 개발할 것이다. 프리드먼은 세계의 표준이 미국권, 중국권으로 나뉘고 세계의 시장이 나뉘는 것은 별 좋을 것이 없다고 말한다.[212]

중국이 세계 두 번째 경제대국으로 성장한 것은 세계 자유시장 경제질서에 편입된 덕분이다. 중국은 세계 자유시장 질서의 덕을 톡톡히 보았다. 따라서 이제 중국도 이 질서의 대주주로서 게임의 규칙을 지키는 것이 중요하다. 중국이 공정하고 투명한 게임의 규칙에 합의하게 하고, 미국도 편협한 보호주의를 철회하는 타협의 공통지점을 찾아낼 필요가 있다. 중국 화웨이의 회장 런정페이는 화웨이 5G 통신장비에 대한 미국의 보안우려를 종식시키기 위해 나름의 해결책을 제안하였다. 5G 플랫폼을 통째로 수출하겠다는 것인데 미국기업에 라이선스를 부여하여 미국기업이 자체적으로 5G 장비를 제작하고 보안코드를 변경할 수도 있게 하겠다는 것이다.[213] 첨단기술 경쟁에서 중국이 미국, 서구와 비등한 수준에 오르는 것을 막을 수 없다. 경쟁과 협력을 위해 상호 신뢰 구축과 투명한 게임의 규칙 수립이 필요하다.

미국과 중국이 무역전쟁을 통해 새로운 냉전구도를 만들고 제로 섬 게임을 한다면 중국 뿐 아니라 미국에도 손해이다. 뿐만 아니라 미중 무역전쟁의 그림자가 짙게 드리워질수록 세계경제의 성장가능성도 그만큼 감소한다.[214] 세계경제는 그만큼 서로 깊이 연관되어 있다.

미중이 무역전쟁으로 치닫게 되면 남지나해 같은 민감한 지역에서 무력충돌의 가능성도 높아진다. 혹자는 미국과 중국의 관계를 기존의 패권국과 도전하는 신진세력의 관계로 보기도 한다. 역사적으로 보아 모든 기존 패권국과 도전하는 신흥세력과의 갈등 시기에는 국제질서에 혼란이 오며 결국 전쟁이 발생했다는 것이다. 길핀 교수의 '헤게모니 사이클 이론'이 그렇게 설명한다. 그러나 이런 역사적 비유와 해석이 미중관계에 반드시 적절치는 않다. 인간이 이성적이고 역사에서 배우는 한 역사는 자연의 법칙과 같이 움직일 수 없는 불변의 법칙으로 되풀이 되는 것은 아니다.

그레이엄 앨리슨 교수는 미국과 중국이 '투키디데스 함정'에 빠지지 말아야 한다고 간곡히 충고한다.[215] 신흥 아테네가 부상함에 따라 강대국 스파르타에 스며든 두려움으로 인해 양자의 경쟁이 더욱 격화되고 마침내 전쟁에 빠지게 된 것을 투키디데스의 함정이라 한다. 투키디데스의 함정에 빠진 아테네와 스파르타는 오랜 전쟁으로 패자도 승자도 국력이 쇠하였고, 예전의 활기를 잃어버린 그리스 문명은 쇠락의 길로 들어섰다. 앨리슨 교수는 신흥 강자 아테네와 기존 강자 스파르타 사이에 전쟁이 불가피 했다기보다 두 나라가 점점 더 전쟁을 피하기 어렵게 만드는 길을 자꾸만 선택했다는 점이 문제였다고 지적한다.[216] 미국과 중국도 이런 전철을 밟아서는 안된다는 것이다. 미국과 중국이 보복 관세 부과와 수출금지 등의 조치를 계속하면서 무역전쟁으로 치닫게 되면, 무력충돌로 비화될 수도 있고 재앙적 상황이 벌어질 것이다. 이런 가능성을 차단하기 위해 역사에서 배울 것을 앨리슨 교수는 주장하는 것이다. 그의 주장은 매우 타당하며 미국과 중국은 갈등이 더 커지기 전에 타협의 묘를 발휘해야 할 것이다.

어떤 논자들은 미중의 갈등을 과거 미소의 경쟁관계에 비유하기도 한다. 그러나 미국과 중국 관계는 과거 냉전시대 미국과 소련의 관계와 다르다. 냉전 시대의 소련은 미국과 세계 자유시장을 공유하지 않았다. 미중은 자유무역 세계시장을 공유하고 양자의 경제는 코헤인과 나이 교수가 말한 '복합적 상호의존'의 관계이다. 양국 관계는 정부의 외교적 관계만 있는 것이 아니라 다양한 경제적, 사회적 접촉점이 존재하며 많은 경제적 주체들의 이해관계가 걸려있다. 복합적 상호의존 관계에 이상이 생기거나 관계가 단절되면 양자가 모두 손해이다.

중국은 과거 냉전시대 소련과 다르다. 미국도 중국도 유럽도 모두 자유 세계 시장경제에 공동의 지분을 가지고 있다. 지금 중국은 미국과 세계 자유시장에서 공동 대주주이다. 공동 대주주로서 책임을 지고 공정하고 투명한 게임의 규칙을 만들고 협력해야 한다.

둘째로, 중국의 신실크로드 구상이 부정적 측면을 해소하고, 개발도상국들에게 투자와 발전의 기회를 확대시키는데 기여하는 방법을 찾아야 한다. 이를 위해 중국은 자기의 전략적 목적을 내세우기 보다 피투자국의 필요를 존중하여 사업의 과정을 투명하고 공정하게 할 필요가 있다. 중국기업 이외의 외국기업들도 공동투자, 입찰과 수주 등을 원할하게 할 수 있어야 하고, 중국은행들 뿐 아니라 여타 국제 자본과 국제기구들도 참여하는 것이 좋다.

일대일로 사업은 개발도상국들에게 경제개발의 기회를 제공하기도 하지만 부채 위기를 가중시키고 중국의 전략적 필요에 따라 일방적으로 진행된다는 부정적 이면들이 많이 존재한다. 예컨대, 중국자본으로 건설한 스리랑카의 함반토타항이 중국에 양도되었다든가, 인도양의 휴양지 몰디브가 대중국 부채로 침몰지경이 되었다든가, 중국-파키스탄 경제회랑 건설에 의욕적이던 파키스탄이 부채 위기로 IMF에 구제금융을 신청했다든가, 말레이시아의 마하티르 수상이 이전 정부가 중국과 계약한 철도 건설 사업을 취소했다든가 등과 같은 부정적 케이스들이 여럿 노출

되었다. 말레이시아의 경우 전임 나집 라작 정부가 중국과의 비밀거래로 정치자금을 빼돌렸다는 부패혐의도 있다. 개발도상국의 필요보다 중국의 전략적 목적에 의해 일대일로 사업이 일방적으로 추진된다는 비판의 소지도 다분히 있다.

이런 부정적 측면에도 불구하고 발전을 원하는 개발도상국들은 중국의 투자 제안을 거절하기 어렵다. 서구의 부자나라들이 투자를 꺼리는 개발도상국들은 중국이 제안한 일대일로를 통해 발전기회를 잡고 싶을 것이다. 일대일로 사업에 서구와 미국 및 한국 같은 아시아 발전국가의 기업들이 참여하는 것이 이 사업을 보다 투명하고 공정하게 진행될 수 있도록 하는 한 방법이다. 중국 기업이 아닌 다른 나라 기업들에게도 공정한 기회를 부여할 수 있도록 해야 일대일로 사업에 대한 세계의 비판을 완화시킬 수 있다. 시진핑 주석은 일대일로에 세계 모든 나라들의 참여를 환영한다고 말하기도 하였다. 일대일로를 통해 중국만이 아니라 다른 나라의 기업들에게도 혜택이 돌아가는 새로운 세계 발전의 지평을 여는 것이 좋다. 베이징 컨센서스의 도전을 공정한 자유주의 국제질서의 틀 속에서 포용하여 새로운 발전의 가능성을 확대시키는 방향으로 가야 한다.

02 정의로운 자유주의 국제질서를 위해

　신자유주의 시대의 세계화가 시장개방에만 몰두하여 금융위기, 이민 노동자 문제, 난민 문제 등과 같은 문제가 발생하였다. 세계화에 부수된 문제들에 대해 대응하기 위해 시장의 세계화에 걸맞은 글로벌 거버넌스 체제의 수립이 필요하다.

　2008년의 세계 금융위기 이후 추세는 국경을 넘은 상품과 자본의 거래가 맹렬한 시장개방 시대보다 조금씩 감소하고, 대신 가까운 지역으로 집중하는 현상이 증가하였다. EU, 아시아, 북미 지역에서 역내 무역 의존도가 증가하였다.[217] 세계화의 속도가 주춤하여졌다고 하며 이를 "slowbalization"(globalization 대신) 이라 부르기도 한다.[218] 그동안의 세계화가 가져온 여러 문제에 대한 반작용으로 방만한 세계화 대신 지역화 현상으로 수렴되는 경향이 나타난 것이다. 지역화는 거버넌스 체제의 수립과 운영에 더욱 적당한 규모이다.

　자본주의 4.0시대의 세계에서는 세계화된 경제에서 발생하는 문제와 지구촌 공동의 과제에 대응하기 위해 국제적 협력이 필요하다. 기후변화, 환경보존 등과 같은 지구촌 공동의 과제는 시급한 현안이며 국제적 협력이 없이는 해결할 수 없다. 칼레츠키도 신선한 공기, 깨끗한 물과 같은 지구환경의 공공재들을 회복시키고 보존하는 일이 자본주의 4.0 모델에 포함되어야 한다고 한다.[219]

칼레츠키는 국제협력과 조정의 필요성을 인정하고 세계경제의 거버넌스에서 미국과 서유럽의 모델이 상호 융합하여 시너지를 발휘하며 중국모델보다 더 우위에 서게 될 것이라 전망한다. [220] 중국모델보다 우위에 서려면 자유주의 국제질서는 보다 정의로운 모습으로 거듭나야 한다. 보다 정의로운 자유주의 국제질서를 위해 여러가지가 필요하지만 이 책에서는 다음의 두 가지를 제안한다.

자본주의 4.0 이후 시대의 국제정치경제는 신자유주의 세계화가 가져온 불평등의 문제를 해결하고 세계화의 혜택이 보다 평등하게 분배되는 질서가 필요하다. 이를 위해 첫째, 금융자본주의의 확산에 대응하는 적절한 국제금융 거버넌스의 수립이 시급하다. 둘째, 브레튼우즈 체제의 핵심 국제기구인 IMF와 세계무역기구 WTO를 운영하는 원칙의 변화가 필요하다. 가난한 나라들에게도 보다 평등하게 세계화 혜택이 돌아갈 수 있도록, 신자유주의에서 떠나 기울어진 운동장을 평평하게 만드는 평등지향적 자유주의의 운영원칙을 수립해야 한다.

1) 국제금융 거버넌스

신자유주의 시대에 맹위를 떨치며 성장한 금융자본주의는 2장에서 논의하였듯이 소득불평등을 심화시킨다. 금융자본은 가장 발 빠르게 세계 도처에 높은 이윤을 좇아 옮겨 다닐 수 있다. 금융자본은 현지에 공장을 짓고 노동자를 고용하여 생산 활동을 하는 해외직접투자와 달리 수익성이 높은 유가증권에 투자하여 이윤을 달성한 뒤 손쉽게 발을 빼서 다른 곳으로 이동할 수 있다. 2장에서 논의했듯 이런 자본들의 고삐 풀린 행동이 아시아와 남미와 유럽의 주변부 나라들에서 붐과 버스트(boom and bust)를 가져오고 종종 금융위기를 초래했다. 금융위기가 발생하면 수습하기 위해 가장 많은 고통과 비용을 감내해야 하는 집단이 그 사회의 하층계급들과 중산층이다. 투기성 금융자본 규제를 시행하지 않으면 국제금융 체제에서 또 다시 위기가 발생할 수 있다. 위기의 발생은 부채국과 부채국의 약자들을 더 궁핍한 지경에 몰아넣고 부의 양극화를 악화시킨다.

투기성 자본거래에 대한 규제와 함께 국제적 조세천국(tax heaven)에 대한 규제의 강화가 필요하다. 조세천국의 존재는 세계 최상층의 부자들에게 세금을 탈루할 수 있는 검은 보금자리를 제공함으로써 세계의 부를 축낸다. 〈세계불평등보고서 2018〉에 의하면 세계의 부자들은 전 세계 국내총생산(GDP)의 10퍼센트에 해당하는 자산을 조세천국에 쌓아두고 있고, 글로벌 차원에서 탈세는 해마다 각국 정부로부터 약 3500억 유로의 조세수입을 앗아간다고 한다.[221]

부자들이 유가증권과 부동산에서 얻은 수익을 조세천국에 숨겨두거나, 초국적기업들이 교묘한 내부거래와 장부상의 위조로 글로벌 조세천국에 자금을 이전시키는 행위는 국가 재정을 약탈하는 범죄행위이다. 예컨대, 애플사가 거두는 막대한 이익을 생각해보자. 애플사를 세우고 그 환상적인 기기를 디자인한 기업인의 천재적 능력을 전 세계는 인정한다. 그렇다고 애플사가 조세를 회피하기 위해 법인세가 고작 0.005%인 곳에 자회사를 세우거나, 법인세가 제로인 영국 왕실령의 저지 섬에 애플의 해외보유재산 대부분과 지식재산권을 소유한 페이퍼 컴퍼니를 세우는 것을 정당화할 수는 없다.²²²⁾ 애플사가 만든 컴퓨터와 휴대폰을 사용하는 세계의 소비자들은 그들을 교육시키고 인터넷 통신망을 깔아놓은 해당국가의 공교육 시스템과 사회 인프라가 있었기 때문에 존재 가능하다. 애플 기기가 아무리 환상적이라도 그를 사용하여 업무를 처리하고 엔터테인먼트를 즐길 수 있는 지적, 문화적 수준을 가진 소비자가 없으면 소용없다. 애플사는 자사의 기기를 소비하는 세계 여러 나라 국민들이 속한 국가와 정부에 빚을 지고 있는 것이다. 따라서 애플사는 기기를 판매하고 비즈니스를 한 해당국가에서 다른 모든 법인들과 마찬가지로 정당한 수준의 세금을 내는 것이 당연하다. 애플 뿐 아니라 구글, 페이스북 등의 글로벌 IT회사들도 법인세율이 아주 낮거나 거의 없는 조세천국을 이용해 '스마트'하게 세금을 포탈해왔다는 혐의를 받고 있다. 세금이 거의 없거나 매우 낮은 글로벌 조세천국에 페이퍼 컴퍼니를 세워 자금을 이전시킴으로써 초국적 기업은 해당국가의 세수를 그만큼 축내는 것이다. 축나지 않았으면 그 돈은 그 국가의 저소득 계층을 위해 복지와 공공투자 재원으로 쓰일 수도 있는 것이다. 조세천국의 존재는 누진세제의 효과도 약화시킨다. 그리고 부자와 초국적 기업들에게 자산의 도피처를 제공함으로써 부당한 이윤을 끊임없이 추구하게 하는 유인이 되기도 한다.

2010년 미국 의회는 '해외금융계좌 납세협력법'을 제정했는데, 미국 납세자가 보유한 계좌에 관한 정보를 미국 국세청에 제공하도록 외국은행들에게 강제하는 법이다. OECD 국가들도 대부분의 조세천국들로부터 이런 약속을 받아냈다고 한다.²²³⁾ 조세천국들이 협조하게 하려면 미협조시 가하는 강력한 제재조치가 있어야 하며, 이들이 제공하는 정보가 거짓이 아니어야 한다. 전문가들은 이런 문제점을 피하여 자산의 실소유주와 자산규모를 정확하게 파악하여 당국이 과세할 수 있도록 글로벌 금융등록제를 실시하여야 한다고 한다. 글로벌 금융등록제(Global Financial Register)는 각국의 중앙증권예탁기관이 모아둔 정보를 기반으로 구축한다. 각국의 중앙증권예탁기관이 자산의 실소유주를 알 수 있도록 관리하고 있는 계정의 투명성을 제고하고, 이를 기반으로 글로벌 금융등록제를 구축한다는 것이다.[224]

조세천국에 대한 규제와 글로벌 금융등록제가 실현되려면 미국을 필두로 선진국 정부들의 의지와 협력이 있어야 한다. 신자유주의 시대에 미국과 서유럽의 여러 나라들은 부자들과 대기업의 세금을 깎아주고 결과적으로 공공재원이 줄어드는 것을 경험하였다. 4차 산업혁명 시대에 필요한 정부의 기능, 즉 첨단기술 연구에 대한 투자와 복지 안전망 구축 등을 위해 정부는 국가재정을 축내는 조세회피자들을 규제하고 그들이 정당한 세금을 납부하게 해야 한다.

투기성 금융자본과 은행에 대한 규제도 그러하다. 2008년 미국의 금융위기로 리먼 브라더스, 골드만 삭스, 메릴 린치, 모건 스탠리 등의 거대 투자은행들이 도산하거나 파산위기에서 휘청거렸다. 최대 보험회사 AIG, 씨티은행 등도 마찬가지였다. 이들이 도산하면 미국 뿐 아니라 세계경제에 입을 타격이 너무나 크므로 미국 정부가 천문학적 공적자금으로 이들을 구제하였다. 이들이 공적자금으로 구제 받은 후에 월가의 은행가들은 다시 금융위기 이전과 같은 거액의 연봉과 보너스 잔치를 벌이며 만인의 공분을 샀다. 금융위기가 발생하지 않았으면 어땠을까? 미국 월가의 투자은행을 구제하기 위해 미국정부가 쓴 천문학적 자금은 배부른 고양이들(fat cats)을 위해서가 아니라 러스트 벨트의 실업자들과 대도시의 저소득층을 위한 복지재원으로 쓰여야 했다. 후에 이들이 정부에 돈을 갚았다 한들, 경제위기 발생으로 인해 미국민들과 세계가 받은 고통에 대한 보상은 전혀 될 수 없다.

더욱 교묘하고 복잡해진 투기적 금융자본의 행태를 규제해야 한다. 미국에서는 금융위기 이후 금융의 지나친 방만함을 규제하기 위해 오바마 행정부 시대 '닷-프랭크법'(Dodd-Frank Wall Street Reform and Consumer Protection Act)을 만들었다. 그러나 이 복잡하고 방대한 법을 최대한 무력화시키기 위해 트럼프 행정부와 금융 로비스트들이 최선을 다했다.

세계 금융위기 와중에서 글로벌 금융 거버넌스 체제를 개혁해야 한다는 목소리가 높았다. G20 회의에서도 금융 거버넌스의 개혁이 필요성이 대두되었고, 몇 개의 가시적 변화가 있었다. 은행의 방만한 투기성 거래를 방지하고 재무 건전성을 높이기 위해 은행의 자기자본 보유 기준을 규정한 '바젤 II'가 강화되어 '바젤 III'로 개정되고, 국제금융의 흐름을 관찰하고 감독하는 금융안정위원회(Financial Stability Board)가 수립되었다. 금융안정위원회는 스위스 바젤에 위치한 국제결제은행(Bank for International Settlements) 내에 자리 잡고 있는 비영리기구로 스위스 법치 아래 있다. 국제금융체제의 취약성을 모니터하고 분석하여 G20에 보고하고 필요한 대응조치를 건의하는 기능을 하는 제한적인 조직이다. 국제통화기금(IMF)이나 세계무역기구(WTO)에 비해 그 조직과 권한이 비교가 되지 않게 작다.[225]

지금까지 국제금융에 대한 규제기관의 현황을 보면, 국제결제은행(BIS)과 금융안정위원회(FSB)가 중심이 되어 은행에 대한 규제의 가이드라인이 수립되고, 민간 국제 기준 설정 기구들, 예컨대 국제회계기준위원회(International Accounting Standards Board), 국제증권감독기구(International Organization of Securities Commission) 등과 같은 것들이 회계, 증권 등과 같은 각 분야의 국제 금융의 기준을 만들었다. 이들은 대표성이 제한적이며 정치적 책임성도 없다. 이들이 정한 국제금융의 기준은 가이드라인으로서의 성격을 가지며 각국 정부가 어떻게 실현하든 국제적 강제력은 없다. 고위험성 거래를 하는 헤지펀드나 금융파생상품에 대한 직접적인 규제와 감독을 하기에는 현재의 국제금융기구들로는 역부족이다. 헤지펀드와 금융파생상품이 금융거품을 만들고 금융위기를 일으키는 주원인이 된다는 것을 생각할 때 현재의 가이드라인 성격의 규제는 규제라기에 너무 약하다.

금융시장이 세계화되고 매일 거래되는 금융상품의 액수와 거래 속도는 상상을 초월한다. 금융위기가 발생했을 때 그 피해는 한 국가에 그치지 않고 전 지역으로 확산된다. 이런 것을 고려하면 국제금융에도 지금의 BIS, FSB와 여러 민간 기준 설정 기구들의 조합으로 이루어진 매우 제한적 거버넌스 체제가 아니라 세계무역기구(World Trade Organization) 같은 권한과 대표성을 가진 국제기구가 필요하다. 무역과 금융은 국제경제의 두 축이다. 무역 부문에 세계무역기구(WTO)가 있다면 금융부문에도 세계금융기구(World Financial Organization)와 같은 것이 필요하다는 주장이 전문가들에 의해 제기 되었다.[226] 세계무역기구(WTO)가 무역에 대해 가진 기능과 권한, 체계적인 조직 및 분쟁 해결권과 같은 법적인 권위를 갖춘 국제기구를 금융 분야에도 만들어야 한다는 것이다. 그 명칭이 WFO이든 무엇이든 중요한 것은 글로벌화된 금융시장에 걸맞은 권한과 대표성 그리고 책임성과 투명성을 가진 국제금융기구가 필요하다는 것이다.

국제금융의 주도권은 미국이 쥐고 있다. 세계 금융위기를 수습하는데 있어 미국이 G20를 소집하여 글로벌 경제정책 공조를 요구하였고, 국제은행들이 도산하지 않도록 미 연방준비위(Federal Reserve Board)가 달러를 풀어 배분하였다. 워싱턴DC에는 월가에 동조하며 금융규제를 최대한 회피하려는 정치인들이 다수 있다. 이들의 목소리가 지배적인 한 미국이 주도하여 국제금융자본과 조세천국에 대한 국제적 규제를 강화하고 실행할 가능성 낮아진다. 그러나 미국 민주당 내에는 파생상품이나 채권, 주식 등의 고빈도 거래에 금융거래세를 부과해야 한다고 주장하는 버니 샌더스나 엘리자베스 워런 같은 의원들도 있다. 이들의 목소리가 주류가 되어 미국이 금융거래세를 도입하면 금융시장의 방만함을 통제하고 정부의 세수를 높여 복지재원에도 도움이 될 수 있을 것이다.

거대 금융자본에 대한 규제 필요성은 오래전부터 거론되어 온 것이며 자본주의 4.0 이후 시대 세계자본주의 시장경제의 질서를 위해 필요한 일이다. 반드시 앞으로 실현해야 할 과제로 계몽된 글로벌 시민들이 기억해두어야 한다.

2) 보다 평등한 세계화

보다 평등한 세계화 질서가 필요하다. 이를 위해 IMF(국제통화기금)나 WTO(세계무역기구) 같은 국제경제의 핵심 기구들이 신자유주의 경제학에서 떠나 새로운 원칙을 수립해야 한다. 신자유주의 주도의 세계화는 시장개방과 자본의 자유를 일방적으로 옹호하여 결과적으로 시장의 강자들에게 더 유리한 질서를 만들었다. 시장의 경쟁에 상대적으로 취약한 위치에 있는 자들을 배려하고 그들도 더 경쟁력을 높일 수 있도록 돕는 보다 평등한 세계화 질서가 필요하다. 이것은 정의의 문제이기도 하지만 세계화 질서가 지속될 수 있느냐 없느냐의 문제이기도 하다. 이를 위해 브레튼우즈 체제의 핵심 기구인 IMF와 WTO의 주도 원칙이 변화해야 한다. 신자유주의를 버리고 보다 정의롭고 평등한 자유주의 질서를 만들도록 브레튼우즈 기구들이 대대적으로 변화해야 한다.

왜 이런 주장을 하는지 예를 들어 설명해보자. 우선 워싱턴 컨센서스와 그에 따른 IMF의 처방이 개발도상 채무국(indebted developing country)에 한 것을 보자. 조지프 스티글리츠 뿐 아니라 많은 학자들이 지적했듯이 워싱턴 컨센서스와 IMF의 구조조정 패키지는 채무국 정부의 도덕적 해이를 처벌하고 해외채권자의 이익을 보전하는데 치중했다.[227] 금리를 높이고, 공기업을 민영화하며 정부의 재정 지출을 줄여 해외의 채무를 갚는데 중점을 두었다. 이런 정책에 가장 많은 비용을 지불해야 하는 것은 무고한 대중들이다. 국가의 재정 감축으로 복지예산이 삭감되고, 과도한 금리 인상으로 기업이 도산하여 일자리를 잃은 개인들은 자구노력 외에 기댈 데가 없었다. 그리고 IMF의 처방은 심지어 경제성장의 가능성을 훼손한 결과를 낳기도 했다. 지나친 금리인상과 국내 소비 수요의 삭감으로 경제가 침체되고 성장 가능성이 잠식되며, 공기업 민영화 및 해외매각 등이 공공 서비스 가격인상 등의 부메랑으로 돌아오기도 했다.

경제운영을 잘못 한 정부의 도덕적 해이는 경고를 받아야 한다. 그러나 취약한 계층들의 생존권이 박탈될 상황에 몰리는 것을 아랑곳하지 않고 오로지 국가정책은 채무를 갚는 것에 집중하도록 강요해야 할까? 국가들의 부채 위기에 대한 책임은 채무국에게도 있지만, 수익을 노려 방만하게 돈을 투자한 채권자들에게도 있다. 부유한 선진국 은행들은 종종 싹수가 있는 개발도상국 정부에게 과도할 정도로 돈을 빌려 쓰도록 설득하기도 했다. 수지맞는 투자가 될 수 있기 때문이었다. 그러나 종종 개발도상국들은 세계경제에서의 변화에 민감하게 타격을 받는 취약한 구조를 가졌다. 예컨대, 국제금리가 인상되거나 자국 수출품의 시장가격이 떨어지거나 국제유가가 인상되거나 등의 변화가 이들에게 큰 충격을 가하여, 그동안 누적된 부채가 감당할 수 없게 큰 부담이 되는 것이다.[228]

부채위기에 빠진 개도국에게 지금까지 IMF의 처방은 서구 선진국의 채권자들을 보호하고 개발도상의 채무국에 과도한 부담을 지웠다. 스티글리츠의 말대로 사실상 가난한 나라의 납세자들이 부자나라 채권자들의 투자실수를 갚아야 하는 결과가 되었다.[229] 그리스의 부채위기 발생 시 그리스 국민들은 IMF와 EU의 가혹한 구조조정 요구를 받아들일 수 없다고 저항하며 좌파의 시리자로 집권당을 교체하고 EU에서 탈퇴하자는 '그렉시트'의 요구를 외쳤다.

IMF의 경제학자들은 개별 국가의 국내 사정을 충분히 알지 못한다. IMF가 정해진 패키지에 따라 강제로 긴축정책을 강요하기보다 채무국이 대중의 고통을 줄일 수 있는 개혁정책을 준비하고, 위기에서 회복하여 경제성장을 재개 할 수 있도록 도와야 한다.

많은 가난한 개발도상 국가들이 중국의 '일대일로'와 인프라 투자를 환영하는 것은 왜일까? 서구의 부자 은행들은 자기들의 수익에 초점을 맞춰 투자하므로 투자성이 없어 보이는 가난한 개발도상국들에게 투자하기를 꺼린다. 그런데 이들이 경제성장을 하기 위해서는 인프라 건설과 해외로부터의 투자가 필요하다. 중국의 국유기업들은 서구의 은행이나 기업들과 달리 단기적 수익성을 따지지 않고 이들에게 투자하겠다고 한다. 그러니 이들은 중국의 투자를 환영하지 않을 수 없다. 중국이 일대일로 구상을 실현하기 위해 '아시아인프라투자은행'(AIIB: Asia Infrastructure Investment Bank)을 출범시켰다. 개발도상국들에게 서구의 대변인이 아닌 새로운 투자은행의 존재가 나쁠 것이 없다. 지금까지 브레튼우즈 체제의 두 핵심기구인 국제통화기금(IMF)과 세계은행(World Bank)에 대해 AIIB가 도전적 존재가 될 수도 있다.

IMF는 브레튼우즈 체제 초창기에 환율조정과 국제통화체제 규율 및 긴급 유동성 공급의 역할을 위해 수립되었다. 그러나 점차 이런 공적 역할보다 사적 채권자들과 채무국 사이를 중재하는 중재자로서의 역할이 강해지게 되었다. 사적 채권자들은 대개 서구 선진국의 다국적은행과 금융의 큰손들, 채무국은 대개 개발도상국들이다. IMF가 점점 채무국에 더 많은 짐을 부과하며 선진 채권국들의 이익을 담보하는 기구가 되었다는 비판이 계속되어 왔다. [230]

IMF의 성격이 부자나라의 채권자들을 대변하는 기구가 되었을 뿐 아니라 그 구성에서도 미국과 서구유럽에 편향적인 조직을 가지고 있다. IMF 총재는 통상 유럽인이 부총재는 미국인이 맡는 것이 관례였으며, IMF의 의사결정은 각국에 부여된 기금쿼터에 비례하는 가중투표제인데 미국과 서유럽에 유리하다. 미국은 독자적으로 비토권을 발동할 수 있을 만큼 큰 지분을 가지고 있다. IMF의 이런 서구 편향적 조직은 변화한 세계경제의 현실을 반영하지 못하므로 2011년 처음으로 중국인이 부총재 중의 하나로 임명되었고, 최근 동유럽 불가리아 출신 여성 경제학자가 프랑스 출신 여성 라가르드에 이어 두 번째 여성 총재로 임명되었다.

이러한 다소 표피적인 인적 구성의 변화로는 변화한 시대의 요구를 충족시킬 수 없다. 피상적 변화를 넘어 IMF의 운영 철학이 보다 평등한 세계화 질서를 추구하는 것으로 근본적으로 변화되어야 한다.

두 번 째로 세계무역기구(WTO)에 대해서 논해보자. WTO는 브레튼우즈 체제 초창기에 수립된 GATT(관세와 무역에 관한 일반협정)를 계승했지만, 더욱 완전한 시장개방을 지향하며, 선진국들의 관심사인 지적재산권 보호를 분명하게 한다. 완전한 시장 개방의 요구가 많은 경우 개발도상국들에게는 부적절한 압력이 된다. 금융시장과 서비스 시장 개방, 보조금 지급 금지 등이 개도국의 발전에 도움보다 위협이 되기도 한다. 금융시장 개방으로 인한 금융 자유화가 1997-98년 아시아 금융위기가 발생하는 계기가 되기도 했다. 개도국 정부가 자국 산업을 육성하기 위해 보조금을 지급하는 것을 금지하고 취약한 서비스 시장을 선진국 대기업에 개방하도록 하면, 개도국의 발전 가능성이 잠식된다. 서구 주도의 가혹한 자유무역 원칙이 개발도상국들이 타고 갈 '사다리'를 걷어차는 셈이다.

WTO가 출범한 후 처음 열린 다자간 무역협상인 도하라운드가 수년 동안 결론을 낼 수 없이 유야무야 상태에 빠졌다. 중요한 원인 중 하나가 시장개방을 통해 이익을 보려는 경쟁우위의 국가들과 가난한 개발도상국들의 이해관계가 접점을 찾기 어려웠기 때문이다. 가난한 개발도상국들은 무차별 시장개방보다 선진국으로부터의 기술이전과 자본투자, 인적교류 등의 혜택이 더욱 필요하다. 세계 자유시장경제가 더욱 번성하려면 개발도상국들에게 시장개방을 강요하기보다 그들이 발전하여 경쟁력이 높아질 수 있도록 자국 산업을 발전시킬 시간을 허락하고 자본과 기술을 전수해야 한다.

IMF, WTO를 비롯하여 국제경제질서를 주도하는 국제기구들이 엄격한 시장자유와 시장개방 논리에서 벗어나 세계시장에서의 공평과 공동 이익이란 가치를 실제적으로 포용하고 실현할 수 있는 정책으로 옮겨가는 것이 필요하다. 브레튼우즈 초창기의 '내재적 자유주의'(embedded liberalism) 시대와 같이 자유무역 질서를 유지하면서 자국 경제에 대한

III. 비판과 전망

8장
자본주의 4.0과 베이징 컨센서스를 넘어: 민주주의의 회복

1. 진보적 자유주의
2. 민주주의의 회복
3. 새로운 한국모델을 위하여

01 진보적 자유주의

지금 자본주의 4.0시대의 정치는 아직 갈등과 혼미의 와중에 있다. 신자유주의의 모순을 치유하고 새로운 발전의 시대를 열어갈 정치적 해법을 찾지 못하고 있다. 노란조끼들, 극우 정당에 표를 던지는 유럽의 대중들, 브렉시트를 주장하는 영국의 대중들, 트럼프 대통령에게 박수 치는 미국의 대중들, 이들은 자유민주주의 정치의 기반이 흔들리고 있다는 것을 알리는 징후들이다. 상대적 박탈감과 울분에 찬 대중들에게 국수주의적 민족주의를 자극하여 표를 얻는 포퓰리즘은 자유주의 쇠퇴의 증거일 뿐이다. 줄어드는 중산층을 회복시키고 극우파에 쏠린 유권자들을 돌아오게 하기 위해서 자유주의는 무엇을 할 것인가?

이에 관해 철학자 패트릭 드닌은 꽤 심각하고 비관적인 진단을 한다. 그는 자유주의는 성공하였으므로 실패했다고 진단하였다. 드닌에 의하면 그동안 서구를 지배해온 자유주의는 실패하였고 그 결과 사회경제적 불평등의 심화, 정치의 무력화, 공동체 연대의 상실, 인문교양(liberal arts) 교육의 쇠퇴와 기술만능주의, 등등과 같은 현재의 문제들이 나타났다고 주장한다.[231] 드닌은 이런 문제들은 자유주의에 내재해온 모순이 실현된 것이며 자유주의의 종말을 의미한다고 한다.

자유주의는 개인을 사회와 공동체의 유대로부터 분리하고 자연의 구속으로부터도 해방시켜 한없이 개인의 자유를 확대하기를 추구하였다. 자유주의 프로젝트는 전통 사회의 유대로부터 해방되어 어떤 것의 구속도 받지 않고 '자기 이익'의 극대화를 추구하는 '합리적'이고 '이기적'인 개인을 근대인의 초상으로 부각시켰다. 자유롭고 이기적이고 합리적인 개인들은 '사회계약'을 맺어 정부와 국가는 개인의 이익실현을 보조하는 장치로 규정하였고,[232] 과학과 기술발전의 이름으로 자연을 파괴하고 자원을 고갈시키며 끊임없이 물질적 이익을 추구하였다. 그 결과 얻은 물질적 성과는 놀랍지만, 공동체의 선을 위한 성찰과 정의로운 사회와 자연의 질서에 대한 담론과 같은 것이 설 자리가 없어졌다.

2008년 미국의 금융위기는 사회공동체에 끼칠 폐해를 아랑곳하지 않고 끝없이 이윤만을 추구하는 탐욕스런 자유주의의 종말적 단면을 보여준다. 드닌은 자유주의가 더 이상 이 세계의 문제에 대한 답을 줄 수 없는 한계점에 다다랐다고 한다. 자유주의 프로젝트 성공의 결과로 나타난 문제들은 자유주의가 해결할 수 없다는 것이다. 그는 새로운 공동체, 작은 규모의 공동체의 참여와 실천의 경험을 통해 자유주의의 대안이 될 새로운 모델을 찾을 수 있을 것이라 결론지었다.

드닌이 지적한 자유주의 문제들은 신자유주의 시대의 특징에 정확히 부합한다. 그의 분석을 따르면 신자유주의는 자유주의의 종말단계이다. 그러나 자유주의에 관한 그의 진단에 공감하면서도 한편으로는 자유주의가 더 이상 다른 해법을 가질 수 없다는 결론에는 다소 이의를 제기한다. 자유주의는 그동안 많은 도전에 대응하면서 해결의 절충점을 찾고 변모하면서 지속해왔다. 자유방임의 고전적 자유주의에서 내재적 자유주의로 진화하고 다시 신자유주의로 변화한 과정이 그러하다. 신자유주의로의 변화가 반드시 자유주의가 운명적으로 가야할 길이었다고 할 수는 없다. 신자유주의가 쇠퇴하고 이제 다시 자유주의는 기로에 서 있다. 새로운 자유주의의 방향을 모색할 때 존 롤스(John Rawls)와 같은 평등적 자유주의 철학자와 진보적 자유주의 학자들의 주장이 설득력을 가진다. 신자유주의는 개인의 자유를 지나치게 강조한 나머지 사회와 개인의 연대를 허물어버리고 탐욕을 정당화하였다. 이에 비해 평등적 자유주의와 진보적 자유주의는 자유주의의 다른 가능성을 보여준다. 평등적 자유주의에 한번 기회를 주어보는 것은 어떤가.

롤스는 사회적, 경제적 불평등은 오직 사회적으로 가장 약자에 속하는 사람에게 이익이 돌아가는 경우에만 인정한다는 '차등원칙'을 주장한다.[233] 롤스의 평등적 자유주의를 따른다면 빌 게이츠와 마이클 조던 같은 사람의 어마어마한 재산이 허용되는 것은 이 사회가 못 사는 사람들에게도 이익을 돌린다는 조건에서이다. 즉, 부자들이 납부하는 누진세로 가난한 사람들에게 이익이 되는 보건, 교육, 복지 등에 쓰여야 정의로운 자유주의 사회인 것이다.[234] 평등적 자유주의를 따르면 경제적 분배의 불평등이 심화되어 상위 1%가 부의 90%를 독점하는 신자유주의 시대의 양극화는 생기지 않는다.

앞장(6장)에서 논한 것처럼 미국의 진보적 자유주의 학자들도 미국의 양극화를 치유하고 민주주의를 회복해야 함을 주장한다. 노벨 경제학자인 조지프 스티글리츠와 폴 크루그먼은 미국의 경제적 양극화와 불평등으로 가난이 대물림되고 아메리칸 드림이 사라졌으며 불평등이 민주주의를 파괴하고 있다는 사실을 지적하였다. 스티글리츠는 레이건 이래의 신자유주의 경제모델, 낙수효과를 주장하는 '공급자위주' 경제 모델이 실패했다고 단언한다.[235] 크루그먼도 미국 경제는 유사 이래 처음으로 청년 세대가 부모 세대보다 더 많은 소득을 얻을 수 없는 시대가 되었다고 한다.[236] 이들은 미국 정치에서 돈의 힘이 커져 '1인1표'가 아니라 '1달러 1표'제로 바뀌고 시장지배력을 가진 자본가들이 규칙을 자기들에게 유리하게 만들고 정치를 장악한다는 것을 지적한다. 빌 클린턴 대통령의 초대 노동부 장관이었던 로버트 레이쉬 교수도 각성한 시민 유권자들에 의해 미국정치가 개혁되고 복지와 공공재에 대한 정부의 투자를 회복해야 한다고 주장한다.[237]

진보적 학자들만이 아니라 미국의 거부들도 불평등이 심각하며 미국 자본주의와 민주주의가 위기에 처했음을 지적한다. 워렌 버핏 같은 거부가 부자에게 세금을 더 내게 해달라고 주장할 뿐 아니라, 레이 달리오(Ray Dalio)같은 세계적인 헤지펀드의 대부도 미국 자본주의가 개혁되어야 한다고 주장한다. 레이 달리오는 미국 경제성장의 혜택이 최상위층에 집중되고 불평등이 심화되어 미국 자본주의가 다수를 위해 작동하지 않게 되었다고 한다. 그도 아메리칸 드림이 사라진 미국의 현실을 지적하며 개혁을 주장한다. 하위층은 더욱 빈곤해지고, 교육 재정의 감소로 공교육이 무너졌으며 교육 시스템의 붕괴로 낙오된 이들에게는 가난의 대물림과 높은 범죄율이 따라오게 되었다. 빈곤과 기회의 불균등이 각종 사회문제를 야기하고 이를 관리하기 위해 더 많은 비용이 소요된다는 것이다. 그는 적극적인 부의 재분배와 경제 불균형 문제해결에 적극적인 지도자를 뽑아야 한다고 주장한다.[238]

2018년 갤럽의 여론조사에서 18-29세 사이 미국인 청년들의 사회주의 선호도가 51%에 달한다는 결과가 보도되었다.[239] 미국의 레이건을 비롯한 신자유주의 노선의 정치인들이 사회주의를 적대시 하였던 것에 비해 지금 미국 젊은이들의 이념적 스펙트럼은 그 반대쪽으로 기울었음을 보여준다. 90년대 초 클린턴 대통령이 처음 당선된 후 힐러리 클린턴이 태스크포스 팀을 조직하여 국가주도의 건강보험안을 만들어 의회에 제출하려 한 적이 있었다. 그러나 공화당 의원들을 중심으로 한 반대파들은 이 안을 비판하며 힐러리 클린턴을 '사회주의자'라고 맹렬히 성토하였다. 클린턴 정부는 할 수 없이 전 국민 건강보험안을 접어야 했다. 그에 비하면 최근의 미국 유권자 시민들의 변화는 격세지감을 느끼게 한다. 요즘 다시 버니 샌더스, 엘리자베스 워렌 같은 민주당 진보적 정치인들이 학자금 대출 탕감, 부유세와 무상 의료보험 도입 등과 같은 정책들을 주장하고 있다. 미국의 다음 대통령 선거에서 이런 이슈들이 다시 재점화 되어 2016년 트럼프의 대통령 당선으로 사라진 불씨를 살릴 수 있을 것인가. 미국 정치가 새로운 계급타협을 이룰 수 있을 것인지, 대대적인 개혁의 정치가 시작될 것인지는 미국 뿐 아니라 세계적으로도 매우 중요한 문제이다.

진보적 자유주의자들과 평등적 자유주의자들의 주장을 살펴보면 신자유주의의 노선이 반드시 자유주의의 운명적 길은 아니었다. 레이건과 대처가 시작한 신자유주의 노선은 당시의 정치적 분위기에서 그들이 선택한 정치적 노선이었다. 40년간의 실험이 실패한 지금 진보적 자유주의와 평등적 자유주의가 새로운 자유주의의 정치적 노선이 될 수 있는 기회를 맞이하였다. 기회가 현실이 되는 것은 앞으로의 정치에 달려있다. 또 다시 다가오는 미국의 대통령 선거가 새로운 분수령이 될 수 있기를 희망한다.

02 민주주의의 회복

마이클 샌델 교수는 그의 저서 〈민주주의의 불만〉에서 오늘날 미국 민주주의가 형해화 되고 정치가 무력화된 이유를 설명하였다. 정치의 무력함이란 사회가 당면하고 있는 근본적인 모순들을 정치의 장에서 논의하고 해결하지 못함을 말하는 것이다. 그는 저서에서 19세기부터 20세기 중반 사이의 미국역사에서 있었던 공화주의적 정치경제학 논쟁을 소개하였다. 어떤 경제체제가 시민을 민주공화국의 주인으로 존재할 수 있게 하는데 가장 적합한가를 두고 이루어졌던 논쟁을 말한다. 신생국 미국은 19세기 중반에 자본주의가 발전하기 시작하여 20세기에 산업자본주의로 커나가는 과정에서 새로운 경제현상에 대응하는 새로운 법과 제도들이 필요하였다. 미국사회는 이에 대해 새로운 법과 제도가 미국을 세운 헌법의 정신과 가치에 부합하는가를 두고 열띤 논쟁을 벌였다. 핵심은 민주주의 정치에 참여할 수 있는 교양과 판단력 그리고 시민적 덕성을 갖춘 시민계급을 육성하기 위한 경제체제는 어떤 것이어야 하는가였다. 예컨대, 임금노동을 보편화 하는 것이 시민의식에 필수적인 독립적 의식을 앗아가고 시민을 임노동의 노예로 만들지 않을지, 산업 자본주의 체제에서 임금노동이 불가피하다면 이를 받아들이는 대신 시민의 주권과 정치적 독립성은 어디서 찾아야 할지, 자본주의 발전에 따른 대기업 독점과 트러스트를 허락하면 강자의 횡포로 인해 소상공인과 자영농이 사라지고 민주주의의 기초가 부식되지 않을지, 미합중국의 모든 시민이 연방정부로부터 품위 있게 살아갈 만한 소득을 제공받을 권리를 보장해주어야 자유 시민으로서의 시민적, 정치적 권리를 적합하게 행사할 수 있지 않을지, 등과 같은 근본적인 문제들을 놓고 논쟁하였다.[240] 공화주의 철학에 의하면 극심한 불평등은 부자와 빈자 모두의 인격을 타락시키고 자치에 필요한 공동체 의식을 약화시킴으로써 결국 자유의 약화를 가져온다. 이런 믿음은 일찍 아리스토텔레스와 루소의 철학에서도 발견되는 것이다.[241]

공화주의 정치경제 논쟁에서 중요한 것은 시민적 자유였고, 경제의 중요한 목적은 시민적 자유를 보장하고 참여 민주주의가 발전할 수 있는 공동체의 기반을 만드는 것이었다. 무조건적인 양적 성장이 아니라 민주주의의 시민계급을 육성하는데 적합한 경제를 만드는 것이 당시 정치경제 논쟁의 핵심적 문제였다. 당시는 아직 미국이 신생국이었던 시절이다. 신생 개발도상국이었던 미국에서 이런 논쟁을 하였다는 것이 매우 의미 깊다. 이와 같은 정신이 점차 실종된 것이 오늘날 미국 민주주의의 후퇴를 가져왔다고 샌델 교수는 진단한다.

산업 발전 초기의 정치경제 담론은 산업자본주의가 발전하면서 점차 힘을 잃게 되고 공동체를 위한 정치경제철학은 사라져갔다. 개인주의와 성장론이 지배하게 되고 미국 민주주의의 사상적 기반인 자유주의는 점차 절차적 자유주의로 변질하였다. 절차적 자유주의는 개인주의를 기초로 하며 공동체 담론의 정치가 아닌 형식적 보통선거를 그 핵심내용으로 한다. 정치경제적 가치에 대한 철학적 논쟁이나 사회적 담론의 장은 소실되고, 대신 정기적인 투표가 민주주의의 필요충분 조건으로 인식되었다.

절차적 자유주의는 시민의 정기적 투표행위를 핵심내용으로 하지만, 공공철학 논쟁이 사라진 정치는 무력해졌다. 자유의 개념이 매우 단순화, 형식화되어 정치적으로는 투표권 행사, 경제적으로는 시장에서의 자유, 이런 것으로 압축되었다. 미국 민주주의에는 공화주의적 자치능력과 덕성을 가진 주권적 시민이 자라지 못하고 그 대신, 개인주의와 소비주의의 한계에 갇힌 무력한 대중이 양산되었다. 대중은 국가공동체의 가치를 논하고 비판할 시민으로서의 지위를 점점 잃어버리고, 수동적인 유권자로 남게 되었고, 수동적 시민은 시장이라는 거대한 힘 앞에서는 무력한 개인이 되었다. 샌델 교수는 레이건의 신자유주의가 이런 모든 경향을 촉진하고 강화시켰다고 설명한다. 그는 민주주의를 회생시키기 위해 정치경제에 대한 공공철학의 회복이 필요하다고 한다.

오늘날 대부분의 민주주의 국가는 공화정을 표방한다. 그러나 공화정의 내용은 상실되었다. 샌델 교수가 지적한 것처럼 공화정체제의 시민들은 계몽된 주권자로서 공동체의 선, 공동체가 추구할 가치와 목표를 함께 논의하고 선택할 수 있었다. 경제발전의 목표가 무엇인지, 경제발전의 성과가 어떻게 분배되어야 모든 국민의 자유와 생존권을 보장할 수 있을지 논의할 수 있었다. 오늘날 신자유주의 시대의 정치는 공화정의 정치담론을 상실하였다. 시장논리가 지배적이 되어 시민적 사유의 지평을 좁혀버렸다. 그 결과 소수의 권력과 부를 쥔 계층이 다수를 지배하며 정치는 금권정치로 변화하였다.

시장의 원칙이 정치의 담론도 지배하고 정치는 경제에 종속적인 존재가 되었다. 시장의 요구는 항상 옳은 것으로 간주되었고 시장의 효율성과 이윤추구 원칙이 지상의 원칙이 되었다. 그리고 이들을 대변하는 사회적 계층과 집단이 정치를 지배하였고, 정치적 담론도 시장의 효율과 이윤추구 원칙이 지배하였다. 그 결과 민주주의 정치는 형식적 논의만 남은 채 무력해지고 사회경제적으로는 부의 불평등과 공동체의 붕괴현상이 나타나게 되었다. 부의 불평등과 공동체의 붕괴, 시장 앞에 무력한 개인, 정치의 무능함, 이 모든 것들이 합쳐 현재 미국 민주주의에 대한 불만으로 누적되었다. 그리고 자유민주주의의 약화를 가져왔다.

민주주의를 다시 회복 시켜야 한다. 세계적으로 자본주의 4.0의 정치는 갈등과 혼미함 가운데 있으며 민주주의의 지반이 흔들리고 있다. 자유민주주의는 1930년대에 계급갈등의 혼란과 불안 속에 전체주의에게 자리를 내어주었다. 지금의 자유민주주의도 그때와 유사하게 극우파와 민족주의 감정을 부추기는 권위주의 지도자들의 도전을 받고 있다. 이차 세계대전으로 전체주의를 물리친 후 자유민주주의 국가들은 새로운 계급타협으로 자유민주주의 정치를 재건하였다. 뉴딜 정책과 노사합의에 기초한 복지국가 모델이 수립되고 1920-30년대의 경제적 불평등이 대폭 축소되었다. 그때의 경험을 살려 자유민주주의를 회생시키는 길은 새로운 계급타협을 이루고 21세기형 복지국가를 만드는 것이다.

오늘날 양극화가 심화된 가운데 부자와 빈자가 대를 물려 이어지는 신계급주의 사회가 되었다. 경제적 양극화를 해소할 새로운 계급타협의 정치가 필요하다. 양극화가 심해진 미국에서 폴 크루그먼, 조지프 스티글리츠, 로버트 레이쉬 같은 진보적 자유주의 학자들이 정치개혁의 필요성을 계속 주장하여 왔다. 밀라노비치를 비롯한 진보적 자유주의자들이 모두 지적하듯이 오늘날 미국은 건강한 민주주의의 터전인 중산층은 축소되고, 자금력이 막강한 기업과 금융귀족들의 재정지원이 없이는 정치인이 당선되고 성공을 거둘 수 없는 대표적인 나라가 되었다. 이것은 공화당 뿐 아니라 민주당도 그러하다. 그러면서 이들은 정치는 경제에 개입하지 말아야 하며 시장의 자유를 정부는 방해해서는 안된다는 위선적 논리로 실상은 거대자본들이 지배하는 정치를 만들었다. 금권정치가 지배하고 양극화가 재생산되는 구조가 계속된다.

거대자본과 언론권력, 그에 연대한 기득권 정치인들이 시민대중을 계몽된 공화정의 시민일 수 없도록 만든다. 각종 소비적 영상 이미지, 테러와 안보불안 등의 뉴스가 쏟아져 나오는 인터넷과 정보매체의 홍수 속에 대중들은 오도되며 정치에 대한 성찰과 판단의 시간을 가지기 어렵다. 민주주의를 다시 찾기 위해서는 대자본과 언론권력, 기득권 정치로부터 자유롭게 이들을 비판할 수 있는 담론의 회복이 필요하다.

민주주의 정치는 고위관료의 기득권과 부패를 감시하고, 자본과 언론권력의 독재를 견제하는 정치를 포함한다. 투명하고 민주적인 권력이 없이는 공정한 시장, 유능한 국가가 존재할 수 없다.

자본주의 4.0과 대비되는 베이징 컨센서스의 궁극적 성공도 결국 민주주의가 관건이다. 경제가 발전할수록 권력에 대한 민주적 감시와 투명한 정부, 그리고 민주적 의사결정에 대한 요구가 높아져 갈 것이다. 공산당 정부가 정치와 경제의 권력을 독점하고 있는 한 관료의 부패는 사라지지 않는다. 거대 국유기업을 효율적으로 운영하고 국유기업과 민간기업이 함께 발전하는 시장경제를 만들기 위해서도 권력의 분산과 민주적 의사결정 과정의 도입은 불가피하다. 베이징 컨센서스가 지금까지 수억의 대중을 가난으로부터 구제하는 데는 성공했으나 앞으로 민주적이고 투명한 정부를 만들 수 있을 것인지는 의문이다. 지금 중국정부는 고위관료의 부패를 엄벌에 처하고 있다. 그러나 궁극적으로 투명하고 청렴한 정부를 만드는 것은 깨어있는 시민의 민주적 규제와 감시가 없이는 원천적인 한계가 있다.

자유주의체제가 정치개혁을 이루고 민주주의를 회복하는 것이 베이징 컨센서스로 대표되는 권위주의의 도전을 이기는 길이다. 빈부격차를 없애는 새로운 계급타협의 정치가 필요하다. 공화적 민주주의의 정신을 회복한 민주주의 정치가 필요하다. 자본주의 4.0의 혼미함을 넘고 베이징 컨센서스의 권위주의를 극복할 새로운 정치가 필요하다.

03
새로운 한국모델을 위하여

지금까지 신자유주의와 자본주의 4.0에 대해 주로 미국과 서구의 이야기를 중심으로 논하였다. 그러나 신자유주의에 관한 모든 비판과 자본주의 4.0의 이야기는 한국에도 적용된다. 한국도 지금 신자유주의의 질곡을 넘어 새로운 발전모델을 정립해야 할 때이다. 책의 서론에서부터 계속 지적해온 양극화와 불평등의 문제를 중심으로 새로운 한국모델에 대해 논해 보기로 한다.

한국은 자본주의 시장경제에서 많은 성공을 거두었다. 일인당 국민소득 삼만 달러 같은 추상적인 숫자보다도 소비문화에서 느끼는 한국경제의 성장은 더 실감난다. 세계 어느 국가에서보다 빠르고 시원하게 잘 터지는 초고속 인터넷망, 시카고나 샌프란시스코 등 서구 대도시의 백화점보다 더 화려한 한국의 백화점들, 거리를 가득 메운 끝없는 자가용 승용차들의 행렬... 한국은 정말 꽤 부유한 나라가 되었다. 한국의 성공신화는 세계시장경제에서 단절되어 '우리 식으로 산다'를 고집해온 북한과도 극명한 대조를 이룬다.

지금 필자가 가르치는 대학의 이십대 젊은이들에게 80년대 미국과 한국의 소비수준 차이에 대해 얘기하면 신기해하며 웃는다. 예컨대, 미국 슈퍼마켓 한쪽 면을 가득 채운 다양한 종류의 개와 고양이용 통조림캔들을 보고 놀랐다거나, 대학생이 어학연수나 해외 배낭여행 가는 것은 꿈도 꿀 수 없었다거나, 등과 같은 얘기는 이 세대에게는 웃기는 옛날얘기일 뿐이다. 우리가 이제는 이런 옛날얘기를 할 만큼 눈부신 성장을 이루었고, 우리 세대는 그 나이에 꿈도 꾸지 못한 물질적 풍요를 너희들은 누리고 있으니 불평하지 말아야한다고 말해도 될까? 이런 훈계는 젊은 세대에게 꼰대의 잔소리 밖에 안 될 것이다.

이 젊은이들이 느끼는 한국의 현실은 다르다. 지금 장년세대의 청소년기는 고속성장 시대였고 본인의 노력으로 사회적 계층이동의 문이 열려 있었다. 그러나 지금은 양적 성장에도 불구하고 양극화가 점점 심해지는 모순적 결과를 안고 있다. 경제적 양극화의 심화와 함께 정치적, 사회적 갈등도 깊어가고 있다. 한국의 소득불평등 지수는 OECD 국가 중에서 가장 높은 미국 다음일 만큼 높아졌고, 부모의 재산과 사회적 신분이 자식세대로 대물림 되는 경향이 강해지고 있다. 〈20대 80의 사회〉의 저자 리브스가 지적한 것처럼, 한국에도 상위 20퍼센트에 속하는 부모들은 자식에게 고소득 직업과 상위층의 사회적 신분을 물려주기 위해 소위 명문대 진학 맞춤형 고액과외와 각종 스펙쌓기용 특별활동을 위해 돈을 아끼지 않는다. 소위 명문대학 입학생의 다수가 서울의 특정지역 출신들이란 것은 더 이상 놀라운 일도 아니다. 경쟁사회에서 이미 유리한 고지를 점한 자와 그렇지 못한 자는 상당수가 처음부터 정해진다. 개인의 노력만으로 사회적 신분상승의 꿈을 이루는 것에는 한계가 있고, 상위층 부모를 갖지 못한 젊은이들은 '흙수저'임을 한탄하게 되었다. 이대로 가면 한국도 점차 신(新)신분사회로 다가가지 않을까 우려스럽다. 서울과 지방으로 나뉘고, 강남과 강북으로 나뉘고, 하늘의 SKY와 땅의 지잡대로 나뉘고, 정규직과 비정규직으로 나뉘고, 끝없이 사람을 나누고 서열화하며 가진 자와 못 가진 자로 나누는 사회가 되고 있다.

경제성장의 결과가 반드시 이렇게 불평등을 고착화시키는 것이어야 할까? 평등하게 부를 분배하고 모든 시민이 주인인 정의로운 국가공동체가 발전하는 방향으로 나아갈 수는 없을까. 발전의 혜택이 공정하게 분배되고 모든 국민이 시민적 덕성을 함양할 수 있는 정의로운 국가 공동체, 이것은 어느 국가나 추구해야 하는 목표이다. 그리고 새로운 한국의 발전모델은 이런 방향이어야 한다.

발전모델이란 어떤 제도적 특징을 가진 경제발전 패턴을 유형화하여 일컫는 것으로 예컨대, 앵글로색슨 모델, 스웨덴식 복지국가 모델, 독일식 모델, 중국식 모델, 동아시아 모델 등의 유형들을 예로 들 수 있다. 이런 각각의 모델들은 각각 다른 제도적 특징을 가지고 있고 경제발전에 있어 중요시되는 목표와 가치관도 차이가 있다.

예컨대 앵글로색슨 모델은 미국과 영국에서 나온 것으로 개인의 자유를 가장 중시하는 이 나라들의 사상적 전통에 부합한다. 주주자본주의라고도 하며 앵글로색슨 모델은 독일식이나 스웨덴식 복지모델보다 복지의 상당부분을 국가 아닌 개인 자신의 책임에 맡긴다. 독일식 모델은 이해관계자 모델이라고도 하며 사회적 시장경제 모델이라 불리기도 한다. 앵글로색슨 모델이 개인과 시장의 자유를 최고의 가치로 여긴다면 독일식 모델은 공동이익과 복지에 더 방점을 둔다. 이차대전의 폐허에서 유럽 최강의 경제를 일구어낸 것은 독일식 이해관계자 모델의 기반 위에서였다.

이와 같이 다양한 발전모델의 예를 보아서 알 수 있는 것은 발전이란 단순히 일률적인 모습의 경제성장을 의미하는 것이 아니며 어느 수준이 되면 자연스레 복지국가가 되는 것도 아니란 것이다. 복지국가는 경제성장의 자연스런 산물이 아니라 복지국가를 위한 목표를 설정하고 그에 맞게 발전모델을 수립해야 가능한 것이다.

한 사회의 경제발전이란 무엇일까. 유례없이 빠른 속도로 경제발전에 성공한 한국사회는 발전에 대한 생각도 단순한 듯하다. 발전을 국민총생산 (GDP)이나 경제성장률 같은 몇 가지 경제지표의 양적 성장과 동일시하는 사고에 익숙하다. 국민총생산과 경제성장률이 중요한 것은 두말 할 필요가 없지만, 한편 이런 단순한 기준은 현실을 오도할 위험도 있다. 일인당 GDP가 몇 만 불에 이르렀더라도 이는 평균치를 말하는 것이며, 구체적 개인들이 실제 소유하고 느끼는 부의 수준은 천차만별이다. 양적 평등이 어느 정도 이루어지지 않고서 총량만으로 발전을 말하는 데는 한계가 있다. 발전이란 일인당 GDP가 얼마인가 그 이상으로 복합적인 문제를 포함하는 개념이다. 발전모델은 조세, 노동, 연금, 의료, 교육, 복지 등 많은 영역의 제도와 정책을 포함하고, 국민 개개인의 삶의 질에 지대한 영향을 미친다. 이런 모든 것을 포함한 한 국가의 발전모델은 개인들의 삶의 실존적 조건을 형성한다고 해도 과언이 아니다. 우리는 이제 우리의 삶의 실존적 조건인 사회경제제도들에 대해 생각하고 어떤 제도를 가진 어떤 발전모델을 추구할 것인가 생각할 때가 되었다.

한국은 60년대부터 시작하여 개발도상국 중 유례없이 빠른 속도의 경제성장으로 가난을 탈출한 '한강의 기적'을 이루었다. '아시아의 네 마리 용'과 함께 동아시아 모델의 대표로 인식되었고 한국의 발전은 개발도상국의 귀감으로 간주되어 '발전국가' (development state)론 연구를 활성화시켰다.[242] 앨리스 앰스덴 같은 학자는 한국을 '아시아의 다음 거인'으로 추켜세웠다. 그러나 이런 한국의 신화는 1997-98년의 아시아 외환위기로 침몰하였다. 외환위기를 극복하기 위해 IMF에 구제금융을 신청하고 IMF의 처방에 따라 구조조정을 하는 동안 중소기업들의 부도와 실업자가 속출하였다.

이 시기 많은 알짜 공기업의 지분이 외국에 매각되어 국부유출론이 일기도 했다. 이런 상황에서도 한국은 모범적으로 IMF의 숙제를 완수하고 누구보다도 빨리 IMF를 졸업하였다. 해외 언론들은 한국이 IMF 차입금을 조기상환하고 외환위기를 극복했다고 칭송하며 다른 나라들도 본받아야 할 것이라고 하였다.[243] 경제성장기에나 위기시에나 한국은 항상 '모범'이고 '우등생'이었다. 이런 식의 긍정적 인식은 고난을 이기고 성공한 국민이란 자부심을 가지는데 도움이 된다. 그러나 한편 스스로 과거의 성과에 심취해 한국모델에 근본적인 개혁이 필요함을 간과하게 만드는 문제점도 있다.

외환위기 이후 한국사회에는 신자유주의적 사고방식인 시장의 경쟁 그리고 부에 대한 일종의 숭배의식이 자리 잡게 되었다. 부에 대한 숭배는 한동안 한국사회에서 유행하던 인사말이 "부자 되세요"였다는 데서도 알 수 있다. '부자 되세요'라는 것은 막 개업한 가게의 번창을 비는 축사 같은데서나 쓰는 말일 것이다. 그것이 누구를 향해서든 일상적인 인사말로 자주 쓰였다는 것은 그 사회가 얼마나 물질적 부의 추구에 높은 가치를 두었는지를 보여준다. 이런 거의 맹목적인 부의 추구는 한국사회가 그동안 다른 가치들을 생각할 틈이 없이 양적 성장에만 매진해온 것에서 유래한다. 우리 사회는 발전모델에 대한 깊은 숙고를 하기 보다 양적 성장의 추구에 일로매진하여 왔다. 무엇을 위한 성장인가에 대한 성찰의 여유를 갖지 못하고 후발국가로서 세계 시장에 따라가기 급급했기 때문이었을 것이다.

이제 이런 후발국가 의식을 벗어나 다음 단계의 발전을 위해서 우리는 어떤 발전모델을 가질 것인가를 성찰할 때가 되었다. 양극화를 극복하고 경제정의가 이루어진 복지국가를 만들어야 한다. 공교육, 공공의료 등을 포함한 공공복지의 탄탄한 제도를 가진 나라를 만들어야 한다. 현재 한국은 저출산율과 고령화 문제를 시급히 해결해야 할 과제로 안고 있다. 세계에서 유례없이 높은 사교육비와 치열한 입시경쟁을 겪은 젊은 세대들은 이런 풍토에서 자녀를 낳고 싶지도 않고, 낳아 기를 수도 없다. 'N포세대', 청년들이 취업, 결혼, 출산, 집 등을 포기한다는 말이 떠도는 사회가 되었다. 부모의 재력에 기댈 수 없으면 청년세대가 결혼도 출산도 자기 집을 가지는 것도 어렵다면 국가공동체의 미래가 암울하다. 도대체 무엇을 위한 발전인가? 복지기초가 취약한 채로 맹목적인 부를 추구하는 것은 국가공동체의 미래를 보장하지 못한다. 이 나라 시민은 누구나 걱정없이 자녀를 낳아 기르고 자기가 노력한 만큼 정당한 사회적 성취를 이룰 수 있는 나라를 만들려면 복지의 기초가 탄탄해야 한다. 경제발전은 바로 그런 나라를 만들기 위한 것이다. 발전과 복지가 함께 선순환을 이루는 발전모델을 만들어야 한다.

발전과 복지가 함께 하는 발전모델을 수립하기 위해서 정치의 개혁이 필요하다. 앞에서 신자유주의의 모순을 극복하기 위해 정치개혁이 필요함을 여러 차례 지적하였다. 한국의 경우에도 마찬가지이다. 양극화와 N포세대 문제를 극복하기 위해 정치개혁이 필요하다. 경제사회적 양극화와 함께 정치구조도 양극화의 골이 깊어졌다. 보수는 성장을 주장하고 진보는 분배를 주장한다는 이분법이 깊이 자리 잡게 되었다. 이런 이분법은 정치적 구호로 쓰이기에도 이제는 식상하다.

샌델 교수의 미국 민주주의에 관한 진단은 한국사회의 분석에도 유용하다. 87년 6월 항쟁 이후 시작된 한국의 민주화는 그동안 절차적 형식적 민주주의에 중점을 두어왔다. 경제정의를 논하는 실질적 민주주의는 깊이 뿌리를 내릴 수 없었다. 정치의 마당에서 정의로운 정치경제에 대한 담론은 경원시되고 공정과 평등을 요구하는 목소리는 이념적 좌파로 치부되었다. 복지국가를 만들어야 한다고 주장하면 역사적 경험과 구조가 전혀 다른 아르헨티나의 페론주의 포퓰리즘을 들고 나오거나 그리스의 재정파탄 같은 것을 들고 나와 반대하였다. 성장논리와 안보논리가 짝을 이루어 수십년 간 한국의 정치와 경제를 주도하면서 정의로운 정치경제 구조의 발전을 봉쇄하였다. 그리고 한국의 보수 정당들은 이런 구조를 대물림하면서 손쉽게 대중들의 표를 구하였다.

　샌델 교수는 미국 민주주의를 소생시키기 위해 공공철학의 필요성과 공화정의 시민적 주체성을 함양할 것을 주장한다. 이것은 한국에도 필요한 처방이다. 한국사회도 정치개혁과 실질적 민주주의의 정립이 필요하다. 맹목적 성장론과 냉전시대의 안보론에 안주하여, 목적의식을 상실한 채 오로지 권력을 위한 권력을 추구하는 정치는 개혁되어야 한다. 새로운 정치의식과 어젠다를 가진 새로운 세력들로 정치의 판을 짜고 참다운 민주주의를 정립해 가야 한다. 새로운 발전과 복지국가 건설을 위해서는 사회계층과 계급간 다양하고 충돌하는 이해관계와 문제들을 인정하고, 이를 공론과 정치의 장에서 토론하고 합의를 이루어가는 과정이 필요하다. 시민은 이제 투표권 행사에 그치는 수동적 시민이 아니라 다양한 이슈에서 활발한 토론을 통해 사회적 합의를 이루어가는 공화적 민주주의의 시민성을 발전시켜나가야 한다. 여기서 말하는 국가와 정치는 아리스토텔레스적이기도 하다. 아리스토텔레스적 국가는 최고 선 (善)의 공동체이며 시민들의 좋은 삶은 이 공동체 안에서 실현된다. 정치는 단순히 권력을 위한 권력 다툼이 아니며, 국가공동체의 목적, 즉 시민들의 좋은 삶을 위한 공동체를 만들기 위한 것이다. 한국 국가공동체의 목적은 무엇이며, 정치는 이 목적에 어떻게 봉사해야 하는가를 진지하게 숙고해야 한다. 공동체의 목적을 상실한 정치는 개혁되어야 한다.

정치의 개혁과 함께 정부, 즉 국가의 개혁도 필요하다. 앞에서 자본주의 4.0이후 시대에는 유능하고 민활한 정부가 필요하다고 하였다. 6장에서 논의한대로 한국에도 자본주의 4.0이후의 시대를 여는 유능하고 민활한 정부가 필요하다. 정부는 신자유주의 시대를 지나며 구조화된 불평등을 해소하기 위해 시장경제의 공정한 게임의 규칙을 만들고 집행하는 역할을 해야 한다. 다양한 사회계층을 아우르는 복지안전망을 구축해야 하며, 4차 산업혁명 시대를 견인할 공공투자 국가로서의 역할을 해야 한다. 한국의 새로운 발전을 위해 국가가 해야 할 역할은 앞의 6장 3절에서 논의한 바 그대로이다. 간단히 요약하면, 1. 공정한 시장의 게임의 규칙 만들기, 2. 공교육 혁신과 교육투자 증대, 3. 복지안전망 강화와 적극적 고용정책 추구, 4. 4차산업혁명 시대를 선도하는 과학기술 투자 같은 것들이다.

위의 2번의 내용에 대해 좀 더 부연설명할 필요가 있다. 지금 한국사회는 교육의 불공정과 불평등 문제로 거센 논란이 일고 있다. 이 문제는 다만 대학입시 제도를 바꾸고 특목고를 모두 없앤다고 다 해결되지는 않는다. 앞에서도 언급하였듯 공립학교 교사의 질과 교육수준이 대폭 높아질 수 있도록 정부가 투자하고 육성해야 한다. 고액의 사교육을 받을 수 없는 보통 가정의 자녀들도 교육기회의 평등을 누릴 수 있도록 보통의 학교들에 대한 지원과 육성책의 강화가 필요하다. 리처드 리브스는 그의

〈20대 80의 사회〉에서 아이비리그의 학교들이 명문가와 부유층 자녀들을 입학시키기 위해 동원하는 여러 가지의 특혜와 편법에 대해 지적하였다. 이런 기제를 통해 아이비리그들은 계속 특권적 지위와 명망을 유지한다는 것이다. 그는 이런 것들에 대응하기 위해 주립대학을 비롯한 공립대학들에 대한 투자를 증대시켜야 한다고 한다. 이는 한국에서도 마찬가지이다. 지방의 국공립대에 대한 투자를 대폭 증가시키고 이들의 대외적 명망도를 높여야 한다. 전국의 국공립대학들이 수도권 사립대학에 비해 이류로 취급받는 구조에서는 국토의 균형발전도 이루어질 수 없다. 교육의 수도권 집중화로 수도권 비대화가 가중되고 이에 따른 각종 부작용도 악화된다. 수도권 비대화와 지방의 고사를 촉진하는데 일익을 담당하고, 학부모와 젊은이들의 과중한 학비부담에 따른 경제적 곤경도 심화된다. 수도권에 가지 않으면 취업에서도 불이익을 받는다는 인식으로 지방의 학생과 부모들이 과중한 학비와 생활비 부담을 져야한다. 지방의 국공립대학들을 일류로 육성하여 인재를 분산시켜야 국토의 균형발전도 이루어지고 교육기회의 참다운 평등도 이루어질 수 있다. 교육이 사회적 신분상승의 수단으로 간주되는 사회에서 교육기회의 평등, 부모들의 소득의 고하와 관계없이 자기 능력과 노력으로 최고의 교육을 받을 수 있는 나라를 만들지 않으면 국가공동체의 정의가 이루어질 수 없다.

양극화와 불평등을 극복하고 청년들에게 미래가 있는 국가공동체를 만들기 위한 한국의 새로운 발전모델이 필요하다. 과거 한국모델의 성공의 심취에서 깨어나 성장과 복지가 선순환을 이루는 새로운 발전모델을 만들어야 한다. 이것은 과거와 같이 소수의 재벌기업에게 맡겨서 되는 일이 아니다. 시장에서 공정한 게임의 규칙을 만들어 기업이 따르게 하고 국민의 복지를 책임지는 것은 국가이다. 앞장에서 말했지만 베이징 컨센서스와 한국모델의 성공은 이들이 역사적으로 체계적이고 정교한 국가주의의 유산을 물려받았다는데 크게 기인한다. 한국의 새로운 발전을 위해서는 4차산업혁명 시대에 맞는 민활하고 유능한 국가가 되어야 한다. 민활하고 유능하면서 동시에 수준 높은 민주주의가 체화된 국가로 거듭나야 한다.

정치와 경제발전은 분리될 수 있는 것이 아니다. 민주주의 정치를 통해 무엇을 위한 발전인가에 대한 정치사회적 합의가 있어야 한다. 그래야 경제발전의 혜택이 정의롭게 분배되며 공동체의 선 (善)에 기여한다. 민주주의 정치와 경제발전이 병행할 때 한국의 21세기형 발전모델이 완성된다. 그리고 자본주의 4.0의 정치적 한계를 극복하고 베이징 컨센서스를 뛰어넘는 보편성을 담지한 모델이 될 수 있을 것이다.

참고문헌

〈국문〉

그레이엄 앨리슨 저, 정혜윤 역, 『예정된 전쟁』, 세종서적, 2019.

김광수, "애덤 스미스의 법과 경제: 행동경제학-행동법학적 관점을 중심으로"『국제경제연구』 18권 4호, 2012. 12.

_____ "애덤 스미스의 법과 경제: 정의와 효율성간의 관계를 중심으로"『경제학연구』 57집1호, 2009. 12.

김미림, "미얀마-중국, 송유관 가동과 짜욱퓨 경제특구 건설 합의" EMERICs 이슈분석경제 2017-126, 대외경제정책연구원,.

김영진, "중국의 일대일로와 중앙아 국가의 대응: 경제부흥의 기회인가?", DiverseAsi, http://diverseasia.snu.ac.kr

김진영. 2011. "글로벌 금융 거버넌스와 아시아 금융협력: IMF와 아시아통화기금" 『21세기정치학회보』 21(3).

김진영. 2012. "글로벌 금융 거버넌스에서 시장과 국가"『차이나연구』 12집.

김진영. 2007. "동아시아 국제분업과 지역주의에의 함의"『한국정치외교사논총』 29집 1호.

_____. 2008 "중국의 경제적 부상과 동아시아 지역주의" 『세계지역연구논총』 26(3) 2097-232.

김홍기, 2010. "미국 도드-프랭크법의 주요 내용 및 우리나라에서의 시사점" 『금융법연구』 7(2): 45-90.

고명현 편, 『스웨덴 복지 모델의 이해』, 아산정책연구원, 2015.

마이클 샌델 저, 안규남 역, 『민주주의의 불만』, 동녘, 2012.

_____, 이창신 역, 『정의란 무엇인가』, 김영사, 2009.

_____, 이양수 역, 『정의의 한계』 멜론, 2012.

마틴 자크, 안세민 역. 『중국이 세계를 지배하면』 서울: 부키, 2009.

브랑코 밀라노비치 저, 서정아 역, 『왜 우리는 불평등해졌는가』, 21세기북스, 2016.

삼정KPMG 경제연구원. 2015. "바젤 III, 도입 배경 및 최근의 주요 변화," 삼정경제연구원 이슈 모니터 March 2015.

앤서니 앳킨슨 저, 장경덕 역, 『불평등을 넘어: 정의를 위해 무엇을 할 것인가』, 글항아리, 2015.

임계순, 『중국의 미래』, 싱가포르 모델, 김영사, 2018.

조지프 스티글리츠. 『스티글리츠 보고서』. 박형준 역. 서울: 동녘. 2010.

신종호, "중국 일대일로 전략의 한반도에 대한 함의" KINU 통일연구원 Online Series CO 15-20, 2015. 8. 12.

아주경제, "중국 국유기업 47곳, 일대일로 동참.." 2017. 5. 9.

아프리카 인사이트, "아프리카 사람들은 중국이 미치는 영향력을 긍정적으로 바라보고 있다" 2017. 6. 15, http:// africainsight.org/insights/160

연합뉴스, "시진핑의 야심작 일대일로 프로젝트, 부채문제 암초", 2018. 8.8.

이상훈, 박진희, 최지원, 최재희, "중국의 주요 지역별 2018년 경제정책 방향 및 시사점" 대외경제정책연구원, 2018. 4.13.

이선진, "중국 실크로드 구상의 전략적 의미" JPI 정책포럼, No. 2014-19, 제주평화연구원.

이정미, 신세린, "파키스탄-중국 경제회랑 사업 추진 현황과 과제", 대외경제정책연구원, 지역기초자료 17-01, 2017. 2.9.

이지용, "중국 일대일로 전략의 정치경제적 함의와 시사점" 주요국제문제분석 No. 2014-38. 외교안보연구소, 2014. 11.25.

안병진, "신보수주의의 이념적 뿌리와 정치적 함의: 레오 스트라우스를 중심으로" 『한국정치학회보』 38집 1호,(한국정치학회, 2004).

이광석, "행정언어에서의 용어 혼용에 대한 연구: 신보수주의와 신자유주의를 중심으로" 한국행정학회 춘계학술회의 발표논문,(한국행정학회, 2007).

이준구, "미국의 감세정책 실험: 과연 경제 살리기에 성공했는가?" 『경제논집』 51집 2권,(서울대학교 경제연구소, 2012), pp. 207-261.

아나톨 칼레츠키, 위선주 옮김, 『자본주의 4.0』, 서울: 컬쳐앤스토리, 2011

애덤 스미스, 유인호 옮김, 『국부론』, 서울: 동서문화사, 2010.

이언 브레머 저, 차백만 역, 『국가는 무엇을 해야 하는가』, 다산북스, 2010.

오화석. 2007. 『슈퍼 코끼리 인도가 온다』(매일경제신문사)

장하성, 『한국자본주의』, 헤이북스, 2014.

장하준, 이순희 역, 『나쁜 사마리아인들』, 서울: 부키, 2007.

장하준, 『그들이 말하지 않은 23가지』 부키, 2012.

정융녠. 2005. 승병철 옮김. 『21세기는 중국의 시대인가』(과천: 문화발전소)

제러미 리프킨, 안진환 옮김,『한계비용 제로 사회: 사물인터넷과 공유경제의 부상』 서울: 민음사, 2014.

제러미 페이지, "중국 신실크로드로 아시아 패권 노린다" 월스트릿저널, http://kr.wsj.com/posts/2014/11/13

전성흥 편,『중국모델론』, 부키, 2008.

전창환, "2008년 미국의 금융위기: 원인과 교훈"『동향과 전망』2009년 봄호,

---- "2008년 미국의 금융위기와 오바마 정부의 새로운 뉴딜?"『동향과 전망』2010 봄호.

전창환. 2011. "오바마 정부의 금융규제개혁의 성과와 한계,"『민주사회와 정책연구』20호: 252-284.

전창환. 2010. "G20 체제의 지향점과 국제 금융 규제 개혁?"『동향과 전망』79호: 9-44.

조정원, "중앙아시아 국가들의 대중국 경제의존도 증가 현황과 원인: 무역, 투자를 중심으로, 중앙아시아학술회의 발표, www.eurasiahub.org/data/ftproot/2015/2015-중앙아시아학술회의/7-1.pdf.

주성일.2010. "공자학원을 통한 중국의 소프트파워 증진정책 연구"(서울: 경제인문사회연구회)

천즈우. 2009.『중국식 모델은 없다』박혜린·남영택 옮김(메디치)

칼 폴라니,홍기빈 옮김,『거대한 전환: 우리시대의 정치경제적 기원』, 서울: 도서출판 길, 2009.

클라우스 슈밥 저, 송경진 역,『제4차 산업혁명』새로운 현재, 2016.

클라우스 슈밥 외 26인 저,포린 어페어스 엮음,『4차 산업혁명의 충격』흐름출판, 2016.

토마 피케티, 장경덕 외 옮김, 『21세기자본』, 서울: 글항아리, 2013.

파리드 자카리아(Fareed Zakaria) 저,윤종석, 김선옥, 이정희 공역, 〈흔들리는 세계의 축: 포스트 아메리칸 월드〉 베가북스, 2008.

패트릭 드닌 저, 이재만 역, 『왜 자유주의는 실패했는가』, 책과함께, 2019.

폴 크루그먼,예상한 외 옮김, 『미래를 말하다』(The Conscience of a Liberal) 서울: 현대경제연구원Books, 2008.

톰 밀러,권영교 역,『신실크로드와 중국의 아시안 드림』 서울: 시그마북스, 2018.

한국은행,"뉴노멀 시대 중국경제의 변화방향과 과제" 국제경제리뷰, 2015-2호.China Radio International online, "중 국유기업들 '일대일로' 빛을 밝힌다" 2017. 5.12. http://korean.cri.cn/1740/2017/05/12/ls246959.htm

KIEP 북경사무소,"중국의 일대일로 추진 현황 및 평가와 전망" 대외경제정책연구원,vol.20 no.11, 2017. 5.12.

〈영문〉

Aglietta,M. *A Theory of Capitalist Regulation: the US Experience*(London:Verso) 1979.

Alexander,Kern, Rahul Dhumale and John Eatwell. 2006. *Global Governance of Financial Systems*. Oxford: Oxford University Press.

Amsden,Alice, *Asia's Next Giant: South Korea and Late Industrialization*, Oxford University Press, 1989.

AnthonyGiddens, *Beyond Left and Right*, Cambridge: Cambridge University Press, 1994.

Anderlini,Jamil, et al. "Pakistan rethinks its role in Xi's Belt and Road Plan" *Financial Times*, Sept. 10, 2018.

Anderlini,Jamil, "China is at risk of becoming a colonialist power" *Financial Times*, Sept. 19, 2018.

Areddy,James, "Trophy Infrastructure, Troublesome Debt: China Makes Inroads in Europe" *Wall Street Journal*, Nov. 5. 2018.

Armijo,Leslie Elliot. 2001. "The Political Geography of World Financial Reform.*Global Governance* 7: 379-396.

Arrighi, Giovanni. 1994. *The Long Twenties Century*. London: Verso.

Baker,Andrew. 2010. "Restraining regulatory capture? Anglo-America, crisis politics and trajectories of change in global financial governance," *International Affairs* 86(3): 647-663.

Beech, Hannah,"'We Cannot Afford This': Malaysia Pushes Back Against China's Vision" *New York Times*, Aug. 20, 2018.

Blanchard,Ben and Sue-Lin Wong, "China's new Silk Road promises trade and riches, with President Xi at helm" Reuter Businessnews, May 15, 2017.

Borrus,Michael. 2000. "The Resurgence of US electronics: Asian production networks and the rise of Wintelism," Borrus and Dieter Ernst and S. Haggard eds. *International Production Networks in Asia: Rivalry or riches?* (London, NY: Routledge) 57-79.

Boyer.R. 1979. "Wage Formation in Historical Perspective: the French Experience," *Cambridge Journal of Economics* 3(2) 99-118.

-------1990. *The Regulation School: a critical introduction*(NY: Columbia University Press)

Brenner,R. and Glick, M. 1990 "The Regulation Approach: Theory and History," *New Left Review* no. 188. 45-119.

Bradsher, Keith, "China Taps the Brakes on its Global Push for Influence" *New York Times*, June 29, 2018.

_____, "US Firms Want In on China's Global 'One Belt One Road' Spending" *New York Times*, May 14, 2017.

Campbell, Charlie, "The New Silk Road" TIME, November 13, 2017.

Cohen, Benjamin. 2008. "The International Monetary system," *International Affairs* 84(3): 455-470.

Cohen, B. 1998. *The Geography of Money*. Ithaca: Cornell University Press.,

Cox, Robert, "Social Forces, States and World Orders: Beyond International Relations Theory" in R. Keohane, *Neorealism and Its Critics*, Columbia University Press, 1986, pp. 204-254.

_____, *Production, Power and World Order*, New York: Columbia University Press, 1987.

Davies, Howard and D. Green, Global Financial Regulation, Cambridge: Polity, 2008.

Darger, Cables, "China's Belt and Road Initiative: An Opportunity for the United States" Atlantic Council, October 4, 2017.

Davies, Howard and David Green. 2008. *Global Financial Regulation*. Cambridge, UK: Polity.

Duke, Elizabeth. 2012. "Central Bank Cooperation in Times of Crisis" Center for Latin American Monetary Studies 60th Anniversary Conference. presented paper.

Eatwell, John and Lance Taylor. 2001. *Global Finance at Risk*. New York: New Press.

Eichengreen, Barry. 2008. "Not a new Bretton Woods but a new Bretton Woods process," in B. Eichengreen and R. Baldwin, eds. *What G20 Leaders Must Do* to Stabilize our Economy and Fix the Financial System, London: Center for Economic Policy Research: 25-27.

Eichengreen, Barry. 1999. Toward a New International Financial Architecture. Washington DC: Institute for International Economics.

Eichengreen, Barry. 2009. Out of the Box Thoughts about the International Financial Architecture, IMF working paper no. 09/116, Washington DC: International Monetary Fund.

Eichengreen, Barry. 2009. "The Dollar Dilemma," Foregin Affairs, 88(5).

Ernst, D. and Barry Naughton, 2007. "China's emerging industrial economy -insights from the IT industry," in Christopher A. McNally ed. *China's Emerging Political Economy: Capitalism in the Dragon's Lair*(NY: Routledge) 39-59.

Fallon, Theresa, "The New Silk Road: Xi Jinping's Grand Strategy for Eurasia" *American Foreign Policy Interests*, 37, 2015.

Fleming, Sam and Gina Chon. 2013. "Banks win concessions from Basel on leverage," *Financial Times*, January 13.

Frankopan, Peter, "These Days, All Roads Lead to Beijing," Chinese American Forum, Vol. XXXIII, no. 2, October-December 2017.

Friedman, Milton, *Capitalism and Freedom*, Chicago and London: University of Chicago Press, 1982.

Gallagher, Kelly Sims, "China's Belt and Road is conduit for polluting investments" Financial Times, Aug. 10, 2018.

Gan Junxian, Mao Yan, "China's New Silk Road: Where Does It lead?" *Asian Perspective* 40, 2016.

Gill,Stephen, *American Hegemony and the Trilateral Commission*, Cambridge: Cambridge University Press, 1991.

Gill,Stephen, ed., *Gramsci, Historical Materialism and International Relations* Cambridge: Cambridge University Press, 1993.

Goldsten,M. *The Asian Financial Crisis: Causes, Cures, and Systemic Implication*, Washington D.C. : Institute for International Economics.

Griffith,Richard, Revitalizing the Silk Road: China's Belt and Road Initiative Leiden, Netherlands: Hipe Publications, 2017.

Gu Bin,"The Belt and Road Initiative is not China's Marshall Plan" *Financial Times*, August 8. 2018.

Guluzian,Christine, "Making Inroads: China's New Silk Road Intiative" *Cato Journal*, vol.37, no. 1, winter 2017.

Guven,Ali Burak. 2017. "Defending supremacy: how the IMF and the World Bank navigate the challenge of rising powers," *International Affairs* 93(5): 1149-1166.

Halper,Stefan, *The Beijing Consensus: How China's Authoritarian Model will dominate the twenty-First Century*, Basic Books, 2010.

Hayek, Friedrich, *The Road to Serfdom*, Chicago: University of Chicago Press, 1944.

Helleiner, Eric. 2014. *The Status Quo Crisis*. Oxford: Oxford University Press.

Helleiner,Eric. 2010. "A Bretton Woods moment? The 2007-2008 crisis and the future of global finance," *International Affairs* 86(3). 619-636.

_____,*States and the Reemergence of Global Finance: from Gretton Woods to the 1990s*, Harvard University Press, 1994.

Hideo Ohasi.2005. "China's Regional Trade and Investment Profile," in Shambaugh ed.

Power Shift: China and Asia's New Dynamics (Berkeley, LA: U. of California Press) 71-95.

Hung,H. 2009. "America's head servant: the PRC's dilemma in the global crisis," *New Left Review* 60: 5-25.

ISE Magazine,"The New Silk Roads: Prosperity or peril?" November 2017, www.iise.org/ ISE Magazine.

Kapstein,E. 1994. *Governing the Global Economy: International Finance and the State.* Cambridge, Mass., London, England: Harvard University Press.

Kennedy,Scott. 2010. "The Myth of the Beijing Consensus" in *Journal of Contemporary China*, 19(65) 461-477.

Keohane,Robert. *After Hegemony: Cooperation and Discord in the World Political Economy*, Princeton University Press, 1984.

Kirton, John. 2013. *G20 Governance for Globalized World*. Farnham, UK: Ashgate.

Krugman, Paul. *Currencies and Crises*. Boston, MA: MIT Press. 1995.

Krugman, Paul, *The Return of Depression Economics*, London: Penguin Press, 1999.

Kurlantzick,Joshua, *State Capitalism: How the Return of Statism is Transforming the World*, Oxford: Oxford University Press, 2016.

Kynge,James, "A Tale of two harbours tells best and worst of China's 'Belt and Road'" *Financial Times*, Sept. 26, 2018.

Kynge,J., *China Shakes the World*, A Mariner Book, 2007.

Lall,R. 2012. "From failure to failure: the politics of international banking regulation," *Review of International Political Economy* 19(4): 609-638.

Li Yuan,Andreas Grimmel, "The Belt and Road Initiative: A New Model of Regionalism", presented at the 2018 Shanghai Forum.

Lipietz,Alain. 1986. "Behind the Crisis: the Exhaustion of a Regime of Accumulation. A Regulation School perspective on some French empirical works" *Review of Radical Political Economics*, 18(1 & 2)

_____. 1987. *Mirages and Miracles: the Crises of Global Fordism*(London: Verso)

_____. 1992. *Towards a New Economic Order*(Oxford University Press).

McDowell,Daniel. 2012. "The US as Sovereign International Last-Resort Lender:The Fed's Currency Swap Programme during the Great Panic of 2007-09,"New Political Economy 17(2): 157-178.

Marsh, Jennie,"Skyscrapers, trains and roads: How Addis Ababa came to look like a Chinese city" CNN September 3, 2018.

Millward, James, "Is China a Colonial Power?" *New York Times*, May 4, 2018.

Mitchell,Tom, "Beijing insists BRI is no Marshall Plan", *Financial Times*, Sept. 26, 2018.

Mitchell,Bernard and John Ravenhill. 1995. "Beyond Product Cycles and Flying Geese: Regionalization, Hierarchy, and the Industrialization of East Asia"

Naughton Barry,2010. "China's Distinctive System: can it be a model for others?"*Journal of Contemporary China* 19(65), 437-460.*World Politics* 47.

Nye, Joseph."The Rise of China's soft Power", T*he Wall Street Journal Asia*(29 December 2005).

Parton,Charles, "Belt and Road is globalisation with Chinese charactristics" *Financial Times*, October 3, 2018.

Pagliari,S. 2012. "Who governs finance? The shifting public-private divide in the regulation of derivatives, rating agencies and hedge funds," *European Law*

Journal 18(1): 44-61.

Pauly, Louis. 2010. "The Financial Stability Board in context," In S. Griffith-Jones, E. Helleiner, and N. Woods, eds. *The Financial Stability Board.* Waterloo: Center for International Governance Innovation, 13-18.

Peerenboom, Randy. 2007. *China Modernizes: Threat to the West or Model for the Rest?* (Oxford University Press).

Peel, Michael, "Europe unveils its answer to China's Belt and Road plan" *Financial Times*, September 20, 2018.

Pethiyagoda, Kadira, "What's driving China's New Silk Road, and now should the West respond?" http://www.brookings.edu/blog/order-from-chaos, May 17, 2017

Perlez, Jane, Yufan Huang, "Behind China's $1 Trillion Plan to Shake Up the Economic Order" *New York Times*, May 13, 2017.

Phillips, Tom, "The $900bn question: what is the Belt and Road Initiative?" *Guardian*, May 12, 2017.

Piketty, Thomas, *Capital in the Twenty-First Century*, trans. by Arthur Goldhammer Cambridge, Massachusetts & London: the Belknap Press of Harvard University, 2014.

Polanyi, Karl, *The Great Transformation: the Political Economic Origins of Our Time*, Boston: Beacon Press, 1971

Porter, Tony. 2007. "Compromises of embedded knowledge," In S. Bernstein and L. Pauly, eds. *Global Liberalization and Political Order*. Albany: SUNY Press, 109-31.

Prabhakar, Rahul. 2013. *Varieties of Regulation: How States Pursue and Set International Financial Standards*. Ph.D. dissertation. University of Oxford.

Ramo,Joshua Cooper. 2004. *The Beijing Consensus*.(New York • London: The Foreign Policy Center).

___. 2007. *Brand China*(London, UK: Foreing Policy Center).

Rachman,Gideon, "The hard evidence that China's soft power policy is working," FT.com(19 February 2007).

Reich, Robert, *Beyond Outrage*, New York: Vintage Books, 2012.

_____, *Supercapitalism*, New York: Vintage Books, 2007.

_____, *Saving Capitalism*, New York: Vintage Books, 2015.

_____, *The Resurgent Liberal*, New York: Vintage Books, 1989.

Rolland,Nadege, *China's Eurasian Century? Political and Strategic Implications of the Belt and Road Initiative*, Washington: National Bureau of Asian Research, 2017.

Schuman,Michael, "Xi's Big Road is Going to Be Bumpy" http://www.bloomberg.com/view/articles/2017-05-09

Schumann,Michael, "China's New Silk Road Dream", Bloomberg Businessweek, 2015. 11.26.

Sedille,Paul, Vasilis Trigkas, "New Silk Road Summit: Toward a Symbiotic "Bretton Wood"?" http://www.chinausfocus.com, May 4, 2017.

Serra,Narcis and Joseph Stiglitz, eds. 2008. *The Washington Consensus Reconsidered: Towards a New Global Governance* Oxford University Press.

Shambaugh,David, ed. *China and Asia's New Dynamics*, Berkeley: University of California Press, 2005.

Smith,Colby, "Pakistan's IMF bailout adds to Belt and Road woes" *Financial Times*,

October 12, 2018.

Shepard,Wade, "New Silk Road Brings Hope to Many", *Chinese American Forum*,Vol. XXXII, No. 2, October-December 2016.

Shirk,Susan. 2007. *China: Fragile Superpower*(Oxford University Press).(Oxford: Oxford University Press)

Smith,Adam, An Inquiry into the Nature and Causes of the Wealth of Nations, ed. by R. Campbell and A.S. Skinner, Oxford: Clarendon Press, 1776.

Stiglitz,Joseph, E. Globalization and Its Discontents, New York: W.W. Norton & Company, 2002.

_____,People, power and Profits: Progressive capitalism for an age of discontent, Penguin Random House, 2019.

Stiglitz,Joseph, E., *The Price of Inequality: how todays divided society endangers our future*, New York: W.W. Norton & Company, 2013.

_____,The Great divide: Unequal Societies and What We can Do About Them, W.W. Norton & Company, 2015.

Strange,Susan, Mad Money: When Markets Outgrow Governments, Ann Arbor: University of Michigan Press, 1998.

Steinberg,David and Victor Shih. 2012. "Interest group influence in authoritarian states: political determinants of Chinese exchange rate policy," *comparative political studies* 45(1): 1405-1434.

Subacchi,Paola. 2010. "Who is in control of the international monetary system?" *International Affairs* 896(3): 665-680.

Summers,Tim, "China's New Silk Roads: sub-national regions and networks of global political economy", *Third World Quarterly*, 2016. vol. 37, no. 9.

Tarullo,Daniel K. , 2008. *Banking on Basel*. Washington DC: Peterson Instituefor International Economics.

Wang Yiwei,*The Belt and Road Initiative: what will China offer the world in itsrise*, Beijing: New World Press, 2016.

Wang Zhi,"China's New silk Road Strategy and Foreign Policy Toward Central Asia" *Southeast Review of Asian Studies*, vol.38, 2016.

Wachtel, Howard, *The Money Madarins*, New York: Pantheon Books, 1986.

Wang Jisi.2004. "China's Changing Role in Asia" in Kokubun Ryosei and Wang Jisi eds. *The Rise of China and a Changing East Asian Order*(Tokyo, New York: Japan Center for International Exchange) 3-22.

Wang Yong.2008. "Domestic Demand and Continued Reform: China's Search

for a new model," *Global Asia* 3(4) December.

Williamson,John, 1990 "What Washington means by policy reform," in John Williamson ed. *Latin American Adjusment: How Much Has Happened?*(Washing DC: Institute for International Economics).

Wolf, Martin. 2010. *Fixing Global Finance*. Baltimore: Johns Hopkins Press.

Xinhuanet,full text: Joint Communique of leaders roundtable of Belt and Road forum 2017. 5. 15.

Yu, Xugang,C. Rizzi, M. Tettamanti, F. Ziccardi, *China's Belt and Road: the Initiative and Financial Focus*, New Jersey: World Scientific Publishing co. 2018.

Zhang Jie,ed. *China's Belt and Road Intiative and Its Neighboring Diplomacy*, New Jersey: World Scientific Publishing Co. , 2016.

Zhang Wei-wei,"The Allure of Chinese Model" *International Herald Tribune*(1 November 2006).

Zhao,Suisheng. 2010. "The China Model: can it replace the Western moder of modernization?" *Journal of Contemporary* China 19(65) 419-436.

ZhangYunling and Tang Shiping. 2005. "China's Regional Strategy" in Shambaugh. 48-70.

〈기타〉

金澤孝彰,"中國經濟の勃興と外資の役割" 中國經濟の勃興とアジアの生産再編,IDE-JETRO アジア經濟研究所 연구총서 no. .563

座間紘一. 藤原貞雄 편저 2002. 東アジア生産ネットワク （ミネルヴァ書房）

미주

1) Mauro Guillen, "The Demise of the Global Liberal Order," *Survival*, vol.61, no.2, April-May 2019, pp. 87-90 ; Helen Milner, "Globalisation, Populism and the Decline of the Welfare State", *Survival* vol. 61, no.2, pp. 91-96; Michael Lee, "Populism or Embedded Plutocracy? The Emerging World Order,"*Survival* vol. 61, no.2, pp. 53-82.

2) "How Britain voted in the EU Referendum," June 24, 2016, New York Times,

"'Brexit' Opens Uncertain Chapter in Britain's Storied History" June 24, 2016, *New York Times*,

"Explaining Britain's vote to leave the EU" April 27th 2017, *Economist*.

"Britain votes to leave the EU" June 24th 2016, *Economist*.

3) Survival, vol.61, no. 2, April-May 2019.

4) Michael Lee, "Populism or Embedded Plutocracy? The Emerging World Order", p.65

5) Michael Lee, pp.65-66.

6) Michael Lee, p.68.

7) 전 세계에 불고 있는 우파 바람을 열거하면 다음과 같다. 노르웨이에서 2017년 9월 극우성향 진보당이 제3당을 차지하여 집권당과 연정 구성, 네델란드에서 2017년 3월 극우 자유당(PVV)이 제2당으로 부상, 2017년 4월 독일에서 극우성향 '독일을위한대안'(AfD)이 제3당을 차지하여 처음으로 원내입성, 스웨덴에서 2018년 9월 극우 스웨덴민주당이 제3당의 위치, 이탈리에서 2018년3월 총선으로 극우정당연합 우파동맹과 포퓰리즘 정당 '오성운동'이 연정을 구성, 오스트리아에서 2017년 10월 극우 성향의 자유당이 우파 국민당과 연정구성, 슬로베니아에서 2018년 6월 우파성향 슬로베니아민주당이 제1당으로 부상, 헝가리에서 2018년 4월 강경우파 청년민주동맹(Fidesz)가 우파 기독민주국민당과 연정 구성, 남미의 콜롬비아에서 2018년6월 강경보수 우파 이반 두케가 당선, 2018년 10월 브라질에서 극우성향 자이르 보우소나

루가 당선, 칠레에서 2017년 12월 우파성향 세바스티안 피네라가 당선, 2018년4월 파라과이에서 중도우파 마리오 압도 베니테스가 당선, 2015년 아르헨티나에서 중도 우파 마우리시오 마크리가 되는 등 우파의 세력이 약진하고 있다.("유럽 이어 남미까지... 대세가 된 우파 포퓰리즘", 한국일보 2018. 10.29).

8) Joseph E. Stiglitz, *Globalization and Its Discontentents*, New York: Norton & Company, 2002.

9) 장하준·저, 이순희 옮김, 〈나쁜 사마리아인들〉, 부키, 2007년 10월 초판발행;

10) 거대 금융자본, 초국적기업, 그와 연대한 지식인과 정치가들의 연합을 그람치(Antonio Gramsci)적 시각에서 본 학자들은 '초국가적 역사적블록'이라 칭한다. *Gramsci, historical materialism and international relations*, ed. by Stephen Gill, Cambridge University Press, 1993. American hegemony and the Trilateral Commission, Stephen Gill, Cambridge University Press, 1990.

11) '세계불평등 데이터베이스'(WID.world)에 따르면 한국의 소득 상위 10%계층이 전체 소득에서 차지하는 비중은 43.3%(2016)로서 30% 초반 대에 머문 대부분의 서유럽 국가 보다 높다. 47%(2014)인 미국 다음의 위치에 있다. 자산불평등은 소득불평등보다 심하다. 2013년 기준 자산 상위 1%와 10% 계층이 전체 자산의 25%와 65.7%를 차지했다. 프랑스의 경우 이 비중이 22.9%와 54.9%로 한국보다 낮다. 한국의 자산 하위 50%가 전체 자산에서 차지하는 비중은 1.8%로 프랑스(6.4%)에 훨씬 못 미친다. "한국, 상위 10% 소득집중도 대다수 선진국보다 높아" 〈한겨레〉, 2018. 11.25.

12) 미국 피터슨국제경제연구소(PIIE)가 1996년부터 2015년까지 미국 경제전문지 포브스가 선정한 '억만장자'를 분석한 결과, 상속을 통해 억만장자에 오른 부자의 비율을 보면 세계 67개국 가운데 한국이 5번째로 높다. 한국의 억만장자들이 대부분 상속부자이며 창업부자가 적은데, 이는 세계적 추세와 반대되는 것이다. "한국 억만장자, 부의 대물림 뚜렷, 세계흐름과 역행" Business Post, 2016. 3.14.

13) Michael Lee, p.57.

14) 이준구, "미국의 감세정책 실험: 과연 경제 살리기에 성공했는가?" 〈경제논집〉 51권 2호, 2012.

15) https://en.wikipedia.org/wiki/15_October_2011_global_protests;
http://occupywallst.org/about/

16) "Obama: 'Occupy Wall Street' reflects broad-based frustration" CBS News, 2011. 10. 6.

17) http://occupywallst.org/article/70-percent-ows-supporters-independent/

18) "The Occupy Movement may be in retreat, but its ideas are advancing", New York

Times, February 9, 2012.
19) New York Times, March 26, March 12, 2016.
20) "Why Trump Now?" Thomas B. Edsall, New York Times, March 1, 2016.
21) 피케티 412-413.
22) 앤서니 앳킨슨, 『불평등을 넘어』, 글항아리, 2015.
23) 피케티 521쪽.
24) 피케티 522-523.
25) 출처: 유종일, "한국의 소득불평등 문제와 정책대응 방향" 지식협동조합 좋은나라 이슈페이퍼 152, 2016. 11. 14.
26) 2012년 기준, 국세청 자료에 근거함. 최재성 의원실.
27) 미국 피터슨국제경제연구소(PIIE)가 포브스지의 억만장자 명단을 토대로 분석한 결과임. 유종일(2016)에서 재인용.
28) 1979년 11월 발생한 이란 대사관 인질사건(Iran Hostage Crisis)은 그해 1월 이란의 회교 근본주의 혁명으로 친미 팔레비 정권이 축출된 것으로부터 시작한다. 팔레비 독재왕정을 지지하던 미국은 외교적 곤경에 처하게 되는데, 미국에 망명한 팔레비의 신병인도를 요구하던 과격파 시위대에 의해 테헤란의 미국 대사관 직원 50여명이 인질로 갇히게 되었다. 이 사건은 1981년 1월 20일 레이건 대통령 취임식 날 인질 전원이 석방될 때까지 400일 넘게 계속되었고, 당시 임기가 얼마 남지 않은 지미 카터 대통령은 그의 임기 말 기간 내내 인질 석방을 위해 동분서주하다 떠나야했다.
29) Krugmann 2007, 139-155.
30) 이 부분의 내용들은 Reich(2012)를 참고하였다.
31) 이 장의 내용은 필자의 다른 논문 "자유주의 정치경제학의 과제: 신자유주의의 퇴진과 그 이후"(국제정치연구 19집 2호, 2016)에서 상당부분 가져왔다.
32) 국부론 437쪽.
33) 애덤 스미스, 유인호 옮김, 『국부론』(서울: 동서문화사, 2010), pp.521-559.
34) 애덤 스미스, 같은 책, pp.762-785.
35) 애덤 스미스, 같은 책, pp.622-665.
36) 애덤 스미스, 같은 책, p.138.
37) 애덤 스미스, 같은 책, pp. 133-157.
38) 애덤 스미스, 같은 책, p.265.
39) 애덤 스미스, 같은 책, p.481.
40) Glass-Steagall Act는 1933년 제정되었는데 상업은행과 증권을 분리하여 상업은행

이 위험성이 높은 증권업무를 겸하지 못하도록 한 법이다. 1929년 월가의 주가폭락과 대공황의 원인으로 상업은행의 방만한 경영과 규제의 부재가 지적되면서 상업은행이 위험도가 높은 증권관련 업무를 할 수 없도록 규제한 것이다.
41) 글래스-스티걸법은 199년 그램-리치-블라일리법(Gramm Leach Bliley Act)이 통과되면서 무력화되었다. 월가의 금융규제 완화 요구, 금융백화점으로의 확대를 도모한 씨티그룹의 로비 등을 계기로 글래스-스티걸법이 폐지되며 상업은행의 증권업 겸업이 다시 허용되고 거대 금융기관의 출현이 더욱 가능하게 되었다.
42) 전창환, "2008년 미국의 금융위기:원인과 교훈" 〈동향과 전망〉 2009년 봄호. "2008년 미국의 금융위기와 오바마 정부의 새로운 뉴딜?" 〈동향과 전망〉 2010년 봄호.
43) 국부론 310-311.
44) 국부론, 315-320.
45) 김광수, "애덤 스미스의 법과 경제: 행동경제학-행동법학적 관점을 중심으로" 〈국제경제연구〉 18권 4호, 2012, 44; 국부론, 300-301, 315.
46) 국부론, 368-369.
47) 미국 금융위기에 대한 설명은 전창환의 다음 논문들에 주로 의지하였다. "2008년 미국의 금융위기: 원인과 교훈" 〈동향과 전망〉 2009년 봄호, "2008년 미국의 금융위기와 금융자본의 재편" 〈동향과 전망〉 2009년 여름호, "2008년 미국의 금융위기와 오바마 정부의 새로운 뉴딜?" 〈동향과 전망〉 2010년 봄호, "오바마 정부의 금융규제 개혁의 성과와 한계" 〈민주사회와 정책연구〉 2011 하반기.
48) 전창환 2010a, 252-253.
49) 전창환 2009a, 163.
50) 전창환 2009a; 2010a, 250-256.
51) Howard Wachtel, *The Money Mandarins*, New York: Pantheon Books, 1986, p.113.
52) Eric Helleiner, *States and the Reemergence of Global Finances: from Bretton Woods to the 1990s*, Ithaca, London, England: Harvard University Press, 1994. p.89
53) Helleiner, 104-111
54) 이 부분의 설명은 Eric Helleiner의 책을 주로 참고하였다.
55) 한영빈, "금융불안정과 정치적 통제의 중요성: 후기케인즈주의의 정치학적 의미를 중심으로" 〈한국정치학회보〉 35집 2호, 2001. 구춘권 "화폐적 제약에 대한 케인스와 포스트케인스주의의 비판과 대안" 〈동향과 전망〉 79호 2011?.
56) Howard Wachtel, *Money Madarins*,(NY: Pantheon Books, 1986).
57) Alice Amsden, *Asia's Next Giant: South Korea and Late Industrialization*(Oxford

University Press, 1989).

58) Paul Teague, "아일랜드의 경제위기" 국제노동브리프 2011 6월호.
59) 강유덕, "아일랜드 경제의 발전과 위기: 켈틱 타이거 모델의 복원?" EU연구 37호. 2014.
60) 김균태, "아일랜드 경제위기 과정에 대한 평가 및 시사점" KIEP 지역경제포커스 09-38호, 대외경제정책연구원, 2009. 8.
61) 한영빈, "유럽재정위기의 원인과 정치적 성격", 〈한국정치연구〉 22집 2호, 2013.
62) Aglietta 1979, 1987; Boyer 1979, 1988; Brenner and Glick 1990; Lipietz 1986, 1987, 1992.
63) 칼레츠키의 자본주의 1 시대의 분류는 다음과 같다.
    · 자본주의 1.0: 1776년 미국 독립선언과 〈국부론〉 ~ 1815년 워털루전투에서 나폴레옹 패배
    · 자본주의 1.1: 1820년 ~ 1849년
    · 자본주의 1.2: 1848~1849년 유럽혁명의 해, 곡물법 폐지, 항해조례 ~ 1860년대 후반 남북전쟁, 보불전쟁
    · 자본주의 1.3: 1870년 ~ 1914년 미국의 대호황기 혹은 2차 산업혁명
    · 자본주의 1.4: 1917년 ~ 1932년 자본주의가 유례없는 몰락의 위기를 맞았던 붕괴의 시대
64) · 칼레츠키의 자본주의 2 시대의 분류는 다음과 같다.
    · 자본주의 2.0: 1931년 ~ 1938년, 금본위제 포기와 뉴딜정책
    · 자본주의 2.1: 1939년 ~ 1945년, 정부주도의 군국주의
    · 자본주의 2.2: 1946년 ~ 1969년, 케인즈식의 황금기
    · 자본주의 2.3: 1970년 ~ 1980년, 인플레이션, 에너지 위기, 전후 금기반 통화시스템 붕괴
65) 칼레츠키 60-61.
66) 칼레츠키, 202-203.
67) 칼레츠키, 345.
68) 칼레츠키, 344.
69) 칼레츠키, 357.
70) 칼레츠키, 345.
71) 칼레츠키, 330-331.
72) 칼레츠키, 368-369.

73) 칼레츠키, 366-367.
74) 칼레츠키, 411.
75) 칼레츠키, 390.
76) 칼레츠키, 391.
77) 칼레츠키, 403.
78) 칼레츠키, 384.
79) 칼레츠키, 366.
80) "버핏은 왜 세금을 더 내고 싶다고 했나" Business Watch, 2017. 7.31.
81) 칼레츠키, 368-369.
82) 칼레츠키, 421-422.
83) 김진영, "글로벌 금융 거버넌스와 아시아 금융협력" 〈21세기정치학회보〉, 21집 3호, 2011. 12.
84) Joshua Ramo, The Beijing Consensus, The Foreign Policy Center, 2004, p.3.
85) 죠슈아 라모는 미국 NBC에서 2018년 평창동계올림픽 해설을 하던 중 한일관계에 대해 뜬금없고 편파적인 사족을 붙여 한국인들의 분노를 사고 정중히 사과해야 했던 웃지 못 할 에피소드를 연출했다. 일본 대표단의 입장 시 일본이 한국을 식민지배 했으며 한국의 발전에 문화, 경제, 기술적으로 중요한 모델이 되었다고 많은 한국인들이 인정할 것이라는 말을 한 것이다. 서구인들이 아시아에 대해 가지는 매우 단편적인 지식과 또한 중국, 일본을 중심으로 아시아를 인식하는 사고의 일단을 볼 수 있다. 그의 이런 해설은 올림픽을 개최한 국가에 대한 예의도 아닌 것이었다.
86) Scott Kennedy, "The Myth of the Beijing Consensus", *Journal of Contemporary China*, 19(65), 2010, 461-477.
87) World Foresight Forum, "The Beijing Consensus: an alternative approach to development", Issue Brief No. 2, April 11-15, 2011, Hague, Netherlands, www.worldforesightforum.org,
88) Ramo, 2004, 11-12.
89) Joshua Cooper Ramo, *The Beijing Consensus*, London: Foreign Policy Center, 2004. p.10.
90) D. Ernst & B. Naughton, 2007; Borrus 2000.
91) 출처: "Nature Index - Top 100 institutions"(http://www.natureindex.com)
92) Ramo, 23.
93) James Kynge, *China Shakes the World*, New York: First Mariner Books, 2007, p.155.

94) Michael McCarthy, "Your Planet: The State We're In," *Independent*, September 25, 2005.

95) "Warning for climate negotiators as carbon emissions hit new high", *Financial Times*, December 6, 2018.

96) Mattew Pottinger, S. Stecklow, and J.F. Fialka, "Invisible Export: A Hidden Cost of China's Growth: Mercury Migration,: *Wall Street Journal*, December 17, 2004.

97) *South China Morning Post* 2014, 11.18.

98) Ramo, 44-48.

99) Joshua Kurlantzick, State Capitalism: How the Return of Statism is Transforming the World(Oxford University Press, 2016).

100) Stefan Halper, *The Beijing Consensus: How China's Authoritarian Model Will Dominate the 21st Century,*(Basic Books, 2010). p.122.

101) 이안 브레머, 차백만 옮김, 〈국가는 무엇을 해야 하는가〉(The End of the Free Market) 다산북스, 2010.

102) Joshua Kurlantzick, *State Capitalism: How the Return of Statism is Transforming the World,*(Oxford University Press, 2016).

103) Joshua Kurlantzick, 2016.

104) Halper, pp. 126-127.

105) "포춘 500대기업에 중국기업 111개... 10년전의 세 배", 매경 2018. 7. 22.

106) Halper, pp.42-108.

107) Joshua Kurlantzick, p.181

108) "UNDP: 세계 빈곤퇴치에 대한 중국 기여도 76%" CSF(중국전문가포럼), 뉴스브리핑 2015. 10.21.

109) Zhao, 425-426.

110) Halper, p.147, 2009년 전인대 상임위원회에서 우방궈의 연설.

111) 金澤孝彰 2007. 〞中國經濟의 發展과 海外直接投資〞 <中國經濟의 勃興과アジアの産業再編〉 IDE-JETRO アジア經濟研究所, Kenkyu Sosho No.563. pp.25-63.

112) 마틴 자크 《〈중국이 세계를 지배하면〉 안세민 옮김, 부키, 20010. pp.259-306.

113) Barry Naughton, "China's Distinctive System: can it be a model for others?" *Journal of Contemporary China*, 19(65),2010, 437-460.

114) 김기수, "대출의존형 중국 경제발전의 구조적 문제점: 고속성장의 후유증과 경제위기설" 세종정책연구, 2014. 9.; "중국경제의 지반분권 확대: 지방경제의 시장-금융화 및 재정부실의 위험성" 세종정책연구, 2015. 9.

115) The Economist, Oct.2, 2010, "How India's Growth will Outpace China's"; 천즈우〈중국식 모델은 없다〉메디치미디어, 2011.

116) 싱가폴은 2018년 국제투명성기구가 발표한 정부청렴도 순위에서 6위를 차지할 만큼 부패가 적기로 유명하다.

117) Stephan Ortmann, Ch. 3 "The Beijing Consensus" and the "Singapore Model", *China's Economic Dynamics: A Beijing Consensus in the making?* Jun Li and Liming Wang, eds.(London: Routledge, 2014).

118) 아마티야 센, 김원기 옮김, 〈자유로서의 발전〉, 갈라파고스, 1999.

119) Ben Blanchard and Sue-Lin Wong, "China's new Silk Road promises trade and riches, with President Xi at helm", Reuters Businessnews May 15, 2017.

120) Paul Sedille, Vasilis Trigkas, "New Silk Road Summit: Toward a Symbiotic "Bretton Woods?" http://www.chinausfocus.com/finance-economy/new-silk-road-summit..., May 4, 2017.

121) Xugang Yu, ""Belt & Road Initiative" as a Continuation of China's Reforms and Opening up and as a Consequence of the Beijing Consensus", in Yu Xugang, Cristiano Rizzi, Mario Tettamanti, Fabio Ziccardi, Guo Li, *China's Belt and Road: the Initiative and Its Financial Focus*, World Scientific Publishing, 2018. pp. 1-54.

122) C. Campbell, "The New Silk Road" TIME November 13, 2017, p.46;

123) Charlie Campbell, "The New Silk Road" TIME November 13, 2017, p.48.

124) 월스트릿저널 2014. 11. 13.; 매경 2014. 11. 10.

125) "A tale of two harbours tells best and worst of China's 'Belt and Road'" Financial Times, September 26, 2018.

126) Charlie Campbell, "The New Silk Road" TIME November 13, 2017, pp.46-49.

127) Michael Schuman, "China's New Silk Road Dream", Bloomberg Business Week, 2015. 11. 26.; Kadira Pethiyagoda, "What's Driving China's New Silk Road, and how should the West respond?" http://www.brookings.edu/blog/order-from-chaos/2017.

128) Gan Junxian and Mao Yan, "China's New Silk Road: Where Does It Lead?" *Asian Perspective*(40), 2016, 105-130.

129) "'매출 400조원' 중국 국유기업"〈똑똑한 금요일〉중앙일보, 2014. 9. 19.

130) CRI Online, 2017. 5.12."中 국유기업들 '일대일로' 빛을 밝히다" http://korean.cri.cn/1740/2017/05/12/1s246959.htm

131) 세계 에너지시장 인사이트 제 16-32호. 2016. 9.2.; "중국의 두 번째 대륙인가 과장된 현실인가"커버스토리, 중앙선데이 2016. 2.3.

132) "중국-스페인 왕복 열차 귀환, 신실크로드 시대 활짝," 한겨레 2015. 3.1.
133) Schumann 2015.
134) 마틴 자크, 〈중국이 세계를 지배하면〉 부키, 2009. p.359
135) Peter Frankopan, "These Days, All Roads Lead to Beijing" Chinese American Forum, vol.32, no.2 Oct.-Dec. 2017. p.13
136) Andrew Browne "실크로드 다시 부활시키는 중국, 스페인까지 철도연결", 월스트릿저널, 2015. 3.5.
137) Ben Blanchard and Sue-Lin Wong, "China's new Silk Road promises trade and riches, with President Xi at helm" Reuters Businessnews May 15, 2017.
138) Xi Jinping, "Speech in Indonesia's Parliament", *People's Daily*, 2014. 10. 4.; "Speech on Strengthening Partnership of Connectivity", *People's Daily*, 2014. 11. 9.
139) Xinhua News, 2015. "Belt and Road: Not China's Solo but Inspiring Chorus", March 28.
140) 중국망뉴스, 2017. 5.16. "글로벌 국제조직, 일대일로 이니셔티브 호평.. 지역협력, 개발 성장의 모범" http://m.china.org.cn/orgdoc/doc-1-76535-368036.html
141) "Bloomberg Businessweek Misses the Point on the New Silk Road" The New Silk Road Monitor, 2015. 11. 28.
142) Wade Shepard, "New Silk Road Brings Hope to Many" Chinese American Forum, vol. 32, no.2, Oct.-Dec. 2016.
143) Richard E. Crandall and W. Crandall, "The New Silk Roads: Prosperity or peril?" ISE Magazine, November 2017.
144) Gan Junxian and Mao Yan, "China's New Silk Road: Where Does It Lead?" *Asian Perspective*(40), 2016, 105-130.
145) Yuan Li and Adreas Grimmel, "The Belt and Road Initiative: a New Model of Regionalism" 2018 Shanghai Forum 발표논문.
146) 마틴 자크, "중국이 세계를 지배하면"(When China Rules the World) 안세민 역,(부키, 2010)
147) Tom Philips, "The $900bn questions: What is the Belt and Road Initiative?" *Guardian*, May 12. 2017.
148) Ben Blanchard and Sue-Lin Wong, 2017;
149) 현승수, "키르기즈스탄의 반중국 열풍," EMERiCs, 전문가칼럼, 20120529. 2012년 5. 29.
150) 이승우, "중국-키르기즈스탄-우즈벡 잇는 철도건설 추진' *아시아타임즈*, 2016.

190) 마리아나 마추카토, "혁신국가로 가는 길: 정부의 역할은 시장을 창출하는 것" 〈4차산업혁명의 충격〉, pp.293-309.

191) 제레미 리프킨, 〈한계비용 제로 사회: 사물인터넷과 공유경제의 부상〉, *The Zero Marginal Cost Society*, 안진환 옮김, 민음사, 2014. p.133.

192) 리프킨, p.136.

193) 리프킨, p.138.

194) 리프킨, pp.142-143

195) Economist, 2017, June 3rd, Science and Technology, "3D printing and clever computers could revolutionize construction".

196) 이 부분의 생각에 도움을 준 것은 제레미 리프킨의 공유경제이론인데 그는 사물인터넷, 인공지능, 인터넷에너지, 3D프린팅 기술 등을 통해 생산의 한계비용이 제로에 근접해가는 시대가 올 것이라 한다. 자본가와 노동자, 판매자와 소비자로 분류되는 경제의 패러다임이 무너지고 프로슈머(생산자이며 소비자)들이 협력적 공유사회에서 재화와 서비스를 공유하는 모델이 확산될 것이라 한다.

197) 코피 아난, 샘 드라이든, "식량과 아프리카의 변화: 소규모 자작농들이 변화하고 있다" 〈4차산업혁명의 충격〉, 클라우스 슈밥 외 26인 지음, 김진희 등 옮김, 흐름출판, 2016.

198) 존 체임버스, 윔 엘프링크, "도시의 미래: 만물인터넷이 삶의 방식을 바꾼다", 〈4차산업혁명의 충격〉, pp.178-192.

199) 니콜라 콜린, 브루노 팔레, "미래의 사회 안전망: 디지털 시대를 위한 사회정책" 〈4차산업혁명의 충격〉 pp.237-247.

200) 양재진, "현대 스웨덴 복지정책과 제3섹터의 역할", 〈스웨덴 복지모델의 이해〉, 고명현 엮음, 아산정책연구원, 2015, pp.146-161.

201) 양재진, p.159.

202) 앤서니 앳킨슨 지음, 장경덕 역, 『불평등을 넘어』, 글항아리, 2015.

203) 칼레츠키, p.423.

204) Robert Gilpin, War and Change in World Politics,(Cambridge: Cambridge University Press, 1981).

205) Robert O. Keohane, After Hegemony: cooperation and discord in the world political economy,(Princeton, New Jersey Princeton University Press, 1984).

206) Fareed Zakaria, The Post-American World, (W.W. Norton & Company; 2008); Joseph Nye, *Soft Power*,(NY, Public Affairs, 2004).

207) 헝가리, 폴란드, 체코, 슬로바키아, 루마니아, 불가리아, 알바니아, 구 유고연방의

세르비아, 크로아티아, 마케도니아, 몬테네그로, 슬로베니아, 보스니아 헤르체고비나, 구소련의 리투아니아, 라트비아, 에스토니아 등의 16개국.

208) http://kr.xinhuanet.com/2017-05/22/c_136303957.htm 신화망,; "Piraeus port, shining star in modern maritime Silk Road" Xinhua, 2017.05.15.; "Piraeus port has never witnessed such glory: PCT employee" Xinhua, 2017. 05.15; "Greek committee approves Piraeus Port's investment plan" Xinhua, 2019.10.11.

209) "How China Wins the Trade War" Mary E. Lovely, The New York Times, Aug. 8, 2018; "Trump is losing his trade war" Paul Krugman, The New York Times, July 4, 2019.

210) "Is it too late so stop a new Cold War with China?" Stephen Wertheim, The New York Times, June 8, 2019.

211) "China Deserves donald Trump" Thomas Friedman, The New York Times, May 21, 2019.;
〈중국제조 2025의 추진성과와 시사점〉 국제무역연구원, 2019. 1월.

212) "Hwawei has a plan to help end its war with Trump" Thomas Friedman, Sept., 10, 2019.

213) A Transcript of Ren Zhengfei's interview, Economist, Sept. 12, 2019.

214) "US-China Trade War Weighing on World's Growth, IMF Says" by Associated Press, *The New York Times*, Oct. 17, 2019; "How the US-China Trade War Hurts the Rest of the World" New York Times, August 27, 2019.

215) Graham Allison, Destined for War: Can America and China Escape Thucydides's Trap?
Houghton Mifflin Harcourt Publishing, 2017. 투키디데스의 〈펠로폰네소스전쟁사〉에서 나온 것으로 아테네와 스파르타가 패권경쟁 구도에서 전쟁에 빠지게 된 것을 일컬어 투키디데스 함정이라 한다. 즉 신흥세력 아테네의 부상에 따라 기존 강대국 스파르타에 스며든 두려움으로 인해 양자의 경쟁이 결국 당초의 의지와는 달리 전쟁이란 파국으로 빠져들게 되었다는 것이다.

216) 그레이엄 앨리슨, 정혜윤 옮김, 〈예정된 전쟁〉 p.81

217) 무역이 세계 GDP에서 차지하는 비중이 2008년 61%에서 2018년 58%로, 해외직접투자(FDI)가 세계 GDP에서 차지하는 비중이 3.5%에서 1.3%로, 총자본의 흐름은 7%에서 1.5%로 감소하였다.
"Globalization has faltered" *Economist*, Jan. 24th, 2019.

218) "The steam has gone out of globalization" Economist Jan. 24th, 2019.

219) 칼레츠키, pp.416-417.

220) 칼레츠키, pp.394-395.

221) 〈세계불평등보고서 2018〉 파쿤도 알바레도 외, 2018. p.402.

222) "애플의 스마트한 세금 피하기" 한겨레, 2017. 11. 7.; "애플이 조세회피 논란에 관한 입장을 밝혔다" 허핑턴포스트코리아, 2017. 11. 14.

223) 〈세계불평등보고서 2018〉 p.403.

224) 〈세계불평등보고서 2018〉 pp.404-408.

225) 김진영, "세계금융위기 이후의 포스트 브레튼우즈 체제" 〈21세기정치학회보〉 28집 3호, 2018. 9.

226) Eatwell, John and Lance Taylor, Global Finance at Risk, New York: New Press, 2001; E. Helleiner, The Status Quo Crisis, Oxford University Press, 2014.

227) 조지프 스티글리츠, 〈스티글리츠 보고서〉, 박형준 옮김, 동녘, 2010; 〈세계화와 그 불만〉 송철복 옮김, 세종연구원, 2002.

228) Joseph Stiglitz, Making Globalization Work, W.W. Norton & Company, London and New York, 2007. pp. 209-216.

229) Joseph Stiglitz, Making Globalization Work, W.W. Norton & Company, London and New York, 2007. p.217.

230) Thirkell-white, Ben, The IMF and the Politics of Financial Globalization: from the Asian Crisis to a New International Financial Architecture? Palgrave Macmillan, 2005, pp.55-60, p.74.

231) 패트릭 드닌, 이재만 옮김, 〈자유주의는 왜 실패하였는가〉, 책과함께, 2018.

232) 홉스와 로크의 사회계약설을 말한다. 서구 자유민주주의의 사상적 토대가 된 사회계약설에서는 먼저 만인 대 만인의 투쟁 상태로 특징지어지는 원시 '자연상태'를 가정한다. 이 자연 상태에서 개인들은 '사회계약'을 맺어 국가를 세우고 정부에 일정한 권력을 양도한다. 정부는 개인의 안전을 보호하고 개인이 생존권과 행복을 추구할 수 있도록 위임받은 권력을 행사하여 통치기능을 한다고 본다.

233) 마이클 샌델, 〈정의란 무엇인가〉, 김영사, 2009. p.212.

234) 자유주의자로서 존 롤스도 홉스나 로크 등과 같은 '사회계약'을 가정한다. 존 롤스의 평등적 자유주의가 특징적인 것은 사회계약론에서 '무지의 베일'(veil of ignorance)을 가정하기 때문이다. 무지의 베일 뒤에서 사회계약을 하는 개인들은 자기의 신분과 능력, 재산 정도에 대해 아무것도 알지 못한다고 가정한다. 이런 상황에서 사회계약을 한다면 사회적으로 가장 약자에 속하는 사람에게도 평등하게 자유와 생존권이 보장될 수 있도록 계약을 할 것이기 때문이다.

235) Joseph Stiglitz, People, Power and Profits: Progressive Capitalism for an Age of Discontent, Allen Lane, 2019.

236) 폴 크루그먼, 〈미래를 말하다〉, 현대경제연구원, 2008.

237) Robert Reich, Beyond Outrage, Vintage Books, 2012.

238) Ray Dalio, "Why and How Capitalism Needs to be Reformed" http://economicprinciples.org/Why-and-How-Capitalism-Needs-To-Be-Reformed.

239) "미 기업인들, 분배 치우친 사회 실패..사회주의 열풍에 일침", 한국경제, 2019. 5.12.

240) 마이클 샌델, 〈민주주의의 불만〉(안규남 역, 동녘, 2012), pp.179-394.

241) 마이클 샌델, p.438.

242) "IMF 조기졸업 한국의 저력, 살아있다" KBS 뉴스 2011. 12. 3.

243) Alice Amsden, Asia's Next Giant, Oxford University Press. 1989.

신자유주의의 쇠퇴와 그 이후
자본주의 4.0과 베이징 컨센서스를 넘어

1판 1쇄 발행 2019년 6월 26일

지은이 | 김진영
펴낸이 | 김진수
펴낸곳 | 한국문화사
등　록 | 제 1994-9호
주　소 | 서울특별시 성동구 광나루로 130 서울숲 IT캐슬 1310호
전　화 | 02-464-7708
팩　스 | 02-499-0846
이메일 | hkm7708@hanmail.net
홈페이지 | hph.co.kr

ISBN 978-89-6817-782-8　93340

• 이 책의 내용은 저작권법에 따라 보호받고 있습니다.
• 잘못된 책은 구매처에서 바꾸어 드립니다.
• 책값은 뒤표지에 있습니다.

• 이 저서는 2014년 정부(교육부)의 재원으로 한국연구재단의 지원을 받아 수행된
　연구임.(NRF-2014S1A6A4027693)

8.26.
151) 주우즈베키스탄한국대사관, 우즈베키스탄 개관/정세, 2017. 9.13.
152) "미얀마 최대항구 짜욱퓨, '일대일로' 거점된다", 서울신문 2017. 5. 8.
153) 김미림, "미얀마-중국, 송유관 가동과 짜욱퓨 경제특구 건설합의", EMERiCs 이슈분석, 2017-126 대외경제정책연구원 2017.
154) 정재완, 김미림, "미얀마 수찌 정부의 경제개혁 2년 평가와 전망" KIEP 기초자료 18-16, 2018. 7.26.
155) M. Schumann, "China's New Silk Road Dream", Bloomberg Businessweek 2015. 11.26.
156) M. Schumann, "Xi's Big Road is Going to be Bumpy", Bloomberg, 2017. 5. 9. http://www.bloomberg.com/view/articles/2017-05-09.
157) Schumann 2017.
158) "Sri Lanka sinks deeper into China's grasp as debt woes spiral" *Financial Times*, September 3, 2018.
159) "Pakistan gains guarantee of China's financial backing" *Financial Times*, August 13, 2018.
160) "Pakistan's IMF bailout adds to Belt and Road woes," *Financial Times*, Oct. 12, 2018.
161) "One African Nation Put the Brakes on Chinese Debt. But Not for Long" *New York Times*, Nov.23, 2018.
162) "'We cannot Afford This': Malaysia Pushes Back Against China's Vision" *New York Times* Aug.20, 2018.
163) "One African Nation Put the Brakes on Chinese Debt. But Not for Long" *New York Times*, Nov.23, 2018.
164) Ting Shi, "Xi Risks Silk Road Backlash to Remake China Center of the World," *Bloomberg*, 2014, 11. 26.
165) Halper, p.101.
166) "China's growing presence in Africa wins a largely positive popular reviews" http://afrobarometer.org/publications/ad122-chinas-growing-presence-africa-wins-largely-positive-popular-reviews
167) Stefan Halper, *The Beijing Consensus: how China's authoritarian model will dominate the twenty-first century*, New York: Basic Books, 2010.
168) "The March of Europe's Little Trumps", Economist 2015. Dec. 10.

169) Giovanni Arrighi, *The Long Twentieth Century*,(London:Verso) 1994.
170) Thomas D. Lairson, David Skidmore. *International Political Economy*, 2nd ed. Harcourt Brace College Publishers, pp. 45-48.
171) Robert Reich, *Beyond Outrage*, Vintage Books 2012; Joseph Stiglitz, *The Great Divide*, W. W. Norton & Company, 2015; 브랑코 밀라노비치, 〈왜 우리는 불평등해졌는가〉, 21세기북스, 2016년, 등
172) 이하의 내용은 필자의 논문 "자유주의 정치경제학의 과제: 신자유주의 퇴진과 그 이후" 〈국제정치연구〉 19집 2호, 2016, pp.235-239의 내용에서 가져옴.
173) 칼 폴라니, 홍기빈 옮김, 『거대한 전환: 우리시대의 정치경제적 기원』(서울: 도서출판 길, 2009), p.498.
174) 폴라니, 같은 책, p.551.
175) 폴라니, 같은 책, p.554.
176) 폴라니, 같은 책, p.562.
177) 폴라니, 같은 책, p.564.
178) '초국가적 역사적 블록'(transnational historic bloc)이란 개념은 안토니오 그람치의 헤게모니 이론을 국제관계 분야에 적용하여 발전시킨 Robert Cox, Stephen Gill 등의 논의에서 가져온 것이다. '초국가적 역사적 블록'이란 간단히 말해 초국가적 자본가 계급의 연대로 이해할 수 있다. 세계화를 이끄는 초국적 자본, 이들과 이해관계를 같이 하는 정치지도자들과 고급관료, 이들에게 이론과 이데올로기를 제공하고 유포하는 지식인과 학자들의 글로벌한 연대를 지칭하는 개념으로 이해할 수 있다.
179) 브랑코 밀라노비치, 〈왜 우리는 불평등해졌는가〉,(21세기북스, 2017) p.45.
180) 브랑코 밀라노비치, pp.27-35.
181) 브랑코 밀라노비치, p.61.
182) 이 부분은 필자의 논문 "자유주의 정치경제학의 과제: 신자유주의 퇴진과 그 이후" 〈국제정치연구〉 19집 2호, 2016, pp.235-239의 내용에서 가져옴.
183) Joseph Stiglitz, *The Great Divide*, p.125.
184) 브랑코 밀라노비치, p.279.
185) 리처드 리브스 저, 김승진 역, 『20 vs 80의 사회』, 민음사, p.132.
186) 밀라노비치, p.298.
187) 밀라노비치, pp.296-298.
188) 리브스, p.196.
189) 리브스, pp. 198-199.